人民法院案例库精选

最高人民法院·编

人民法院出版社

图书在版编目（CIP）数据
人民法院案例库精选 / 最高人民法院编. -- 北京 : 人民法院出版社, 2025. 1. -- ISBN 978-7-5109-4415-4
Ⅰ. D920.5
中国国家版本馆CIP数据核字第20258WP535号

人民法院案例库精选

最高人民法院　编

责任编辑　陈晓璇　张　奎　杨佳瑞　白　鸽
装帧设计　天平文创视觉设计
出版发行　人民法院出版社
地　　址　北京市东城区东交民巷27号（100745）
电　　话　（010）67550520（责任编辑）　67550558（发行部查询）
65223677（读者服务部）
客 服 QQ　2092078039
网　　址　http：//www.courtbook.com.cn
E－mail　courtpress@sohu.com
印　　刷　三河市国英印务有限公司
经　　销　新华书店

开　　本　787 毫米 ×1092 毫米　1/16
字　　数　375 千字
印　　张　23.25
版　　次　2025 年 1 月第 1 版　2025 年 4 月第 5 次印刷
书　　号　ISBN 978-7-5109-4415-4
定　　价　72.00 元

人民法院案例库：新时代公正司法新产品

习近平总书记反复强调，“努力让人民群众在每一个司法案件中感受到公平正义”。党的十八届四中全会专门对加强和规范案例指导、建立以案释法制度作出部署。一个案例胜过一打文件。案例是人民法院公正司法的重要“法治产品”，权威规范的案例不仅为法官办案提供有益参考，有利于提升法官司法能力，促进统一法律适用；也为社会各界学法用法提供鲜活素材，有利于弘扬社会主义法治精神，增强全社会法治观念，促进矛盾纠纷预防化解；更是讲好中国法治故事、传播中国法治声音的“国际通用语言”。

为深入阐释习近平法治思想在审判执行工作中的生动实践，更好满足新时代人民群众对公正司法的新要求新期待，最高人民法院于2023年7月启动建设人民法院案例库。人民法院案例库收录最高人民法院发布的指导性案例和经最高人民法院审核认为对类案审判具有示范价值的参考案例。2024年2月27日，在全国法院共同努力和社会各界大力支持下，人民法院案例库正式上线并面向社会开放，首批收录3711件入库案例。此后，案例编选机制不断完善，入库案例数量持续增长、影响日益提升。截至2024年12月31日，入库案例达到4711件，实现对常见罪名、多发案由的“全覆盖”；浏览量突破2000万，访问用户国家达110多个。人民法院案例库已成为面向社会以案释法、面向世界展示中国公正司法的重要窗口。

最高人民法院要求，法官审理执行案件，应当检索人民法院案例库，严格依照法律和司法解释办案，并参考入库类似案例作出裁判。随着案例库建设使用工作持续推进，全国法官的案例意识不断提升，入库案例的参考示范效能逐步显现。2024年，全国法院共有超过18万件案件在裁判过程中参考了入库案例，运用入库案例释法说理、定分止争，有效助推公正高效审判、实质化解矛盾。例如，在浙江省江山市人民法院审理的一起公司破产清算案件中，法院出具的《债权复审通知书》援引相关入库案例释法说理并作为附件，有关部门充分认同入库案例表述的裁判规则，并围绕该案例进行学习讨论，防止类似案件再次发生。又如，在江苏省灌云县人民法院审理的一起刑事案件中，法院借助入库案例进行判后答疑，被告人主动撤回上诉，实现服判息诉。再如，在湖北省襄阳市襄城区人民法院审理的一起工伤保险待遇案件中，法院依据法律并参考入库案例作出判决，不仅实现案结事了，还促推一批类似案件得以妥善化解。同时，人民法院案例库亦成为公众学法、学者科研、律师办案的权威、便捷的“好帮手”。广大人民群众可以通过生动鲜活的案例更好地学习法律、运用法律，增强法治观念和自我保护意识，减少矛盾纠纷发生；有了纠纷，也可借助相关案例预期争讼结果，减少不必要的起诉、上诉、申诉，避免徒增讼累。

共建共享更能发挥案例库效能。2023年12月，最高人民法院发布《关于征集人民法院案例库参考案例的公告》，面向有关机关、社会组织、法学院校和科研单位以及专家学者、律师、社会公众等开展案例征集工作，请社会各界共建人民法院案例库。公告发布以来，法学院校、全国律协，专家学者、律师以及中学教师等非法律从业人士，积极推荐案例700余件，其中部分已经审核入库，案例库建设成为人民法院践行全过程人民民主的具体实践。此外，最高人民法院会同有关单位以人民法院案例库为依托，携手共建未成年人权益保护案事例库、多元解纷案例库。其中，未成年人权益保护案事例库除案例库中涉未成年人的参考案例外，还收录了8家中央有关单位推荐的涉未成年人权益保护和犯罪预防治理的典型案事例。多元解纷案例库由最高人民法院牵头建设，16家“总对总”诉调对接合作单位等共同参与选编、推荐，收录各类解纷主体通过调解、仲裁、行政复议等非诉讼方式解决纠纷的典型案例，以及各级法院诉前调解成功并自动履行的典型案例，充分发挥了指导和促成调解的积极作用。

为持续深化人民法院案例库建设，更好推进法治宣传、案例教学和科研工作，更好发挥案例库统一法律适用、促进矛盾预防化解等作用，最高人民法院编写《人民法院案例库精选》并公开出版。本书精选案例 110 件，由 100 件人民法院案例库案例、5 件未成年人权益保护案事例库事例和 5 件多元解纷案例库案例组成。具体而言：100 件案例库入库案例包括刑事案例 35 件、民事案例 46 件、行政案例 11 件、国家赔偿案例 1 件、执行案例 7 件，其中社会推荐入库案例 4 件，相关案例均系审判执行领域具有典型性的案例，旨在回应社会关切、引领社会行为规范；5 件未成年人权益保护案事例库事例，涵盖学校对学生设置言行自由约束的限度、旅馆接待未成年人入住“五必须”规定的督促落实、被遗弃儿童的救助保护、未成年人纠纷的法律援助、监护人资格被撤销后抚养费支付问题等，旨在汇聚各方力量推动“六大保护”融合发力，共筑未成年人权益保护和犯罪预防治理防线；5 件多元解纷案例库案例均系调解案例，涵盖联动调解近千人集体劳动纠纷、多方联动化解批量物业纠纷、综治中心牵头多元化解群体土地纠纷、通过调解解决侵害作品信息网络传播权侵权赔偿金额争议、在线成功调解跨境涉侨纠纷等，旨在坚持和发展新时代“枫桥经验”，发挥案例指导促进矛盾纠纷多元化解作用，促进预防和减少纠纷、发生纠纷能更为及时化解在基层和萌芽状态。

《人民法院第六个五年改革纲要（2024—2028 年）》对完善法律统一适用机制作出具体安排，提出“健全完善案例指导制度，持续推进人民法院案例库建设，优化案例培育、编选、评估、发布、退出机制”。未来，最高人民法院将推动不断建好用好人民法院案例库，持续做优做强这一新时代公正司法新产品，助推审判执行提质增效，更好接受人民群众对司法公正的监督。

目 录

刑事案例

民事案例

行政案例

国家赔偿案例

执行案例

未成年人权益保护案事例库事例

多元解纷案例库案例

刑事案例

2024-11-1-018-002

1. 全某才失火刑事附带民事公益诉讼案

——人民陪审员参审刑事附带民事公益诉讼案件的合议庭组成及相关规则

关键词：刑事　刑事附带民事公益诉讼　失火罪　生态环境保护　人民陪审员　审判组织　七人合议庭

基本案情

2022年11月1日下午2时许，被告人全某才在江西省乐平市涌山镇闵口村“屋背山”山场山脚下给过世的母亲焚烧纸钱，因遇大风，将烧着的纸钱吹至山上，引发“屋背山”山场失火。经鉴定：“屋背山”山场过火面积3.9136公顷（58.704亩），过火有林地面积3.086公顷（46.29亩），其中防护林面积2.3388公顷（35.082亩），用材林面积0.7472公顷（11.208亩）；过火非林地面积0.8276公顷（12.414亩）；失火行为导致森林生态系统功能损失共计人民币72810元。

江西省浮梁县人民检察院指控被告人全某才犯失火罪，于2023年5月4日向浮梁县人民法院提起公诉。同年5月29日，浮梁县人民检察院公告了案件相关情况。公告期内，法律规定的机关和有关组织未提起民事公益诉讼。浮梁县人民检察院于同年7月10日提起刑事附带民事公益诉讼。被告人全某才对刑事部分的指控无异议，认罪认罚；对附带民事公益诉讼部分表示愿意积极赔偿其失火行为所造成的森林生态系统功能损失，但因家庭困难，最多只能支付1万元，希望法院酌情考虑。

案发后，被告人全某才异地补植复绿，经乐平市林业局验收，造林合格面积为70亩；全某才主动投案，归案后如实供述犯罪事实，取得被害人谅解。对于森林生态系统功能损失 72810 元中的固碳损失 10666 元，全某才自愿通过购买 213.32 吨碳汇进行替代性修复。此外，全某才已缴纳 1 万元的森林生态系统功能损失。对于剩余的 52144 元森林生态系统功能损失，全某才申请通过防火宣传、补林育林及巡山等劳务的方式代偿上述费用。

考虑到本案涉及民间祭祀风俗，具有明显的社会性、公共性，江西省浮梁县人民法院组成由人民陪审员参加的七人合议庭对本案进行审理。人民陪审员结合其自身的专业优势，就被告人破坏的森林存在的固碳损失，以及森林生态系统服务功能损失如何开展劳务代偿等内容提出专业意见。

江西省浮梁县人民法院于 2023 年 7 月 28 日作出（2023）赣 0222 刑初 47 号刑事附带民事判决：被告人全某才犯失火罪，判处有期徒刑八个月，缓刑一年六个月；附带民事公益诉讼被告全某才赔偿森林生态系统功能损失共计人民币 72810 元（扣除已经支付 10666 元的固碳损失及 1 万元的森林生态系统功能损失以外的 52144 元由全某才在缓刑考验期内完成劳务代偿共计 345 日；如全某才未能履行代偿内容，则按照日平均工资 151 元乘以实际未完成天数赔偿森林生态系统功能损失）。宣判后，没有上诉、抗诉，判决已发生法律效力。

裁判理由

法院生效裁判认为：被告人全某才因自己的过失行为引发森林火灾，过火有林地山场面积 3.086 公顷，其行为已构成失火罪，应予惩处，其行为给森林生态系统造成的功能损失，应予赔偿。附带民事公益诉讼起诉人提出的诉讼请求，符合法律规定，予以支持。本案中，全某才家庭经济困难，赔偿能力有限，故准许其通过劳务代偿的方式偿还剩余的 52144 元森林生态系统功能损失。全某才从事的是防火宣传、补林育林及巡山相关工作，故酌定参照 2022 年度江西省城镇非私营单位中农、林、牧、渔业年平均工资 54962 元计算，日平均工资为 151 元。据此，全某才从事公益劳务的时间为 345 天。该劳务执行由乐平市涌山镇林业办公室和乐平市司法局进行监管。综上，法院依法作出如上裁判。

裁判要旨

1. 对于涉及移风易俗，具有明显的社会性、公共性，影响重大的第一审刑事附带民事公益诉讼案件，可以由法官三人和人民陪审员四人组成合议庭审理。

2. 人民法院审理生态环境案件涉及专门性事实查明问题的，可以由具有专门知识的人民陪审员参加审理，就生态环境服务功能损失的确定、修复方案的选择、是否需要鉴定以及鉴定意见的审核等提出专业意见，为案件的审理提供技术支撑。

关联索引

《中华人民共和国刑法》第 115 条第 2 款

《中华人民共和国民法典》第 187 条、第 1229 条

《中华人民共和国人民陪审员法》第 15 条、第 16 条

《最高人民法院关于审理森林资源民事纠纷案件适用法律若干问题的解释》(法释〔2022〕16 号）第 20 条、第 21 条

一审：江西省浮梁县人民法院（2023）赣 0222 刑初 47 号刑事附带民事判决（2023 年 7 月 28 日）

2024-05-1-043-002

2. 李某虎非法买卖爆炸物再审改判无罪案

——非法买卖爆炸物罪的认定

关键词：刑事　非法买卖爆炸物罪　爆炸物　二氧化碳发热管　行政犯　主观犯意

基本案情

蔡某建系二氧化碳致裂发热剂专利技术发明人。贵州某公司获蔡某建授权以该专利技术生产二氧化碳发热管，郑某轩是该公司法定代表人。马某剑为郑某轩介绍客户。2018 年 12 月，被告人李某虎通过微信联系马某剑购买二氧化碳发热管，马某剑向李某虎提供了贵州某公司的营业执照、危险化学品经营许可证、国家民爆质检中心及南京理工大学化学材料测试中心出具的不具备爆炸性的检测报告、国家化学制品检测中心出具的摩擦及敏感度的检测报告等文件后，李某虎遂向贵州某公司购买规格型号为 70cm–32 的二氧化碳发热管共 400 根。同月 25 日，该公司通过物流发货到广西壮族自治区德保县给李某虎。同月 31 日，该批二氧化碳发热管到达该县后，李某虎让员工领取并送至某石场用于其生产爆破作业。

2019 年 6 月，贵州省惠水县公安局对向李某虎制售二氧化碳发热管的卖家郑某轩、马某剑进行立案侦查，并将被告人李某虎涉案线索移送德保县公安局侦办。案发时，李某虎从郑某轩处所购买的二氧化碳发热管已经使用完毕，公安机关没有扣押到李某虎购买的二氧化碳发热管实物。贵州省惠水县公安局在侦办郑某轩、马某剑案件时，于 2019 年 7 月 12 日将在郑某轩工厂内查获和扣押的生产样本送贵州某司法鉴定中心鉴定，鉴定意见为：送检的不同规格发热管样品中内含的白色粉末状物的主要成分均为高氯酸钾、三聚氰酸、邻苯二甲酸等，经燃烧、爆炸试验证实，具有燃烧、爆炸性，均为爆炸物品，均是以高氯酸钾为基混制的烟火药。

另查明，贵州省惠水县人民检察院指控另案被告人郑某轩、马某剑犯非法制造、运输、买卖爆炸物罪一案，于2020年6月16日向贵州省惠水县人民法院提起公诉。2023年5月19日，又以证据不足为由，撤回起诉。惠水县人民法院于2023年5月24日作出（2020）黔2731刑初67号刑事裁定，准许惠水县人民检察院撤回起诉。[参见郑某轩、马某剑非法制造、买卖、运输爆炸物准许撤回起诉案（参考案例入库编号：2024-05-1-043-001）]

广西壮族自治区德保县人民法院于2020年3月16日作出（2020）桂1024刑初20号刑事判决：被告人李某虎犯非法买卖爆炸物罪，判处有期徒刑十年。宣判后，李某虎提出上诉。广西壮族自治区百色市中级人民法院于2020年6月9日作出（2020）桂10刑终197号刑事裁定：驳回上诉，维持原判。上述裁判发生法律效力后，李某虎及其妻子提出申诉。广西壮族自治区百色市中级人民法院于2023年8月25日作出（2023）桂10刑监3号再审决定，对本案提起再审。后广西壮族自治区百色市中级人民法院于2024年5月10日作出（2023）桂10刑再8号刑事判决：撤销广西壮族自治区德保县人民法院（2020）桂1024刑初20号刑事判决及百色市中级人民法院（2020）桂10刑终197号刑事裁定；原审被告人李某虎无罪。

裁判理由

法院再审裁判认为：原审被告人李某虎购入案涉二氧化碳发热管前，已向贵州某公司索要了该公司的营业执照、危险化学品经营许可证、二氧化碳致裂发热剂检测报告等，且其所购买的二氧化碳发热管是卖家通过普通物流运输，足以使其相信该二氧化碳发热管是可以进入市场流通的合法物品，故其无非法买卖爆炸物的主观故意。李某虎购买二氧化碳发热管后进行了审慎管理，并全部用于正常生产经营活动，没有实际造成危害。同时，出卖方所涉案件已作撤回起诉处理，故对李某虎的行为不宜作为犯罪处理。

关于贵州某司法鉴定中心的鉴定意见能否采信作为定案证据的问题。原一、二审法院认定被告人李某虎构成非法买卖爆炸物罪，关键之一是采信了贵州某司法鉴定中心对案涉二氧化碳发热管确定为爆炸物的鉴定意见。根据关联案件（2020）黔 2731 刑初 67 号刑事案件中郑某轩的供述，其将案涉二氧化碳发热管内的粉末（又称二氧化碳气体相变活化剂、二氧化碳活化剂、混合药剂）委托国家民用爆破器材质量监督检测中心进行检测鉴定，显示活化剂不具有爆炸性，但该报告没有对活化剂样品进行成分检测。郑某轩又自行送上述粉末至深圳某检测检验技术公司作成分安全检测，但是只检测样品成分，不作是否具有爆炸性检测。立案后，惠水县公安局先后两次从扣押物品中取样送贵州某司法鉴定中心鉴定的活化剂都具有爆炸性。上述四份鉴定意见对郑某轩生产的二氧化碳发热管内粉末成分认定不一致，且郑某轩生产的二氧化碳发热管存在因时间及技术改进，有可能导致发热管中的粉末成分不一致的情形。李某虎从郑某轩处购买的二氧化碳发热管在案发时已全部使用完毕，无法对涉案二氧化碳发热管中的粉末进行取样，无法确定其购买的发热管中的粉末成分与上述鉴定意见中何款样品相同。因此，对李某虎购买的二氧化碳发热管中的粉末是否具有爆炸性存疑。此外，爆炸性是属性概念，具有爆炸性的物质并不等同于就是爆炸物，爆炸物应该是能够达到一定爆炸能量的爆炸性物质，即便鉴定粉末具有爆炸性，也不能就此推定二氧化碳发热管属于爆炸物。综上，贵州某司法鉴定中心的鉴定意见不具有可采信性。

裁判要旨

对于非法买卖爆炸物罪等涉及行政管理的犯罪而言，相关犯罪的成立，应当以行政违法为前提。对于案涉物品未被列入监管名录，购买者已从卖家获得有资质部门的安全检验报告、质量检验报告，且所购物品用于正常生产活动，并在使用过程中做到了审慎管理、安全使用的，依法不构成非法买卖爆炸物罪。

关联索引

《中华人民共和国刑法》第 13 条、第 125 条

《中华人民共和国刑事诉讼法》第 236 条、第 256 条

《最高人民法院关于审理非法制造、买卖、运输枪支、弹药、爆炸物等刑事案件具体应用法律若干问题的解释》（法释〔2001〕15号，2009年修正）第1条、第2条、第9条

一审：广西壮族自治区德保县人民法院（2020）桂1024刑初20号刑事判决（2020年3月16日）

二审：广西壮族自治区百色市中级人民法院（2020）桂10刑终197号刑事裁定（2020年6月9日）

再审：广西壮族自治区百色市中级人民法院（2023）桂10刑再8号刑事判决（2024年5月10日）

2024-18-1-054-001

3. 周某刚交通肇事案

——行人、机动车等多种因素引起交通事故的处理

关键词：刑事　交通肇事罪　犯罪主体　行人　意外事件

基本案情

2024年5月17日7时10分许，被告人周某刚违规闯红灯，沿上海市普陀区某路口东侧人行横道由南向北小跑穿行时，与驾驶电动自行车由西向东通过该人行横道的被害人凌某某发生碰撞，致被害人连人带车摔倒在对侧由东向西的机动车道内，适逢刘某驾驶的小型越野客车绿灯放行，并跟随前车起步，被害人遭刘某驾驶车辆左侧碾轧受伤，周某刚见状逃离现场。被害人凌某某经抢救无效于当日死亡。当日12时许，被告人周某刚接公安机关电话通知后主动投案，到案后如实供述上述犯罪事实。

另查明，被害人凌某某在交通信号灯转为绿灯的前三秒即已起步驶出

停车线，事发时的车速约为 22km/h，超过了上海市规定的非机动车 15km/h 的限速标准。对此次交通事故，交警部门出具的道路交通事故认定书认定，被告人周某刚负事故主要责任，被害人凌某某负事故次要责任，刘某不负责任。

上海市普陀区人民法院于 2024 年 8 月 1 日作出（2024）沪 0107 刑初 594 号刑事判决：被告人周某刚犯交通肇事罪，判处有期徒刑二年六个月。宣判后，没有上诉、抗诉，判决已发生法律效力。

裁判理由

法院生效裁判认为：根据《中华人民共和国刑法》第一百三十三条的规定，违反交通运输管理法规，因而发生重大事故，致人重伤、死亡或者使公私财产遭受重大损失的，构成交通肇事罪。关于交通肇事罪的犯罪主体问题，《最高人民法院关于审理交通肇事刑事案件具体应用法律若干问题的解释》（法释〔2000〕33 号）第一条规定："从事交通运输人员或者非交通运输人员，违反交通运输管理法规发生重大交通事故，在分清事故责任的基础上，对于构成犯罪的，依照刑法第一百三十三条的规定定罪处罚。"据此，行人等非交通运输人员也可以成为交通肇事罪的犯罪主体。本案中，被告人周某刚在交通信号灯已经转为红灯的情况下，仍以小跑的形式在人行横道线上穿行，直接撞倒凌某某，并导致凌某某被其他车辆碾轧致死。因此，周某刚违反交通运输管理法规，发生交通事故，致一人死亡，且负事故主要责任，根据刑法第一百三十三条及上述司法解释的规定，构成交通肇事罪。

关于刘某是否承担刑事责任的问题。经查，刘某驾驶的机动车在路口等待信号灯放行，且属该路口等待中的第二辆车，周某刚闯红灯时，刘某所在车道的第一辆车已经驶出停车线，刘某的车辆跟随起步并已十分接近人行横道线。此时小跑的周某刚在人行横道线上将超速驶来的凌某某撞倒，而凌某某恰巧倒在了刘某的左前侧车轮下，进而被刘某的车辆碾轧。从周某刚撞倒凌某某到凌某某被车轮碾轧之间的时间不到 2 秒钟，普通人根本无法在如此短的时间内作出反应从而避免碾轧的发生。因此，刘某对本案事故的发生不具有预见的条件和能力，损害结果的发生对其而言是意外事件，符合刑法第十六条的规定，不承担刑事责任。

经综合被告人周某刚交通肇事后逃逸、未取得被害人家属谅解及自首等情节，故法院依法作出如上裁判。

裁判要旨

1. 交通肇事罪的犯罪主体为一般主体，实践中通常为机动车驾驶人等从事交通运输人员。但是，行人等非交通运输人员违反交通运输管理法规，因而发生重大事故，符合刑法第一百三十三条及相关司法解释规定的，亦应以交通肇事罪定罪处罚。

2. 根据刑法第十六条的规定，对于行为人严格遵守交通运输管理法规，虽然在客观上造成了损害结果，但不是出于故意或者过失，而是由于不能预见的原因所引起的，不是犯罪，不应当追究刑事责任。

关联索引

《中华人民共和国刑法》第 16 条、第 133 条

《最高人民法院关于审理交通肇事刑事案件具体应用法律若干问题的解释》(法释〔2000〕33 号)第 1 条、第 2 条

一审：上海市普陀区人民法院（2024）沪 0107 刑初 594 号刑事判决（2024 年 8 月 1 日）

2024-18-1-054-002

4. 刘某江交通肇事宣告无罪案

——对道路交通事故认定书的实质审查

关键词：刑事　交通肇事罪　道路交通事故认定书　实质审查　事故责任　逃逸

基本案情

2023年6月9日11时30分许，被告人刘某江驾驶无号牌电动正三轮摩托车沿河北省邢台市任泽区杨官线由西向东行驶，孙某平驾驶无号牌二轮摩托车（载被害人李某坤）在超越同向行驶的刘某江时，两车发生交通事故。事故造成李某坤受伤并经抢救无效死亡，以及电动正三轮摩托车损坏。事故发生后，刘某江在现场短暂停留后驾车离开。

对于本次事故，交警部门出具的道路交通事故认定书记载：（1）关于事故发生原因。孙某平在未取得机动车驾驶证的情况下驾驶机动车、驾驶未经公安机关交通管理部门登记的机动车上路行驶、在与对面来车有会车可能时超车、未戴安全头盔，是造成本次交通事故的主要原因，其行为对发生交通事故所起的作用及过错程度较大。刘某江在未取得机动车驾驶证的情况下驾驶机动车、驾驶未经公安机关交通管理部门登记的机动车上路行驶、驶出道路时未确保安全、未戴安全头盔，是造成本次交通事故的次要原因，其行为对发生交通事故所起的作用以及过错程度较小。李某坤乘坐摩托车未戴安全头盔，是造成本次交通事故的次要原因，其行为对发生交通事故所起的作用以及过错程度较小。（2）关于责任认定。刘某江在未取得机动车驾驶证的情况下驾驶机动车、驾驶未经公安机关交通管理部门登记的机动车上路行驶、驶出道路时未确保安全、未戴安全头盔、发生事故后驾车逃逸，违反了《中华人民共和国道路交通安全法》《道路交通事故处理程序规定》的相关规定，认定刘某江负此事故的全部责任，孙某平、李某坤无责任。

河北省邢台市任泽区人民法院于2024年7月16日作出（2024）冀0505刑初8号刑事判决：被告人刘某江无罪。宣判后，没有上诉、抗诉，判决已发生法律效力。

裁判理由

法院生效裁判认为：根据《中华人民共和国刑法》第一百三十三条的规定，违反交通运输管理法规，因而发生重大事故，致人重伤、死亡或者使公私财产遭受重大损失的，构成交通肇事罪。《最高人民法院关于审理交通肇事刑事案件具体应用法律若干问题的解释》（法释〔2000〕33号）第二条第一款第一项进一步明确，“死亡一人或者重伤三人以上，负事故全部或者主要责任的”，以交通肇事罪定罪处罚。本案中，由于交通事故造成一人死亡，故认定罪与非罪的关键在于，被告人刘某江是否负事故全部或者主要责任。

上述司法解释所规定的“负事故全部或者主要责任”等情形，系指对引发交通事故的责任。道路交通事故认定书中用于确定交通事故责任的逃逸等特殊加重责任情节，发生在交通事故之后，显然不属于交通事故的原因。有鉴于此，认定是否成立交通肇事罪，应当对道路交通事故认定书中的事故责任认定进行实质审查与判断。本案中，交警部门出具的道路交通事故认定书认定被告人刘某江负事故的全部责任，系基于刘某江发生事故后驾车逃逸的情节，属于根据《中华人民共和国道路交通安全法实施条例》第九十二条第一款中“发生交通事故后当事人逃逸的，逃逸的当事人承担全部责任”的规定所作的特殊加重责任认定。但是，刘某江的逃逸行为发生在事故之后，且其交通违法行为是引起事故发生的次要原因，对发生交通事故所起的作用较小，道路交通事故认定书对此也作了认定。经综合全案事实认定，刘某江对本案事故的发生不负全部或者主要责任，其行为不构成交通肇事罪，故法院依法作出如上裁判。

裁判要旨

办理交通肇事刑事案件，应当对公安机关出具的道路交通事故认定书进行实质审查，剔除特殊加重责任情节，结合其他证据，依据对事故发生的原因力大小确定事故责任。剔除特殊加重责任情节后，行为人对道路交通事故所负责任不符合交通肇事罪所要求的事故责任要件的，依法不构成交通肇事罪。

关联索引

《中华人民共和国刑法》第133条

《最高人民法院关于审理交通肇事刑事案件具体应用法律若干问题的解释》(法释〔2000〕33号)第2条

一审：河北省邢台市任泽区人民法院（2024）冀0505刑初8号刑事判决（2024年7月16日）

2024-06-1-055-050

5. 钟某荣危险驾驶案

——对短距离醉驾行为的处理应区别对待

关键词：刑事　危险驾驶罪　醉驾　短距离驾驶　主客观相统一

基本案情

2023年8月22日21时许，被告人钟某荣在同事家饮酒后驾驶小型汽车回家，在江西省赣州市章贡区某停车场驾车掉头过程中，与被害人许某华驾驶的车辆发生碰撞。事故发生后，他人拨打电话报警，钟某荣在现场等候处理。经鉴定，钟某荣血液酒精含量为153.36mg/100ml，属醉酒。交通事故认定书认定，钟某荣负此次事故全部责任。同年8月31日，钟某荣赔偿许某华经济损失，许某华出具书面谅解意见。

江西省赣州市章贡区人民法院于2024年2月6日作出（2024）赣0702刑初57号刑事判决：被告人钟某荣犯危险驾驶罪，判处拘役一个月，缓刑二个月，并处罚金人民币6000元。宣判后，在法定期限内没有上诉、抗诉，判决已发生法律效力。

裁判理由

法院生效裁判认为：被告人钟某荣在道路上醉酒驾驶机动车，其行为已构成危险驾驶罪。《最高人民法院、最高人民检察院、公安部、司法部关于办理醉酒危险驾驶刑事案件的意见》（高检发办字〔2023〕187号）第十二条第三项、第四项规定，“在居民小区、停车场等场所因挪车、停车入位等短距离驾驶机动车”“由他人驾驶至居民小区、停车场等场所短距离接替驾驶停放机动车的，或者为了交由他人驾驶，自居民小区、停车场等场所短距离驶出”的醉驾行为，可以认定为情节显著轻微、危害不大。本案中，钟某荣为回家上道路行驶而在停车场掉头，并非出于挪车、停车入位、交由他人接替驾驶等目的在停车场短距离驾驶机动车，且对发生的交通事故负全部责任，应依法追究刑事责任并从重处罚。钟某荣明知他人报警后，仍留在现场等候处理，系自首，自愿认罪认罚，并通过赔偿取得谅解，应依法从轻处罚。综合考虑，可对钟某荣宣告缓刑。故法院依法作出上述裁判。

裁判要旨

对《最高人民法院、最高人民检察院、公安部、司法部关于办理醉酒危险驾驶刑事案件的意见》（高检发办字〔2023〕187号）第十二条第三项、第四项所涉短距离醉酒驾驶机动车情形的具体判断，应坚持主客观相统一原则，充分考虑行为人驾驶的动机和目的。对于不是出于挪车、停车入位或者交由他人接替驾驶等目的，而是为了长距离交通目的上道路行驶的，即便在停车场短距离行驶时被查获，也不属于上述规定的情形。

关联索引

《中华人民共和国刑法》第133条之一第1款第2项

一审：江西省赣州市章贡区人民法院（2024）赣0702刑初57号刑事判决（2024年2月6日）

2023-05-1-059-002

6. 李某远危险作业案

——关闭消防安全设备"现实危险"的把握标准

关键词：刑事　危险作业罪　现实危险　消防安全设备

基本案情

2020年，浙江省永康市雅某酒店用品有限公司（以下简称雅某公司）因安全生产需要，在油漆仓库、危废仓库等生产作业区域安装了可燃气体报警器。2021年10月，被告人李某远作为公司负责人，在明知关闭可燃气体报警器会导致无法实时监测生产过程中释放的可燃气体浓度，安全生产存在重大事故隐患的情况下，为节约生产成本而擅自予以关闭。2022年5月10日，雅某公司作业区域发生火灾，因喷漆车间已经连续几天停止作业，相关区域的可燃气体浓度未达到临界值，且发现及时得以迅速扑灭，未造成严重后果。5月16日至17日，消防部门对雅某公司进行检查，发现该公司存在擅自停用可燃气体报警装置等影响安全生产的问题，且在上述关闭可燃气体报警器区域内发现存放有大量油漆、固化剂，遂责令该公司立即整改，但李某远一直未予整改。经检验，上述油漆、固化剂均系易燃液体，属于危险化学品。

浙江省永康市人民法院于2022年10月8日作出（2022）浙0784刑初

791 号刑事判决：被告人李某远犯危险作业罪，判处有期徒刑八个月。宣判后，没有上诉、抗诉，判决已发生法律效力。

裁判理由

法院生效裁判认为：被告人李某远的行为符合危险作业罪的构成要件，构成危险作业罪。

《中华人民共和国刑法》第一百三十四条之一规定："在生产、作业中违反有关安全管理的规定，有下列情形之一，具有发生重大伤亡事故或者其他严重后果的现实危险的，处一年以下有期徒刑、拘役或者管制：（一）关闭、破坏直接关系生产安全的……报警……设备、设施……的；（二）因存在重大事故隐患被依法责令……立即采取排除危险的整改措施，而拒不执行的……"本案中，被告人李某远的行为符合刑法第一百三十四条之一第一项、第二项的规定。具体而言：其一，李某远在生产、作业中违反有关安全管理的规定，擅自关闭直接关系生产安全的报警设备；经消防检查，因存在擅自停用可燃气体报警装置等消防安全隐患被责令立即整改，但一直未予整改。其二，其行为具有发生重大伤亡事故或者其他严重后果的现实危险。一是危险具有现实性。涉案现场堆放了大量油漆、固化剂等危险化学品，一旦遇到明火或者可燃气体浓度达到一定数值，将引发火灾或者爆炸事故。二是危险具有紧迫性。案发前，涉案厂区曾发生过火灾，客观上已经出现了"小事故"，之所以没有发生重大伤亡等严重后果，是因为在发生重大险情的时段，喷漆车间已经连续几天停止作业，相关区域的可燃气体浓度恰好未达到临界值，且及时发现火情得以迅速扑灭，属于因偶然因素而侥幸避免严重后果的发生。

综上，对被告人李某远依法应当以危险作业罪定罪处罚。李某远归案后能如实供述自己的罪行，系坦白，依法予以从轻处罚。经综合全案情节，法院依法作出如上裁判。

裁判要旨

危险作业罪中"具有发生重大伤亡事故或者其他严重后果的现实危险"，

是指客观存在的、紧迫的危险，这种危险未及时消除、持续存在，将可能随时导致发生重大伤亡事故或者其他严重后果。对于是否属于“具有发生重大伤亡事故或者其他严重后果的现实危险”，应当结合行业属性、行为对象、现场环境、违规行为严重程度、纠正整改措施的及时性和有效性等具体因素，进行综合判断。对于行为人关闭、破坏直接关系生产安全的监控、报警、防护、救生设备、设施，已经出现重大险情，或者发生了“小事故”，由于偶然性的客观原因而未造成严重后果的情形，可以认定为“具有发生重大伤亡事故或者其他严重后果的现实危险”。

关联索引

《中华人民共和国刑法》第134条之一

一审：浙江省永康市人民法院（2022）浙0784刑初791号刑事判决（2022年10月8日）

2024-03-1-094-004

7. 陈某等非国家工作人员受贿案

——业主委员会成员利用职务便利收受财物行为的定性

关键词：刑事　非国家工作人员受贿罪　其他单位　业主委员会成员　利用职务便利

基本案情

被告人陈某、刘某军、龚某东均系江苏省射阳县某小区业主。2019年5月中旬，该小区业主代表大会通过选举成立业主委员会。其中，被告人陈某任业主委员会主任，被告人刘某军之妻徐某梅任业主委员会副主任，被告人龚某东任业主委员会委员。同月31日，被告人陈某、刘某军、龚某东在该小区业主委员会办公室合谋，以将小区物业交由董某军的某物业公司承做为条件，向董某军索要30万元好处费。次日，董某军将30万元现金送给被告人陈某，后三名被告人各分得10万元。

被告人刘某军于2020年2月20日将10万元退还给董某军。案发后，被告人陈某、龚某东分别退出违法所得10万元，董某军退出行贿款10万元。

江苏省射阳县人民法院于2023年11月20日作出（2023）苏0924刑初25号刑事判决：一、被告人陈某犯非国家工作人员受贿罪，判处有期徒刑九个月，缓刑一年三个月，并处罚金人民币10万元；二、被告人刘某军犯非国家工作人员受贿罪，判处有期徒刑十个月，并处罚金人民币10万元；三、被告人龚某东犯非国家工作人员受贿罪，判处有期徒刑九个月，缓刑一年三个月，并处罚金人民币10万元；四、被告人陈某、龚某东及董某军各退出的人民币10万元，合计人民币30万元，依法予以没收，上缴国库。宣判后，被告人刘某军不服，提出上诉。江苏省盐城市中级人民法院于2024年3月8日作出（2024）苏09刑终55号刑事裁定：驳回上诉，维持原判。

裁判理由

法院生效裁判认为：《中华人民共和国刑法》第一百六十三条第一款规定："公司、企业或者其他单位的工作人员，利用职务上的便利，索取他人财物或者非法收受他人财物，为他人谋取利益，数额较大的，处三年以下有期徒刑或者拘役，并处罚金……"该法条中规定的"其他单位"包括非国有事业单位或者其他组织，既包括村民委员会、居民委员会、村民小组等常设性组织，也包括为组织正当活动而成立的组委会、筹委会等非常设性组织。业主委员会作为社区自治组织，是业主大会的常设执行机构，应当属于"其他单位"的范畴。本案中，被告人陈某、龚某东身为业主委员会工作人员，与被告人刘某军共谋，利用职务上的便利，索取他人财物，为他人谋取利益，数额较大，其行为均构成非国家工作人员受贿罪。

被告人刘某军的辩护人提出，刘某军不是业主委员会委员，仅是业主代表，不具备非国家工作人员受贿罪的主体身份。经查，刘某军虽不是业主委员会成员，但其与具有非国家工作人员受贿罪主体身份的陈某、龚某东共谋，并共同向他人索要财物，系共犯。

经综合考虑全案情节，特别是被告人陈某、龚某东认罪认罚的情节，法院依法作出如上裁判。

裁判要旨

业主委员会是业主大会的常设执行机构，属于刑法第一百六十三条第一款规定的“其他单位”。业主委员会的工作人员利用职务上的便利，索取他人财物或者非法收受他人财物，为他人谋取利益，数额较大的，应当以非国家工作人员受贿罪论处；与业主委员会的工作人员共谋，索取他人财物或者非法收受他人财物的，以非国家工作人员受贿罪的共犯论处。

关联索引

《中华人民共和国刑法》第 163 条第 1 款

一审：江苏省射阳县人民法院（2023）苏 0924 刑初 25 号刑事判决（2023 年 11 月 20 日）

二审：江苏省盐城市中级人民法院（2024）苏 09 刑终 55 号刑事裁定（2024 年 3 月 8 日）

2024-09-1-160-002

8. 上海某集成电路设计有限公司等侵犯著作权案

——破解他人芯片并大量制售侵权芯片的定性

关键词：刑事　侵犯著作权罪　破解芯片　制售侵权芯片

基本案情

被害单位南京某微电子公司享有“沁恒微USB转串并口芯片CH340内置固件程序软件V3.0”计算机软件著作权，并将该软件应用于所生产、销售的CH340芯片中，该芯片市场占有份额巨大。

被告单位上海某集成电路设计有限公司于2003年成立。2016年，被告人陶某作为上海某集成电路设计有限公司的销售人员，发现南京某微电子公司的CH340芯片销量大，遂从市场获取正版CH340芯片交给上海某集成电路设计有限公司。被告人许某作为上海某集成电路设计有限公司总经理，负责公司生产经营等全部事务，其在明知上海某集成电路设计有限公司未获得南京某微电子公司授权许可的情况下，决定反向破解CH340芯片并进行生产、销售。上海某集成电路设计有限公司委托第三方公司对CH340芯片各层电路布图进行破解提取GDS文件，再委托其他第三方公司进行复制、生产、封装。上海某集成电路设计有限公司检测合格后以GC9034型号芯片对外销售谋取不法利益。2016年9月至2019年12月，上海某集成电路设计有限公司已生产并销售的侵权芯片830余万个，非法经营数额达730余万元。其中，陶某明知是侵权产品仍对外销售780余万个，销售金额680余万元。经抽样鉴定，侵权芯片中的固化二进制代码与南京某微电子公司上述计算机软件源代码经编译转换生成的固化二进制代码相同，相似度100%。

江苏省南京市雨花台区人民法院于2021年7月14日作出（2021）苏

0114 刑初 148 号刑事判决：一、被告单位上海某集成电路设计有限公司犯侵犯著作权罪，判处罚金人民币 400 万元；被告人许某犯侵犯著作权罪，判处有期徒刑四年，并处罚金人民币 36 万元；被告人陶某犯侵犯著作权罪，判处有期徒刑三年二个月，并处罚金人民币 10 万元。二、扣押在案侵权产品芯片条 63 条、芯片盒 30 盒、GC9034 芯片 25000 个予以没收。宣判后，被告单位上海某集成电路设计有限公司、被告人许某、陶某提出上诉。江苏省南京市中级人民法院于 2021 年 10 月 28 日作出（2021）苏 01 刑终 716 号刑事裁定：驳回上诉，维持原判。

裁判理由

法院生效裁判认为：根据《中华人民共和国刑法》和《最高人民法院关于审理单位犯罪案件具体应用法律有关问题的解释》的规定，以单位名义实施犯罪，违法所得归单位所有的，是单位犯罪。本案被告人许某系被告单位上海某集成电路设计有限公司总经理，负责上海某集成电路设计有限公司生产经营等全部事务，在未获权利人南京某微电子公司授权许可的情况下，决定反向破解南京某微电子公司 CH340 芯片并对外销售。行为过程中，从反向提取 GDS 文件到生产掩模工具、生产晶圆、封装等各环节，均以上海某集成电路设计有限公司名义实施，上海某集成电路设计有限公司设计部、测试部、计划部、财务部、仓库保管部等多个部门亦参与其中，最后以上海某集成电路设计有限公司 GC9034 芯片对外销售，所得销售款项均归上海某集成电路设计有限公司所有。故应当认定本案属于单位犯罪，上海某集成电路设计有限公司应当负刑事责任。上海某集成电路设计有限公司对实施本案行为是否作出相关决议，不影响单位犯罪的认定。被告人许某系单位犯罪中负直接责任的主管人员，被告人陶某系单位犯罪中其他直接责任人员。被告单位上海某集成电路设计有限公司及被告人许某、陶某的行为均已构成侵犯著作权罪。故一、二审法院依法作出如上裁判。

裁判要旨

以二进制代码形式固化至芯片内的代码化指令序列享有计算机软件著

作权，受到《中华人民共和国著作权法》及刑法保护。未经软件著作权人许可，反向破解受害人芯片，提取其中的文件并进行复制生产、对外销售，符合刑法第二百一十七条规定的，以侵犯著作权罪论处。

关联索引

《中华人民共和国刑法》第 217 条、第 220 条

《最高人民法院、最高人民检察院关于办理侵犯知识产权刑事案件具体应用法律若干问题的解释》（法释〔2004〕19 号）第 5 条第 2 款第 1 项、第 12 条、第 15 条

《最高人民法院、最高人民检察院关于办理侵犯知识产权刑事案件具体应用法律若干问题的解释（二）》（法释〔2007〕6 号）第 4 条

一审：江苏省南京市雨花台区人民法院（2021）苏 0114 刑初 148 号刑事判决（2021 年 7 月 14 日）

二审：江苏省南京市中级人民法院（2021）苏 01 刑终 716 号刑事裁定（2021 年 10 月 28 日）

2023-03-1-167-001

9. 陈某荣合同诈骗案

——合同诈骗罪中“合同”的认定

关键词：刑事　合同诈骗罪　虚构事实　市场交易秩序　合同形式

基本案情

2021 年 8 月至 9 月，被告人陈某荣因欠债较多无力偿还，遂以非法占有为目的，虚构需要采购大量白酒的事实，冒用他人名义与多名白酒销售商

达成口头合同，欺骗销售商先行交付白酒，其后以“高买低卖”的方式低价转售他人。经查，案涉白酒价值人民币196万余元。案发前，部分被害人多次催款，陈某荣归还人民币61万元。案发后，陈某荣被公安机关抓获归案，并如实供述上述事实。

江苏省盐城市亭湖区人民法院于2022年6月15日作出（2022）苏0902刑初137号刑事判决：被告人陈某荣犯合同诈骗罪，判处有期徒刑七年，并处罚金人民币20万元。宣判后，没有上诉、抗诉，判决已发生法律效力。

裁判理由

法院生效裁判认为：根据《中华人民共和国刑法》第二百二十四条的规定，以非法占有为目的，在签订、履行合同过程中，骗取对方当事人财物，数额较大的，构成合同诈骗罪。据此，合同诈骗罪的关键特征是利用签订、履行合同的手段骗取他人财物。合同诈骗行为不仅侵犯他人财产权利，而且破坏市场交易秩序。本案中，被告人陈某荣以非法占有为目的，虚构需要采购大量白酒的事实，假冒他人名义与销售商达成口头合同，骗取销售商财物，数额巨大，其行为已构成合同诈骗罪。尽管陈某荣与白酒销售商达成的系口头合同，但不影响合同诈骗罪的认定。陈某荣归案后如实供述自己的罪行，系坦白，且认罪认罚，依法予以从轻处罚。故法院依法作出如上裁判。

裁判要旨

1. 合同诈骗罪的客观方面表现为利用签订、履行合同的手段骗取他人财物。合同诈骗行为不仅侵犯他人财产权利，而且破坏市场交易秩序。没有利用签订、履行合同的手段骗取他人财物的，不适用合同诈骗罪。

2. 在界定合同诈骗罪的合同范围时，不应拘泥于合同的形式。即便是口头合同，只要发生在生产经营领域，破坏市场交易秩序，符合刑法第二百二十四条规定的，亦可以适用合同诈骗罪。

关联索引

《中华人民共和国刑法》第224条

一审：江苏省盐城市亭湖区人民法院（2022）苏0902刑初137号刑事判决（2022年6月15日）

2024-18-1-174-001

10. 林某鑫等提供虚假证明文件案

——出售“环评文件资质页”行为的定性

关键词：刑事 提供虚假证明文件罪 虚假证明文件 出售 “环评文件资质页” 主观故意 情节严重

基本案情

2020年9月，被告人林某鑫为牟取非法利益，与他人共谋成立公司并出售“环评文件资质页”（主要包括《编制单位和编制人员情况表》《编制情况承诺书》《编制人员承诺书》《编制单位承诺书》《社会保险参保证明》《环评工程师资格证书复印件》《营业执照》等材料）。林某鑫指使被告人汪某在山东省青岛市即墨区先后注册成立两家环评公司，林某鑫为公司实际控制人。经他人介绍，持有环境影响评价工程师职业资格证书的被告人靳某燕等人挂靠在上述公司。靳某燕收取费用3.5万元，并根据林某鑫的要求提供生活照片，用于伪造环评文件中环评工程师到项目现场踏勘的证明，但未实际参与环评报告编制、审核和签名。

2020年9月至2021年2月，被告人林某鑫等人通过他人招揽业务，在被告人靳某燕等未实际参与编制环节、未开展环评工作的情况下，伪造环评工程师签名，将加盖上述公司印章的“环评文件资质页”，以每套300元至3500元不等的价格通过被告人汪某、谷某欢出售给他人，用于编制环境影响报告书、报告表。林某鑫等人以上述公司名义出售“环评文件资质页”，供他人编制环境影响报告书48份、环境影响报告表879份，获利79.91万元。经生态环境部门认定，有25份环境影响报告书、报告表存在遗漏环境保护目标、隐瞒生态保护区等质量问题，所涉项目的环评文件批复已被环评审批部门依法撤销，相关项目因此被责令停产停业。

山东省青岛市即墨区人民法院于2023年5月25日作出（2023）鲁0215刑初188号刑事判决：被告人林某鑫犯提供虚假证明文件罪，判处有期徒刑三年，并处罚金人民币50万元；被告人汪某犯提供虚假证明文件罪，判处有期徒刑一年六个月，并处罚金人民币7万元；被告人谷某欢犯提供虚假证明文件罪，判处有期徒刑一年二个月，并处罚金人民币6万元；被告人靳某燕犯提供虚假证明文件罪，判处有期徒刑一年，缓刑一年，并处罚金人民币5万元。宣判后，没有上诉、抗诉，判决已发生法律效力。

裁判理由

法院生效裁判认为：根据《中华人民共和国刑法》第二百二十九条及司法解释的规定，环境影响评价机构或其人员，故意提供虚假环境影响评价文件，情节严重的，以提供虚假证明文件罪定罪处罚。本案中，被告人林某鑫作为承担环境影响评价职责的中介组织人员，伙同被告人汪某、谷某欢、靳某燕，在未实际开展环评业务，亦未参与编制环评报告的情况下，出售“环评文件资质页”，为他人以涉案环评公司资质、名义编制虚假的环评文件提供帮助，情节严重，构成提供虚假证明文件罪。

关于虚假证明文件的认定，经查，具有环境影响评价工程师职业资质的被告人靳某燕等未实际参与编制环节，涉案环境影响评价证明文件系伪造环评工程师签名。经环保部门组织专家复核认定，涉案环境影响报告书、环境影响报告表存在项目涉及生态敏感目标错误、环境质量现状监测数据不实、隐瞒生态环境保护区，以及未开展环境影响预测与评价等问题。上述环境影响评价文件存在基础资料不实、关键内容遗漏、数据结论错误等严重质量问题，无法客观反映项目实施后可能造成的环境影响，应当认定为刑法第二百二十九条规定的“虚假证明文件”。

关于提供虚假证明文件的主观故意，经查，涉案环保公司及相关人员未开展任何环境影响评价工作，而是径行倒卖环境影响评价报告资质页，用于编制环境影响评价报告书、报告表。根据国家有关环境影响评价标准和技术规范，开展环境影响评价，要求技术人员现场踏勘、开展环境现状调查等活动。被告人林某鑫等人违反上述规定，未到涉案项目现场踏勘，未实际参与环境现状调查，直接出售“环评文件资质页”，为他人以上述公司资质、名义编制虚假的环境影响评价证明文件提供帮助，依法认定存在提供虚假证明文件的主观故意。

被告人林某鑫等人通过出售《编制单位和编制人员情况表》等“环评文件资质页”，为他人以涉案环保公司的资质、名义编制环评文件提供帮助，违法所得 79.91 万元，涉案环评文件共计 927 份，涉及多个省市、众多行业领域的建设项目，扰乱环评市场秩序，破坏环评制度的公信力和有效性，危害生态环境，造成恶劣社会影响，应当认定为刑法第二百二十九条规定的“情节严重”。经综合考虑各被告人在共同犯罪中所起作用以及自首、认罪认罚、退赃等情节，法院依法作出如上裁判。

裁判要旨

承担环境影响评价职责的中介组织的人员，未实际参与环境影响评价，直接出售“环评文件资质页”，供他人冒用资质、编制虚假环境影响报告书、环境影响报告表的，属于刑法第二百二十九条规定的“故意提供虚假证明文件”。

关联索引

《中华人民共和国刑法》第 229 条

《中华人民共和国环境影响评价法》第 32 条

一审：山东省青岛市即墨区人民法院（2023）鲁 0215 刑初 188 号刑事判决（2023 年 5 月 25 日）

2024-18-1-177-001

11. 叶某朝正当防卫案

——特殊防卫的具体适用

关键词：刑事　故意杀人罪　正当防卫　特殊防卫

基本案情

1997年1月，王某友等人在被告人叶某朝开设的饭店吃饭后未付钱。数天后，王某友等人路过叶某朝的饭店时，叶某朝向其催讨所欠饭款，王某友认为有损其声誉，于同月20日晚纠集郑某伟等人到该店滋事，叶某朝持刀反抗，王某友等人随即逃离。次日晚6时许，王某友、郑某伟纠集王某明、卢某国、柯某鹏等人又到叶某朝的饭店滋事，以言语威胁，要叶某朝请客了事，叶某朝不从，王某友即从郑某伟处取过东洋刀往叶某朝的左臂及头部各砍一刀。叶某朝拔出自备的尖刀还击，在店门口刺中王某友胸部一刀后，冲出门外侧身将王某友抱住，两人互相扭打砍刺。在旁的郑某伟见状即拿起旁边的一张方凳砸向叶某朝的头部，叶某朝转身还击一刀，刺中郑某伟的胸部后又继续与王某友扭打，将王某友压在地上并夺下王某友手中的东洋刀。王某友和郑某伟经送医院抢救无效死亡，叶某朝也多处受伤。经鉴定，王某友全身八处刀伤，左肺裂引起血气胸、失血性休克死亡；郑某伟系锐器刺戳前胸致右肺贯穿伤、右心耳创裂，引起心包填塞、血气胸而死亡；叶某朝全身多处伤，其损伤程度属轻伤。

浙江省台州市路桥区人民法院于1997年10月14日作出（1997）路刑初字第212号刑事判决：被告人叶某朝无罪。宣判后，浙江省台州市路桥区人民检察院提出抗诉，其主要理由是：叶某朝主观上存在斗殴的故意，客观上有斗殴的准备，其实施行为时持放任的态度，其行为造成二人死亡的严重后果。叶某朝的犯罪行为在起因、时机、主观、限度等条件上，均不符合特殊防卫的规定。浙江省台州市中级人民法院于1998年9月29日作出（1997）台法刑抗字第13号刑事裁定：驳回抗诉，维持原判。

裁判理由

法院生效裁判认为：本案发生在1997年《中华人民共和国刑法》施行之前，但根据从旧兼从轻原则的规定，应当适用1997年刑法第二十条第三款关于特殊防卫的规定。被告人叶某朝在遭他人刀砍、凳砸等严重危及自身安全的不法侵害时，持尖刀自卫还击，虽造成两人死亡，但其行为属正当防卫，依法不负刑事责任。故一、二审法院依法作出如上裁判。

裁判要旨

1. 特殊防卫的前提必须是严重危及公民人身安全的暴力犯罪，即这种危害有可能造成人身严重伤害，甚至危及生命。对一些充其量只能造成轻伤害的轻微暴力侵害，则不能适用特殊防卫。本案中，被告人叶某朝在防卫行为开始前和开始防卫后，身受犯罪分子行凶伤害致轻伤，应当认定王某友等人的行为系"严重危及人身安全的暴力犯罪"。王某友等人手持东洋刀，且已砍在防卫人身上，如不对其进行有力的反击，无法制止其犯罪行为，故应当允许防卫人进行特殊防卫。

2. 根据刑法第二十条第三款的规定，防卫人采取的防卫手段、造成的结果法律没有限制，即使造成不法侵害人伤亡的，依法也不属防卫过当，不负刑事责任。这是特殊防卫区别于一般防卫在防卫后果上的本质特征。这一规定，是针对这类严重危及人身安全的暴力犯罪具有侵害性质严重、手段凶残的特点作出的，旨在鼓励人民群众同犯罪行为作斗争。本案中，被告人叶某朝在受到严重人身侵害的情况下进行防卫，是法律允许的，具有正义性，虽造成两人死亡的严重后果，但仍符合刑法第二十条第三款的规定，故不负刑事责任。

3. 特殊防卫所涉案件往往情况复杂、造成的后果严重，因此要注意案件发生的前因后果，把握住正当防卫的正义性这一基本要素，排除防卫挑拨、假想防卫等情况，既要保护人民群众依法维护公民合法权利的行为，又要防止假借防卫而犯罪，以准确体现立法精神。本案中，被告人叶某朝向王某友追索饭款是合理、合法的行为，王某友吃饭后不但不还欠款，在被合理追索欠款后，还寻衅报复滋事，在本案的起因上负有责任。叶某朝虽准备了尖刀随身携带，但从未主动使用，且其是在王某友等人不甘罢休，还会滋事的情况下，为防身而准备，符合情理，并非准备斗殴。叶某朝是被迫进行防卫，其在防卫的时间、对象上均符合法律的规定，应当认定为正当防卫。

关联索引

《中华人民共和国刑法》第 20 条

一审：浙江省台州市路桥区人民法院（1997）路刑初字第 212 号刑事判决（1997 年 10 月 14 日）

二审：浙江省台州市中级人民法院（1997）台法刑抗字第 13 号刑事裁定（1998 年 9 月 29 日）

2024-18-1-177-002

12. 罗某故意杀人案

——长期中止审理案件的缺席审判程序适用与无受审能力的被告人庭前供述的采信规则

关键词：刑事　故意杀人罪　无受审能力　缺席审判程序　被告人庭前供述　审查认定

基本案情

被告人罗某家的自留山与被害人赖某某（殁年 39 岁）家的自留山连

界。罗某及其母亲陈某某越界砍割赖某某家自留山上的柴草，引起赖某某不满。2012 年 12 月 15 日下午，赖某某上山将堆放在赖家自留山上的柴草烧毁，被到达现场的罗某发现，双方发生打斗。罗某用拳头击打赖某某肚子，并将赖某某踹到坡下。罗某追至坡下，赖某某用镰刀划伤罗某手指，罗某夺过镰刀对赖某某头面部、肩部、背部、双上肢等处乱砍，致赖某某死亡。作案后，罗某用柴草将赖某某尸体掩盖，并将作案工具镰刀及作案时所穿衣服藏匿于家中。次日，公安机关在山上找到赖某某尸体。经尸体检验鉴定，被害人赖某某的死亡原因系被远端为尖形的锐性砍器（镰刀类）多次砍击头面部、肩部、背部、双上肢致急性大失血、小脑损伤而死亡。2012 年 12 月 17 日，罗某被抓获归案。罗某到案后如实供述了其主要犯罪事实。

在侦查阶段，2013 年 1 月 25 日，经四川华西法医学鉴定中心鉴定，被告人罗某患有中至重度精神发育迟滞，对其 2012 年 12 月 15 日所实施行为评定为部分刑事责任能力。另查明，罗某系哑人，听力三级残疾，属于又聋又哑的人。案发后，罗某的亲属向被害人赖某某的亲属赔偿经济损失共计 3 万元。

在审理过程中，2014 年 4 月 11 日，经四川华西法医学鉴定中心鉴定，被告人罗某被评定为无受审能力。四川省乐山市中级人民法院于 2014 年 5 月 5 日裁定中止审理。在中止审理期间，2018 年 5 月 10 日，经重庆市精神卫生中心鉴定，罗某作案时系限制刑事责任能力，无受审能力。经罗某的法定代理人陈某某同意，乐山市中级人民法院于 2022 年 12 月 9 日裁定恢复审理，于同年 12 月 14 日缺席审理。

四川省乐山市中级人民法院于 2022 年 12 月 21 日作出（2013）乐刑初字第 32 号刑事判决：被告人罗某犯故意杀人罪，判处有期徒刑十一年，剥夺政治权利一年。宣判后，没有上诉、抗诉，判决已发生法律效力。

裁判理由

本案主要涉及缺席审判程序的具体适用和无受审能力但具有部分刑事责任能力的被告人庭前供述的采信规则。

首先，本案适用缺席审判程序符合法律规定。《中华人民共和国刑事诉讼法》第二百九十六条规定："因被告人患有严重疾病无法出庭，中止审理超过六个月，被告人仍无法出庭，被告人及其法定代理人、近亲属申请或者同意恢复审理的，人民法院可以在被告人不出庭的情况下缺席审理，依法作出判决。”在此基础上，《最高人民法院关于适用〈中华人民共和国刑事诉讼法〉的解释》（法释〔2021〕1号）第六百零五条第一款将“被告人患有严重疾病无法出庭”具体解释为“被告人患有严重疾病导致缺乏受审能力，无法出庭受审”，并针对实践中存在的被告人无法表达意愿的情形，在第二款规定：“……被告人无法表达意愿的，其法定代理人、近亲属可以代为申请或者同意恢复审理。”本案中，两次鉴定均认为被告人罗某缺乏受审能力，无法出庭受审。本案属于长期中止审理案件，自2014年5月5日裁定中止审理至2022年12月9日裁定恢复审理，已远超六个月。在罗某无法表达意愿的情况下，经其法定代理人陈某某同意，法院依法适用缺席审判程序，符合法律规定。

其次，被告人罗某的庭前供述经审查依法予以采信。经鉴定，被罗某作案时系限制行为能力，审理时缺乏受审能力。但是，对其庭前供述应当结合其认知能力和其他在案证据进行综合审查。经审查认为，罗某所作供述符合其认知能力，且与在案其他证据相互印证，依法予以采信。具体而言：（1）在本案侦查阶段，鉴定机构对罗某于2012年12月15日所实施行为进行鉴定，认为具有部分刑事责任能力，表明其尚未完全丧失辨认和控制能力。而罗某的家人及村民也证实罗某生活能够自理，并可做家务和农活。此外，罗某藏匿带血的衣服和作案工具镰刀的行为，也反映其具有利害关系的辨识能力。而且，民警讯问罗某时，罗某在手语翻译人员辅助下，也能够通过点头、摇头及肢体动作表达案发过程的相关情况，讯问过程有同步录音录像，罗某供述的过程自然。（2）罗某供述的打斗情况与现场环境状况、血迹分布情况、被害人赖某某伤情部位情况、案发现场血迹及罗某所穿衣物上检出被害人血迹、案发现场检出罗某与被害人混合血迹的情况等相吻合；罗某供述将带血的衣服和作案工具镰刀藏匿家中，案发后找到上述物品的情况反映，藏匿位置均较为隐蔽；其供述手指被被害人用镰刀划伤的情况与其手指伤情状况相吻合。综上所述，经采纳罗某的庭前供述，结合在案证据，相互印证，形成证据锁链，足以证实被害人赖某某系被告人罗某用镰刀砍击致死。故法院依法作出如上裁判。

裁判要旨

1. 对于中止审理超过六个月的案件，被告人因患有严重疾病无法就是否恢复审理表达意愿，其法定代理人、近亲属代为申请或者同意恢复审理的，人民法院可以缺席审理，依法作出判决。

2. 对于无受审能力但具有部分刑事责任能力的被告人，不能单纯以无受审能力而直接否定其庭前供述。对于被告人庭前供述与其认知能力相适应，且与其他在案证据相互印证的，依法予以采信。

关联索引

《中华人民共和国刑事诉讼法》第 296 条

《最高人民法院关于适用〈中华人民共和国刑事诉讼法〉的解释》（法释〔2021〕1 号）第 605 条

一审：四川省乐山市中级人民法院（2013）乐刑初字第 32 号刑事判决（2022 年 12 月 21 日）

2024-05-1-179-001

13. 唐某华、杨某祥正当防卫案

——正当防卫时间条件、限度条件的把握

关键词：刑事　故意伤害罪　正当防卫　时间条件　限度条件

基本案情

2017 年 12 月 13 日 0 时许，被告人唐某华的妻妹周某会、姐姐刘某书，在贵州省贵阳市东客站附近，为唐某华经营的旅店招揽客人。丁某平及其堂弟丁某万醉酒路经该地，调戏周某会遭到斥责，二人不顾刘某书的阻拦，连续殴打周某会。丁某平捡起木架猛击周某会头部、背部，又去殴打刘某书，周某会趁机跑开打电话报警。丁某平持木架、丁某万持石块追打刘某书，将刘某书踢打倒地。被告人杨某祥驾车路过，见状上前劝阻，丁某万捡起石块砸向杨某祥，丁某平挥拳击打杨某祥，刘某书、杨某祥先后跑开，丁某平、丁某万持石块追寻二人至附近小区内。唐某华接到周某会求助电话，下楼斥责丁某平醉酒滋事，丁某平持石块与唐某华对峙，杨某祥上前帮助唐某华，三人抓扯扭打进入电梯厅。丁某平倒地，唐某华、杨某祥对丁某平拳打脚踢约40秒后离开，随后丁某平起身走出电梯厅，连同丁某万被唐某华及群众控制。

派出所民警将丁某平、丁某万作为违法嫌疑人带到派出所调查。丁某平坐在值班室座椅上多次后仰头部撞击墙壁（木质空心），民警立即阻止并将丁某平送到医院，医生认为丁某平系醉酒，未作深入检查，民警将其带回休息。当日9时许，民警发现丁某平未醒，送医抢救无效死亡。经鉴定，丁某平因重型颅脑损伤死亡；周某会头部损伤为轻微伤。

贵州省贵阳市中级人民法院于2020年12月16日作出（2020）黔01刑初17号刑事判决：被告人唐某华犯故意伤害罪，判处有期徒刑十年，剥夺政治权利一年；被告人杨某祥犯故意伤害罪，判处有期徒刑三年。宣判后，二被告人提出上诉。贵州省高级人民法院于2024年1月31日作出（2021）黔刑终3号刑事判决：撤销贵州省贵阳市中级人民法院（2020）黔01刑初17号刑事判决；唐某华、杨某祥无罪。

裁判理由

法院生效裁判认为：丁某平与其堂弟丁某万醉酒后在公共场所调戏并持械随意殴打女性，在被告人杨某祥（驾车路过群众）上前阻止时对其拳打脚踢、持械追赶。丁某平被闻讯赶来的被告人唐某华斥责时仍持石块与其抓扯扭打，不法侵害行为并未停止，一直持续。唐某华、杨某祥采取抓扯踢打方式对施暴者予以回击。丁某平倒地，唐某华、杨某祥对丁某平拳打脚踢约40秒后离开后，丁某平自己起身走出电梯厅，随后被众人控制。唐某华、杨某祥虽然二对一，但不法侵害人丁某平手中持有石块，唐某华、杨某祥均赤手空拳，对丁某平踢打持续时间较短，行为已有节制。丁某平死亡的结果系多因一果，有丁某平严重醉酒、自行头部撞墙等多重因素的作用。结合现场情况和全案事实，唐某华、杨某祥的防卫行为没有明显超过必要限度，属于正当防卫。

关于检察机关提出唐某华赶到现场时丁某平、丁某万已停止对周某会、刘某书的伤害行为，被告人唐某华、杨某祥并未面临人身危险的现实性和紧迫性，不构成正当防卫的意见。经查，丁某平持石块，与唐某华对峙，杨某祥上前帮助唐某华，三人扭打进入电梯厅，此时丁某平依然有继续实施侵害的现实可能性，依据一般人认知，应当认为不法侵害仍在进行。唐某华、杨某祥在民警赶来前采取制止不法侵害的行为，对不法侵害人造成损害的，属于正当防卫，对上述意见不予采纳。

综上，唐某华、杨某祥的行为属于正当防卫，依法不负刑事责任。故二审法院依法作出如上裁判。

裁判要旨

1. 防卫人面临不法侵害，时间紧迫、情势紧张，不能苛求防卫人进行精准防卫，对不法侵害的结束时间、是否继续，作出准确的、分毫不差的判断，而应当立足防卫人在防卫时所处情境，按照社会公众的一般认知，依法作出合乎情理的判断，认为不法侵害有继续实施的现实可能性的，应当认定为不法侵害仍在进行。

2. 根据《中华人民共和国刑法》第二十条第二款的规定，认定防卫过当应当同时具备“明显超过必要限度”和“造成重大损害”两个条件。关于防卫行为是否“明显超过必要限度”，应当站在防卫人当时的情境，从社会公众一般认知的角度，综合不法侵害的性质、手段、强度、危害程度和防卫的时机、手段、强度、损害后果等情节，考虑双方力量对比，依法作出合乎情理的判断。要防止“唯结果论”，避免只要造成不法侵害人重伤、死亡的，就一律认定为明显超过必要限度。

关联索引

《中华人民共和国刑法》第20条

一审：贵州省贵阳市中级人民法院（2020）黔01刑初17号刑事判决（2020年12月16日）

二审：贵州省高级人民法院（2021）黔刑终3号刑事判决（2024年1月31日）

2024-18-1-179-006

14. 指导性案例225号：江某某正当防卫案

关键词：刑事　正当防卫　未成年人　学生霸凌　防卫意图　防卫限度

裁判要点

1. 对于因学生霸凌引发的防卫行为与相互斗殴的界分，应当坚持主客观相统一原则，通过综合考量案发起因、是否为主要过错方、是否纠集他人参与打斗等情节，结合同年龄段未成年人在类似情境下的可能反应，准确判断行为人的主观意图和行为性质。不能仅因行为人面对霸凌时不甘示弱、使用工具反击等情节，就影响对其防卫意图的认定。

2. 对于防卫是否“明显超过必要限度”，应当立足防卫时的具体情境，从同年龄段未成年人一般认知的角度，综合学生霸凌中不法侵害的性质、手段、强度、危害后果和防卫的时机、手段、强度、损害后果等情节，考虑双方力量对比，作出合理判断。

基本案情

被告人江某某（系化名，时年 14 周岁）系湖南省某中学初中二年级学生。因江某某在春游时与同班某女同学聊天，同级邻班同学胡某认为江某某招惹其女朋友，要求江某某买烟赔礼道歉，否则就打江某某。之后江某某给胡某买了一包香烟，但胡某嫌烟不好不要，遂产生殴打江某某的意图。

2019 年 5 月 17 日上午早读课前，与被告人江某某不和的同班同学孙某某，伙同他人借故把江某某喊到厕所，扬言要殴打江某某。江某某有不甘示弱的言语回应（案发后其解释系找借口拖延，打算放学时跑掉）。当日早读下课后，江某某在上厕所时，孙某某、胡某等人又拉扯江某某，并踢了其一脚。后因上课时间到了，各自散去。第二节课下课后，孙某某邀约同学张某某、胡某等人帮忙殴打江某某，并向张某某指认正在厕所内的江某某。

午饭后，孙某某又邀约被害人陈某甲、陈某乙、吴某等帮忙殴打江某某。随后，孙某某等 7 人前往教室寻找被告人江某某，其他 8 人在厕所里等候。江某某拒绝前往，孙某某称若不去将强行带走，江某某被迫跟随前往，并将同学用于开药瓶的多功能折叠刀（非管制刀具，刃长约 4.5 厘米）藏在右手衣袖内。到达厕所后，孙某某、胡某、张某某及被害人陈某甲、陈某乙、吴某等 15 人把江某某围住。陈某甲上前扼勒江某某的颈部，把江某某摔倒在地后，骑坐在其身上殴打，孙某某、胡某、张某某等人一拥而上进行踢打。在受到群殴之后，江某某掏出折叠刀乱挥，捅伤陈某甲腰背部，划伤吴某大腿。殴打持续约一分钟后，众人散开。江某某从地上爬了起来，背靠厕所蹲坑的矮墙坐在地上，站在江某某背后的陈某乙对其掌掴，江某某遂转身用折叠刀向陈某乙腹部捅刺一刀，张某某等人再次殴打江某某后离开。后陈某甲、陈某乙、吴某被送至学校医务室治疗。经鉴定，陈某甲、陈某乙的损伤程度为重伤二级，吴某的损伤程度为轻微伤。同年 8 月 7 日，江某某向公安机关投案。

湖南省吉首市人民检察院指控被告人江某某犯故意伤害罪，向湖南省吉首市人民法院提起公诉。被告人江某某及其辩护人认为：江某某在遭受学生霸凌时，实施防卫行为对不法侵害人造成损害，属于正当防卫，依法不负刑事责任。

裁判结果

湖南省吉首市人民法院于 2020 年 7 月 6 日作出刑事判决，认定被告人江某某的行为构成正当防卫，宣告江某某无罪。宣判后，湖南省吉首市人民检察院提出抗诉。二审期间，湖南省湘西土家族苗族自治州人民检察院申请撤回抗诉。湖南省湘西土家族苗族自治州中级人民法院于 2022 年 11 月 9 日作出刑事裁定，准许撤回抗诉。

裁判理由

被告人江某某因遭受多名学生霸凌而携带折叠刀被迫前往现场，在面临多人殴打时持刀反击，综合全案情节，应当认定其行为构成正当防卫，不负刑事责任。

首先，江某某在遭受学生霸凌时被迫反击，具有防卫意图。面对孙某某等人的霸凌，江某某明显处于被迫状态。此外，江某某面对孙某某等人的霸凌，虽曾有不甘示弱的言语，但不能以此认定江某某主动挑起争端。考虑未成年人身心特点，结合江某某所处具体情境，不能仅以江某某个别言语就认定其有斗殴故意，进而否定其具有防卫意图。

其次，江某某在被殴打时实施防卫，符合正当防卫的时间条件。江某某两次持刀反击，均处于不法侵害现实发生的时间段内：（1）面对 15 人的包围，被对方勒颈摔倒在地，并遭到群殴，不法侵害已现实发生。（2）江某某倒地并被群殴持续约一分钟后，群殴行为虽然暂时停止，但是仍被对方从背后袭击掌掴，不法侵害显然仍在进行之中，并未结束。总之，江某某在被群殴、被群殴倒地仍遭对方掌掴的情况下，借助工具防卫反击时，不法侵害正在进行，符合正当防卫的时间条件。

最后，江某某因被殴打持刀防卫，没有明显超过必要限度。江某某系在被殴打的情况下被迫实施防卫，虽然不法侵害人未使用工具，江某某使用刀具反击，但是江某某防卫使用的折叠刀并非管制刀具，而对方多达 15 人，双方实力悬殊，且江某某先后两次被打倒在地并被群殴。江某某情急之下持刀自卫，在手段上合乎情理，反击行为限于对抗不法侵害，并非主动攻击对方，手段有所节制。故整体而言，防卫行为没有明显超过必要限度。

此外，根据《中华人民共和国未成年人保护法》及相关规定，学校应当建立学生欺凌防控工作制度，对教职员工、学生等开展防治学生欺凌的教育和培训。对于学生欺凌事件，被欺凌者及周边同学要及时向老师、家长报告；学校对学生欺凌行为应当立即制止并依法处理，监护人对实施欺凌的学生应当加强管教，并配合学校和相关部门的处理。学校或者监护人未依法履行职责的，应当依法承担相应法律责任。

相关法条

《中华人民共和国刑法》第 20 条

2024-18-1-179-007

15. 指导性案例 226 号：陈某某、刘某某故意伤害、虐待案

关键词：刑事　故意伤害罪　虐待罪　未成年人　家庭成员　以特别残忍手段致人重伤造成严重残疾

裁判要点

1. 与父（母）的未婚同居者处于较为稳定的共同生活状态的未成年人，应当认定为《中华人民共和国刑法》第二百六十条规定的“家庭成员”。

2. 在经常性的虐待过程中，行为人对被害人实施严重暴力，主观上希望或者放任、客观上造成被害人轻伤以上后果的，应当认定为故意伤害罪；如果将该伤害行为独立评价后，其他虐待行为仍符合虐待罪构成要件的，应当以故意伤害罪与虐待罪数罪并罚。

3. 对于故意伤害未成年人案件，认定是否符合刑法第二百三十四条第二款规定的以特别残忍手段致人重伤造成“严重残疾”，应当综合考量残疾等级、数量、所涉部位等情节，以及伤害后果对未成年人正在发育的身心所造成的严重影响等因素，依法准确作出判断。

基本案情

被告人刘某某系被害人童某某（系化名，女，2014 年 3 月出生）的母亲。刘某某离婚后，童某某由刘某某直接抚养。2019 年 11 月，刘某某结识被告人陈某某，后恋爱并同居。

2020 年 2 月 13 日，被告人陈某某因童某某与父亲视频聊天而心生不满，遂对童某某实施打耳光、踢踹等行为，为此，刘某某将童某某带离陈某某住处，并向陈某某提出分手。2 月 17 日晚，陈某某来到刘某某住处，因分手之事迁怒于童某某，进门后直接将童某某踹倒在地，又对童某某头部、身体、腿部猛踹数脚。次日，刘某某带童某某就医治疗。童某某被诊断为：额部挫伤、颏部挫裂伤。此后，为躲避陈某某，刘某某带着童某某到朋友家暂住。其间，陈某某多次向刘某某道歉并请求原谅。同年 3 月 20 日，刘某某与陈某某恢复交往，并带着童某某搬入陈某某住处生活。

之后，在共同生活期间，被告人陈某某经常无故或者以管教孩子等各种借口，通过拳打脚踢、用洗衣板殴打、烟头烫等方式伤害童某某，造成童某某身体多处受伤。陈某某还经常采取让童某某长时间跪洗衣板、吞烟头、冻饿、凌辱等方式体罚、虐待童某某。被告人刘某某作为童某某的母亲，未进行有效阻止，放任陈某某对童某某实施伤害和虐待，并时而参与，致童某某轻伤。

2020 年 5 月中旬，被告人陈某某为童某某洗澡，因童某某认为水温不适，陈某某遂故意将水温反复调至最高和最低档位浇淋童某某。被告人刘某某听到童某某喊叫，进入卫生间查看，陈某某谎称水不热，刘某某遂关门离开。洗完澡后，陈某某将童某某带出浴室罚跪，刘某某发现童某某身上被烫出大面积水泡，仅为其擦涂烫伤膏，未及时送医治疗。直至同月下旬，童某某伤口感染严重，二被告人才将其送往医院救治。后经他人报警，二被告人被抓获归案。

经鉴定，童某某全身烧烫伤损伤程度达重伤二级（面部烫伤遗留浅表疤痕素改变，残疾等级为七级），另有五处损伤为轻伤一级（其中三处残疾等级为九级）和五处损伤为轻伤二级。另查明，被害人童某某治疗期间支出的医疗费、营养费等共计人民币202767.35元。

本案案发后，人民法院依法撤销被害人母亲刘某某对童某某的监护人资格，将抚养权从刘某某变更至被害人父亲，并联系心理医生定期对童某某进行心理辅导，协调解决其入学、生活困难等问题。

裁判结果

辽宁省抚顺市新抚区人民法院于2021年10月13日作出刑事附带民事判决：一、被告人陈某某犯故意伤害罪，判处有期徒刑十五年；犯虐待罪，判处有期徒刑二年，决定执行有期徒刑十六年。二、被告人刘某某犯故意伤害罪，判处有期徒刑二年；犯虐待罪，判处有期徒刑一年六个月，决定执行有期徒刑三年。三、被告人陈某某赔偿附带民事诉讼原告人童某某人民币202767.35元。宣判后，没有上诉、抗诉，判决已发生法律效力。

裁判理由

被告人陈某某与被害人母亲刘某某系同居关系，其与刘某某及被害人童某某处于较为稳定的共同生活状态，已形成事实上的家庭关系。陈某某在与刘某某及童某某共同生活期间，以殴打、体罚、冻饿、凌辱等方式，长期、频繁地对童某某进行摧残、折磨，情节恶劣，已构成虐待罪。被告人刘某某作为童某某的母亲，未采取有效措施阻止、防范陈某某的虐待行为，一再放任，并时而参与，亦构成虐待罪。

在经常性、持续性的虐待过程中，被告人陈某某采用烟头烫、热水淋、拳打脚踢等暴力手段多次直接伤害童某某身体，造成被害人一处重伤、十处轻伤等严重后果，所涉故意伤害行为不能为虐待罪所评价，应当以故意伤害罪论处。被告人刘某某作为童某某的母亲，一再放任陈某某伤害童某某，并时而参与致童某某轻伤，其行为亦构成故意伤害罪。此外，二被告人经常性、持续性的虐待行为亦构成虐待罪，如对二被告人的犯罪行为仅以故意伤害罪论处，并不能全面评价其虐待行为，故应当以故意伤害罪与虐待罪数罪并罚。

根据刑法第二百三十四条的规定，以特别残忍手段致人重伤造成严重残疾的，处十年以上有期徒刑、无期徒刑或者死刑。对于一般故意伤害案件，通常将六级以上残疾视为“严重残疾”。本案中，被害人的身体受损伤程度经鉴定为七级残疾，但被害人身体不同部位遭受伤害造成多处残疾（一处七级残疾、三处九级残疾），对未成年人身心健康损害极其严重。基于此，从最大限度保护未成年人利益出发，经综合判断，将本案所涉情形认定为“以特别残忍手段致人重伤造成严重残疾”，以故意伤害罪对被告人陈某某判处有期徒刑十五年。

在共同犯罪中，被告人陈某某起主要作用，系主犯。被告人刘某某起次要作用，系从犯，到案后如实供述犯罪事实，真诚悔罪，认罪认罚；而且，对于陈某某实施的热水浇淋致童某某全身烧烫伤损伤程度达重伤二级（残疾等级为七级）的行为，刘某某并未直接参与。综合考量二被告人的动机、手段、情节、后果、社会危害性，以及主观恶性和人身危险性，法院依法作出如上判决。

相关法条

《中华人民共和国刑法》第 234 条、第 260 条

2024-14-1-184-001

（社会推荐案例）

16. 李某强制猥亵案

——胁迫未成年人网络裸聊构成强制猥亵罪

关键词：刑事　强制猥亵罪　未成年人　裸体聊天　网络侵害

基本案情

2020年6月17日，被告人李某（男，1998年出生）用其QQ账号添加同在QQ群的柳某某（系化名，女，2004年8月出生）的QQ号，后双方互相添加微信。同年6月19日晚，柳某某在朋友聂某某（系化名）家中住宿，李某通过微信给柳某某发消息称要视频裸体聊天，柳某某未同意，后李某答应支付柳某某3000元费用，柳某某征求了聂某某意见后同意了李某裸体视频聊天的要求。视频过程中李某以黑屏的方式，用文字提示柳某某和聂某某用手揉胸并用嘴亲对方的胸部，整个聊天过程持续了30多分钟，视频结束后，李某未支付3000元。

2020年7月6日，李某用QQ联系柳某某，以散布之前掌握的柳某某裸体照片威胁再次裸体视频聊天，后柳某某于同月12日被迫与李某裸体视频聊天，过程持续了10多分钟。

2020年7月15日，李某用QQ给柳某某发消息要求视频裸体聊天，柳某某未同意，后李某告诉柳某某如果和他裸体视频聊天30次或者去上海跟他发生一次性关系，就将保存在手机内的裸体聊天视频删除，柳某某便同意了李某视频聊天30次的要求。当晚李某要求柳某某和他进行了视频裸体聊天，整个过程持续10多分钟。

四川省攀枝花市某法院于2020年11月30日作出刑事判决，认定被告人李某犯强制猥亵罪，判处有期徒刑三年。宣判后，被告人李某提出上诉。四川省攀枝花市中级人民法院于2021年1月18日作出刑事裁定，驳回上诉，维持原判。

裁判理由

法院生效裁判认为：被告人李某为满足性刺激，通过网络聊天方式获取被害人裸体照片及视频后，以此胁迫被害人在视频聊天中实施淫秽行为供其观看，构成强制猥亵罪。李某强制猥亵未成年人，依法从重处罚。综合考量李某的犯罪事实、情节、性质以及社会危害程度，依法作出如上判决。

裁判要旨

1. 在网络视频聊天中，行为人强制被害人暴露身体隐私部位或者实施淫秽行为，虽然未实际接触被害人的身体隐私部位，与传统猥亵在表现形式上有所不同，但行为实质及社会危害并无差异，应当认定为《中华人民共和国刑法》第二百三十七条规定的“猥亵”。

2. 行为人在网络视频聊天中拍摄裸体照片和视频后，以公开相关照片、视频相威胁，胁迫被害人视频裸体聊天，符合刑法第二百三十七条规定的，以强制猥亵罪定罪处罚。行为对象为未成年人的，依法从重处罚。

2024-18-1-185-001

17. 张某某猥亵儿童案

——性侵害未成年人犯罪的证据审查与从业禁止制度的适用

关键词：刑事　猥亵儿童罪　多次猥亵　升档量刑情节　证明标准　从业禁止

基本案情

被告人张某某系某医药公司职员，同时在某校外培训机构兼职从事家教。2023 年 4 月 8 日、15 日，张某某利用为被害人肖某（男，2010 年 7 月出生，系化名）补习英语之机，在肖某家中，采用捏、摸对方生殖器的方式对肖某实施猥亵。2023 年 4 月 21 日 21 时许，肖某在亲属陪同下向公安机关报案，同年 5 月 9 日，张某某在住处被公安机关抓获。案发后，被告人张某某家属赔偿被害人人民币 10 万元，被害人监护人出具了谅解书。

上海市浦东新区人民法院于 2023 年 10 月 20 日作出刑事判决：被告人张某某犯猥亵儿童罪，判处有期徒刑二年六个月；禁止张某某自刑罚执行完毕之日或者假释之日起从事密切接触未成年人的相关职业。宣判后，张某某提出上诉，称其仅在 2023 年 4 月 15 日补课时隔着裤子拽被害人生殖器，目的是提醒被害人集中注意力，此前并未实施猥亵行为。检察机关提出抗诉，认为张某某多次猥亵儿童，应当在五年以上有期徒刑的幅度量刑。上海市第一中级人民法院于 2024 年 6 月 4 日作出刑事裁定：驳回上诉、抗诉，维持原判。

裁判理由

法院生效裁判认为，被告人张某某利用补课之机猥亵儿童，其行为已构成猥亵儿童罪。

其一，根据现有证据，公诉机关指控被告人张某某于2023年4月8日、15日利用为被害人肖某补课之机采用捏摸生殖器方式实施猥亵的事实成立。被害人肖某陈述称：恢复线下补课后，张某某开始对他进行侵犯，一开始在改错题的时候，会用右手隔着裤子摸或捏一下他的生殖器，当时感觉不舒服，但不敢说，后面一段时间，不管有没有做错题，张某某都会隔着裤子捏他的生殖器；而2023年4月8日、15日，张某某把右手伸到裤子里直接捏着他的生殖器很长时间。结合被害人于2023年4月21日将上述情况告知其奶奶，且其奶奶称"肖某说具体时间是2023年4月8日和4月15日8时30分许"，以及被告人张某某称"4月15日抓过肖某下体"和其他在案证据，可以相互印证，足以证明张某某于2023年4月8日、15日对肖某实施猥亵。

本案中，被告人张某某及其辩护人提出涉案行为不具有满足性刺激目的，是提醒被害人集中注意力之举。依据常理，对未成年学生的教育提醒不会也不应采取拽未成年人生殖器的方式。故而，上述意见明显与事实不符、与常理相悖，不予采信。

其二，根据现有证据，公诉机关指控被告人张某某长期多次实施猥亵儿童行为的事实证据不足。一是，《最高人民法院、最高人民检察院、公安部、司法部关于办理性侵害未成年人刑事案件的意见》（高检发〔2023〕4号，以下简称《意见》）第二十一条规定："公安机关办理性侵害未成年人刑事案件，应当依照法定程序，及时、全面收集固定证据……"第二十四条规定："询问未成年被害人应当进行同步录音录像……录音录像声音、图像应当清晰稳定，被询问人面部应当清楚可辨，能够真实反映未成年被害人回答询问的状态……"本案中，被害人陈述笔录存在取证不及时、询问时被害人面部被部分遮挡、第二份笔录缺乏同步录音录像等不规范情形，一定程度上影响对被害人陈述真实性的判断。二是，《意见》第二十九条规定："认定性侵害未成年人犯罪，应当坚持事实清楚，证据确实、充分，排除合理怀疑的证明标准……"本案中，对于2023年4月8日、15日猥亵行为之外张某某长期多次实施猥亵行为，仅在被害人陈述中有所提及，并无其他证据印证，且被害人关于该节事实的陈述缺乏非亲历不可知的细节，关于猥亵的开始时间、补课的具体时间、被猥亵时家中人员的陈述前后矛盾，无法作出合理解释，关于报案当日是否与其奶奶说过多次猥亵，被害人的说法亦与其奶奶的证言相互矛盾。综上，对于张某某长期多次实施猥亵行为的事实，证据不充分，不能排除合理怀疑，故不予认定。

有鉴于此，法院认定被告人张某某的行为构成猥亵儿童罪，但不具备多次猥亵的升档量刑情节。经综合考虑全案情节，法院以猥亵儿童罪判处被告人张某某有期徒刑二年六个月。

此外，被告人张某某系校外培训机构的兼职工作人员，属于教职员工。根据《最高人民法院、最高人民检察院、教育部关于落实从业禁止制度的意见》(法发〔2022〕32号)第3条的规定，对于教职员工实施性侵害、虐待、拐卖、暴力伤害等犯罪的，人民法院应当依照《中华人民共和国未成年人保护法》第六十二条的规定，判决禁止其从事密切接触未成年人的工作。据此，法院在对被告人张某某判处有期徒刑的同时，禁止其自刑罚执行完毕之日或者假释之日起从事密切接触未成年人的相关职业。

裁判要旨

1. 认定性侵害未成年人犯罪，应当坚持事实清楚，证据确实、充分，排除合理怀疑的证明标准。对于相关证据的审查和事实认定，既要考虑性侵害案件的特殊性和未成年人的身心特点，也要结合经验常识，注重证据之间的相互印证和逻辑分析，同时避免机械理解适用印证证明模式。

2. 在校外培训机构兼职从事家教的人员属于教职员工。对于上述人员实施性侵害、虐待、拐卖、暴力伤害等犯罪被判处刑罚的，人民法院应当禁止其自刑罚执行完毕之日或者假释之日起从事密切接触未成年人的相关职业。

2024-18-1-196-004

18. 薛某琴侮辱案

——网络侮辱适用公诉程序的条件

关键词：刑事　侮辱罪　信息网络　严重危害社会秩序　公诉程序

基本案情

2023年4月至10月间，被告人薛某琴为博取关注，先后数十次在某网络平台直播带货期间公开散布被害人贾某明与前夫的家务纠纷，发布贾某明照片，并使用“鸡”“下水道”等词语贬损贾某明人格。其中，部分直播场次的观看人数过千，引起大量网友跟风辱骂贾某明。因遭受网络暴力，贾某明先后于2023年6月、8月、10月到青岛市精神卫生中心就诊，被诊断为创伤后应激障碍、混合性焦虑和抑郁障碍。2023年10月11日晚，贾某明写下遗书割腕自杀，因及时送医救治未危及生命。

被告人薛某琴还在某网络平台公布被害人贾某明女儿就读学校，致使贾某明女儿因不堪同学议论，产生厌世情绪。贾某明女儿曾发微信给贾某明称“如果死了，骂声不就没了”。2023年10月22日，经青岛市精神卫生中心测试，贾某明女儿为重度焦虑、重度抑郁，有中度自杀风险。

被告人薛某琴于2024年1月11日自行到公安机关投案，但未如实供述侮辱被害人贾某明的事实。山东省青岛市即墨区人民检察院以侮辱罪对薛某琴提起公诉。案件审理过程中，薛某琴与贾某明自愿达成和解，薛某琴赔偿贾某明经济损失并取得贾某明谅解。

山东省青岛市即墨区人民法院于2024年6月11日作出（2024）鲁0215刑初234号刑事判决：一、被告人薛某琴犯侮辱罪，判处有期徒刑六个月；二、禁止被告人薛某琴自刑罚执行完毕之日或者假释之日起三年内从事与网络直播有关的经营活动。宣判后，没有上诉、抗诉，判决已发生法律效力。

裁判理由

法院生效裁判认为：根据《中华人民共和国刑法》第二百四十六条第二款的规定，实施侮辱、诽谤犯罪，严重危害社会秩序和国家利益的，应当依法提起公诉。《最高人民法院、最高人民检察院、公安部关于依法惩治网络暴力违法犯罪的指导意见》（法发〔2023〕14号）进一步明确，对于网络侮辱、诽谤是否严重危害社会秩序，应当综合侵害对象、动机目的、行为方式、信息传播范围、危害后果等因素作出判定。实施网络侮辱、诽谤行为，造成被害人或者其近亲属精神失常、自杀等严重后果，社会影响恶劣的，应当认定为刑法第二百四十六条第二款规定的"严重危害社会秩序"。本案中，被告人薛某琴在网络平台以直播形式公开散布被害人家务纠纷和照片，并使用侮辱性词汇贬损被害人人格，其行为属于公然侮辱他人。薛某琴为博取关注，利用网络直播侮辱被害人，次数多达数十次，观看人员数以千计，引发大量网民跟风辱骂，严重侵犯被害人人格尊严；薛某琴还公布被害人子女就读学校信息，对被害人子女正常学习、生活造成严重滋扰。薛某琴涉案行为造成被害人及其女儿严重精神创伤，并引发自杀风险，被害人实施自杀行为后虽被及时救治，但综合薛某琴侵害对象、动机目的、行为方式、信息传播范围、危害后果等因素，应当认定为其涉案行为"情节严重"，且"严重危害社会秩序"，检察机关提起公诉符合刑法第二百四十六条第二款的规定，指控的事实和罪名成立。

被告人薛某琴当庭自愿认罪认罚，积极赔偿被害人损失并取得谅解，依法从轻处罚。薛某琴利用信息网络侮辱他人，根据其犯罪情节和预防再犯罪的需要，禁止其自刑罚执行完毕之日或者假释之日起三年内从事与网络直播有关的经营活动。

裁判要旨

网络侮辱行为造成被害人自杀，虽经救治未危及生命，但综合行为人的动机目的、行为方式、信息传播范围、其他危害后果等因素，能够认定社会影响恶劣的，属于刑法第二百四十六条第二款规定的“严重危害社会秩序”，依法适用公诉程序。

关联索引

《中华人民共和国刑法》第246条

一审：山东省青岛市即墨区人民法院（2024）鲁0215刑初234号刑事判决（2024年6月11日）

2024-18-1-197-003

19. 郎某涛、何某凯诽谤案

——网络诽谤案件的公诉条件及自诉转公诉程序

关键词：刑事　诽谤罪　公诉条件　严重危害社会秩序　自诉转公诉

基本案情

2020年7月7日18时许，被告人郎某涛在浙江省杭州市余杭区某小区东门快递驿站内，使用手机偷拍正在等待取快递的被害人谷某某，并将视频发布在某微信群。后郎某涛和被告人何某凯分别假扮快递员和谷某某，捏造谷某某结识快递员并多次发生不正当性关系的微信聊天记录。为增强聊天记录的可信度，郎某涛、何某凯还捏造“赴约途中”“约会现场”等视频、图片。7月7日至16日，郎某涛将上述捏造的微信聊天记录截图39张及视频、图片陆续发布在上述微信群，引发群内大量低俗、侮辱性评论。

8月5日，上述偷拍的视频以及捏造的微信聊天记录截图27张被他人合并转发，并相继扩散到110余个微信群（群成员约2.6万个）、7个微信公众号（阅读数2万余次）及1个网站（浏览量1000次）等网络平台，引发大量低俗、侮辱性评论，严重影响了被害人谷某某的正常工作生活。8月至12月，此事经多家媒体报道引发网络热议，其中，仅微博话题“被造谣出轨女子至今找不到工作”阅读量就达4.7亿次、话题讨论5.8万人次。该事件在网络上广泛传播，给广大公众造成不安全感，严重扰乱了网络社会公共秩序。

8月7日，被害人谷某某向公安机关报案。后被告人郎某涛、何某凯主动到公安机关接受调查，承认前述事实。8月13日，公安机关对郎某涛、何某凯行政拘留9日，并发布警情通报，对相关内容进行辟谣。

10月26日，被害人谷某某向浙江省杭州市余杭区人民法院提起刑事自诉。12月14日，法院立案受理并对被告人郎某涛、何某凯采取取保候审强制措施。

因相关事件及视频在网络上进一步传播、蔓延，案件情势发生重大变化。检察机关认为，被告人郎某涛、何某凯的行为不仅侵害被害人的人格权，而且经网络迅速传播，严重危害社会秩序，符合公诉条件。12月22日，浙江省杭州市余杭区人民检察院建议公安机关立案侦查。12月25日，公安机关对郎某涛、何某凯涉嫌诽谤罪立案侦查。12月26日，被害人谷某某向余杭区人民法院撤回起诉，后该院作出准予撤回起诉的裁定。

浙江省杭州市余杭区人民法院于2021年4月30日作出（2021）浙0110刑初180号刑事判决：一、被告人郎某涛犯诽谤罪，判处有期徒刑一年，缓刑二年；二、被告人何某凯犯诽谤罪，判处有期徒刑一年，缓刑二年。宣判后，没有上诉、抗诉，判决已发生法律效力。

裁判理由

法院生效裁判认为：被告人郎某涛、何某凯出于寻求刺激、博取关注等目的，捏造损害他人名誉的事实，在信息网络上散布，造成该信息被大量阅读、转发，严重侵害了被害人谷某某的人格权，影响其正常工作生活，并使其遭受一定经济损失，社会评价也受到一定贬损，属于捏造事实诽谤他人且情节严重，二被告人的行为均已构成诽谤罪。

公诉机关以诽谤罪对二被告人提起公诉，符合法律规定。其一，二被告人的犯罪行为已并非仅仅对被害人谷某某造成影响，由于其对象选择的随机性，造成不特定公众恐慌和社会安全感、秩序感下降；其二，诽谤信息在网络上大范围流传，引发大量低俗评论，虽经公安机关辟谣，仍对网络秩序造成很大冲击，严重危害社会秩序。

关于辩护人提出诽谤信息的传播介入了其他人的编辑、转发，属多因一果的辩护意见。法院经审理认为，二被告人作为成年人应当知道网络具有开放性、不可控性，诽谤信息会被他人转发或者评论，故网络传播过程中他人的扩散行为不违背二被告人在网络上散布诽谤信息的本意，不影响刑事责任的承担。

经综合全案情节，考虑到二被告人具有自首、自愿认罪认罚等法定从宽处罚情节，能主动赔偿损失、真诚悔罪，积极修复法律关系，且系初犯，无前科劣迹，适用缓刑对所居住社区无重大不良影响等具体情况，法院依法作出如上裁判。

裁判要旨

1. 与传统诽谤案件不同，网络诽谤往往针对素不相识的陌生人实施，受害人在确认侵害人、收集证据等方面存在现实困难，维权成本极高。人民法院要充分认识网络诽谤的社会危害，准确把握网络诽谤的公诉条件，对符合条件的公诉案件依法受理，为受害人提供有效法律救济，有力维护公民合法权益、公众安全感及网络秩序。

2. 实施网络诽谤，随意以普通公众为侵害对象，相关信息在网络上大范围传播，引发大量低俗、恶意评论，严重破坏网络秩序，社会影响恶劣的，应当认定为《中华人民共和国刑法》第二百四十六条第二款规定的“严重危害社会秩序”，依法适用公诉程序。

3. 对于符合公诉条件但自诉人已提起自诉的网络诽谤案件，人民法院应当处理好自诉转公诉程序。对于自诉人撤回起诉的，依法予以准许。

关联索引

《中华人民共和国刑法》第 246 条

一审：浙江省杭州市余杭区人民法院（2021）浙 0110 刑初 180 号刑事判决（2021 年 4 月 30 日）

2024-04-1-207-003

20. 丁某光侵犯公民个人信息案

——获取非法公开的住宿记录并供他人查询牟利行为的定性规则

关键词：刑事　侵犯公民个人信息罪　公开信息　非法公开　抽样验证

基本案情

2013 年年底，一家为全国 4500 多家酒店提供网络服务的公司因系统存在安全漏洞，致使高达 2000 万条宾馆住宿记录泄露。2015 年年初至 2016 年 6 月，被告人丁某光在不法网站获取上述非法公开的宾馆住宿记录等公民个人信息，并上传至自己开办的“嗅密码”网站。该网站除了能够查询宾馆住宿记录外，还提供用户 QQ、部分论坛账号及密码找回功能。其中，宾馆住宿信息近 2000 万条。用户经注册成为会员后，可以在该网站网页“开房查询”栏目项下，通过输入关键字姓名或者身份证号的方式查询网站数据库中宾馆住宿信息。上述住宿信息包括入住人的姓名、身份证号、手机号码、地址、住宿时间等个人信息。丁某光自 2015 年 5 月开始对该网站实行会员制，收取每位会员费用人民币 60 元（币种下同），到 2016 年 1 月将会员费用上调到 120 元。2015 年 11 月至 2016 年 6 月，“嗅密码”网站开房记录查询次数近5万条，丁某光在此期间共收取会员费用19万余元。案发后，丁某光退出全部违法所得。

另，被告人丁某光及其辩护人提出，虽然网站涉及的开房信息近2000万条，但存在重复性信息，应当对重复的信息数量予以扣减。经查，因案涉公民个人信息数量巨大，公安机关从服务器中下载公民个人信息分包数据后，在其中5个随机分包中各选取2条记录共10个身份证号码在“嗅密码”上进行查询，均只出现一条唯一的记录，并无重复记录出现，以证明案涉近2000万条公民个人信息系经过去重后的数量。

浙江省乐清市人民法院于2017年3月27日作出（2016）浙0382刑初2332号刑事判决：被告人丁某光犯侵犯公民个人信息罪，判处有期徒刑三年，并处罚金人民币2万元。宣判后，没有上诉、抗诉，判决已发生法律效力。

裁判理由

法院生效裁判认为：被告人丁某光获取非法公开的住宿记录等公民个人信息后，通过网站提供查询服务牟利方式向他人出售，且出售的公民个人信息近2000万条，情节特别严重，其行为已经构成侵犯公民个人信息罪。尽管相关宾馆住宿记录等公民个人信息已经在互联网泄露，属于公开信息的范畴，但上述信息的公开并非权利人自行公开或者由于其他法定事由公开，而是因系统漏洞被泄露的非法公开。丁某光获取上述公民个人信息后，通过网站提供查询服务牟利的行为，应当认定为侵犯公民个人信息罪。综合本案犯罪事实、情节、危害后果及被告人认罪悔罪表现，法院依法作出如上裁判。

裁判要旨

1. 对于因信息泄露等原因被非法公开的公民个人信息，行为人获取后向他人出售或者提供，情节严重的，依法以侵犯公民个人信息罪论处。

2. 对于可能存在重复的批量公民个人信息，确因客观条件限制无法逐一验证的，可以进行抽样验证。

关联索引

《中华人民共和国刑法》第253条之一

《最高人民法院、最高人民检察院关于办理侵犯公民个人信息刑事案件适用法律若干问题的解释》（法释〔2017〕10号）第5条、第11条

一审：浙江省乐清市人民法院（2016）浙0382刑初2332号刑事判决（2017年3月27日）

2024-03-1-213-001

21. 李某破坏军婚案

——破坏军婚罪中“同居”的认定

关键词：刑事　破坏军婚罪　同居　现役军人的配偶

基本案情

彭某于2004年12月入伍，系现役军人。2015年10月，彭某与侯某登记结婚，并于次年生育一子。被告人李某与侯某是同事关系，且明知侯某的丈夫是现役军人。2018年8月，李某与侯某在安徽省合肥市某宾馆发生性关系。此后，双方多次在多地宾馆开房并共同居住，直至2020年6月。其间，侯某于2019年6月生育一子侯某乙。2020年7月，彭某怀疑侯某与他人有不正当性关系，并经亲子鉴定认定彭某与侯某乙之间不存在生物学亲子关系。此后，彭某向公安机关报案。经鉴定，李某是侯某乙的生物学父亲。

安徽省蚌埠市禹会区人民法院于2020年12月30日作出（2020）皖0304刑初334号刑事判决：被告人李某犯破坏军婚罪，判处有期徒刑一年。宣判后，被告人李某提出上诉，辩称其与侯某的行为不属于《中华人民共和

国刑法》第二百五十九条规定的“同居”。安徽省蚌埠市中级人民法院于2021年3月29日作出（2021）皖03刑终77号刑事裁定：驳回上诉，维持原判。

裁判理由

法院生效裁判认为：我国依法对军人的婚姻实行特别保护。根据刑法第二百五十九条第一款的规定，“明知是现役军人的配偶而与之同居或者结婚的”，构成破坏军婚罪。实践中及本案认定的关键在于“同居”的准确认定。

根据《中华人民共和国民法典》第一千零四十二条及相关司法解释的规定，有配偶者与他人同居是指有配偶者与婚外异性，不以夫妻名义，持续、稳定地共同居住。可见，同居所体现的二人密切程度，一般应当高于通奸、低于结婚。因此，破坏军婚罪中的“同居”，要求行为人与现役军人的配偶在相会频次、时间、生活等方面达到“持续、稳定地共同居住”程度。本案中，被告人李某在明知侯某丈夫是现役军人的情况下，仍然在将近两年的时间内多次、多地与侯某在宾馆开房间发生性关系，共同居住，而且生育一子，对其行为应当认定为刑法第二百五十九条第一款规定的“同居”，依法以破坏军婚罪定罪处罚。

裁判要旨

刑法第二百五十九条第一款规定的“同居”，是指与现役军人的配偶不以夫妻名义，持续、稳定地共同居住。在较长时间内与现役军人配偶多次发生性关系，共同居住，并生育子女的，应当认定为“同居”。

关联索引

《中华人民共和国刑法》第259条第1款

一审：安徽省蚌埠市禹会区人民法院（2020）皖0304刑初334号刑事判决（2020年12月30日）

二审：安徽省蚌埠市中级人民法院（2021）皖03刑终77号刑事裁定（2021年3月29日）

2024-18-1-214-001

22. 牟某翰虐待案

——“虐待家庭成员”的具体认定

关键词：刑事　虐待罪　家庭成员　共同生活　精神虐待　因果关系

基本案情

2018年8月，被告人牟某翰与被害人刘某某（系化名，女，殁年24岁）确立恋爱关系。2018年9月至2019年10月，二人在北京市海淀区某大学的学生公寓，以及牟某翰位于北京市朝阳区的家中、刘某某位于广东省东莞市的家中共同居住。其间，二人购买家居用品布置居所，共同进行家务活动，共同生活。2019年1月至2月，在春节前后，牟某翰、刘某某先后到广东省东莞市、山东省青岛市与双方家长见面。双方的关系已得到彼此父母的认可，二人在微信中互称对方家长为父母。双方的经济往来较为频繁，主要用于双方的生活消费。双方实际处于谈婚论嫁的阶段，为共同组建家庭做准备。

2019年1月起，被告人牟某翰因纠结刘某某以往的性经历，心生不满，多次追问刘某某性经历细节，与刘某某发生争吵，高频次、长时间、持续性辱骂刘某某，并表达过让刘某某通过“打胎”方式以换取其心理平衡等过激言词。同年6月13日，刘某某在与牟某翰争吵后割腕自残。同年8月30日，刘某某在与牟某翰争吵后吞食药物，为此，医院对刘某某采取洗胃等急救措施。之后，刘某某康复。

2019年10月9日中午，刘某某与被告人牟某翰在牟某翰位于北京市朝阳区的家中再次发生争吵，并遭到牟某翰的辱骂。当日15时17分许，刘某某独自外出，入住北京市海淀区某宾馆，并网购药品，服药自杀，被发现后送医抢救。2020 年 4 月 11 日，刘某某经医治无效死亡。

北京市海淀区人民法院于 2023 年 6 月 15 日作出（2021）京 0108 刑初 382 号刑事附带民事判决：被告人牟某翰犯虐待罪，判处有期徒刑三年二个月；被告人牟某翰赔偿附带民事诉讼原告人蔡某某（刘某某的母亲）经济损失人民币 732699.52 元。宣判后，附带民事诉讼原告人蔡某某、被告人牟某翰提出上诉。北京市第一中级人民法院于 2023 年 7 月 25 日作出（2023）京 01 刑终 274 号刑事附带民事裁定：驳回上诉，维持原判。

裁判理由

本案的争议焦点有三：一是被告人牟某翰与被害人刘某某之间是否具有“家庭成员”关系；二是牟某翰对刘某某实施的精神摧残、折磨行为是否属于虐待行为；三是牟某翰的行为与刘某某自杀身亡是否存在刑法上的因果关系。

第一，被告人牟某翰与被害人刘某某具有共同生活事实，处于较为稳定的同居状态，形成事实上家庭关系，对牟某翰而言，刘某某属于《中华人民共和国刑法》第二百六十条第一款规定的“家庭成员”。根据刑法第二百六十条第一款的规定，虐待罪的犯罪对象是“家庭成员”，但“家庭成员”的范围未被刑法明确界定。1979 年刑法规定虐待罪的行为方式为“虐待家庭成员”，该规定被 1997 年刑法沿用。基于当时的社会背景，无论是立法机关、司法机关，还是社会公众层面，普遍认为应当将“家庭成员”理解为是传统婚姻家庭关系中的家庭成员。但随着我国经济社会快速发展，大众的思想观念改变巨大、日益多元，社会环境发生深刻变化，男女婚前同居现象日益增多、常见。实践中，发生在婚前同居关系人员之间的暴力犯罪案件时有发生，对被害人人身权利造成严重侵害，也破坏社会和谐稳定。当前，形成共同生活基础事实的婚前同居关系，很多情形下，同样具有传统家庭成员关系的相互依赖、相对稳定等特征。在具有共同生活基础事实的婚前同居关系中，一方对另一方实施虐待行为，与发生在社会上、同事间、邻里间的殴打、欺凌、辱骂，被害人可以躲避、向执法司法机关求助有所不同，被害人出于继续保持同居关系、“家丑不可外扬”等考虑，往往选择隐忍，致使身心遭受持续的、更大的伤害，甚至导致轻生，具有严重社会危害性。基于此，对虐待罪中的“家庭成员”的理解和把握应当与时俱进、适当拓展，作出符合立法精神、符合时代发展、符合社会生活实际、符合人民群众普遍认知的解释。

2016年3月1日施行的《中华人民共和国反家庭暴力法》第三十七条已经规定：“家庭成员以外共同生活的人之间实施的暴力行为，参照本法规定执行。”可见，为了适应社会发展实际，为了有效保护传统家庭成员以外共同生活的人的人身权利，反家庭暴力法已经拓展了家庭暴力违法犯罪的规制范围，换一个角度看，实际是拓展了“家庭成员”的范围。《最高人民法院、最高人民检察院、公安部、司法部关于依法办理家庭暴力犯罪案件的意见》（法发〔2015〕4号，以下简称《意见》）也明确，家庭暴力犯罪不仅发生在家庭成员之间，还发生在具有监护、扶养、寄养、同居等关系的共同生活人员之间。在此背景下，就虐待罪的犯罪对象而言，除了传统的家庭成员之外，具有共同生活事实，形成较为稳定的同居关系的事实家庭成员，也应纳入其中。

本案中，被告人牟某翰与被害人刘某某之间已形成事实家庭成员关系。具体而言：（1）双方恋爱交往是为了共同组建家庭，主观上具有共同生活的目的；从共同生活的事实，以及双方经济往来支出等情况来看，二人已具备了较为稳定的共同生活关系，且精神上相互依赖，经济上相互融通。（2）双方在重要节假日共同居住于对方家中共度节日，双方家长对二人予以认可，分别以准女婿、准儿媳的态度对待二人，并时常谈起组建家庭的相关事宜。因此，结合社会公众的一般观念，应当认定牟某翰与刘某某之间的婚前同居关系已形成事实家庭成员关系。

第二，被告人牟某翰持续性地采取凌辱、贬损人格等手段，对被害人刘某某实施精神摧残、折磨，属于刑法第二百六十条规定的“虐待”。实践中，虐待罪多表现为，行为人采用殴打、冻饿、强迫过度劳动、限制人身自由等手段，对家庭成员的身体进行摧残、折磨。但是，刑法并未将虐待行为仅限于身体虐待。长期、反复对家庭成员实施精神摧残、折磨，造成被害人的精神极度痛苦的，也应当认定为虐待。对此，《意见》明确，对家庭成员进行精神摧残、折磨的，亦应当认定为虐待罪中的虐待行为。

本案中，被告人牟某翰与被害人刘某某确立恋爱关系、婚前同居后，在共同生活过程中，本应平等互待，理性平和处理二人之间的矛盾，友善协商解决存在的情感问题。但牟某翰却出于偏执心理，不能正确对待刘某某以往的性经历，高频次、持续性凌辱刘某某，言词恶劣、内容粗鄙，对刘某某进行精神折磨，严重贬损其人格。刘某某不愿与牟某翰分手，但又不知如何面对牟某翰反复持续施加的精神虐待，以致数次自残、自杀。根据案件事实，应当认定牟某翰所实施的行为属于虐待行为。

第三，被告人牟某翰长期对被害人刘某某实施精神虐待，导致刘某某不堪忍受而自杀，具有刑法上的因果关系。刑法第二百六十条第二款规定，虐待"致使被害人重伤、死亡的"，应当以虐待罪论处，加重刑罚。适用该规定，必须以虐待行为与重伤、死亡结果之间存在刑法上的因果关系为条件。从虐待罪的特点看，被害人重伤、死亡的结果，既有可能是虐待行为直接导致的，如行为人长期、多次实施虐待行为，逐步累积造成被害人身体损害，进而导致重伤或者死亡；也有可能是间接导致的，如被害人因为遭受虐待，不堪忍受自残、自杀，进而导致重伤或者死亡。对于后者，无论是从事物发展的自然规律，还是从社会公众的一般观念看，都不应当否定虐待行为与伤亡结果之间的因果关系。

本案中，随着被告人牟某翰与被害人刘某某恋爱关系、同居生活的发展，刘某某对牟某翰的精神依赖程度不断加深。牟某翰的精神虐待行为，致使对其具有高度精神依赖的刘某某精神状态不断恶化，逐渐将刘某某推向精神崩溃的地步。特别是，牟某翰在刘某某因不堪忍受凌辱而出现过割腕自残、大量吞服安眠药等轻生行为的情况下，明知刘某某已极度脆弱，遭遇不良刺激后随时可能再度轻生，仍然无视其所造成的高风险状态，最终导致刘某某不堪忍受、服药自杀身亡。显然，牟某翰实施的精神虐待行为是导致刘某某自杀身亡的决定性因素，应当认定二者之间具有刑法上的因果关系。

综上，根据刑法和相关法律规定，基于本案事实、证据，法院依法认定被告人牟某翰凌辱同居女友致其自杀的行为构成虐待罪，并综合考虑犯罪的事实、性质、情节和社会危害程度，对其判处有期徒刑三年二个月。

裁判要旨

1. 与行为人具有共同生活事实，处于较为稳定的同居状态，形成事实上家庭关系的人，可以认定为刑法第二百六十条第一款规定的“家庭成员”。

2. 持续采取凌辱、贬损人格等手段，对家庭成员实施精神摧残、折磨的，属于刑法第二百六十条第一款规定的“虐待”。

3. 实施精神虐待致使被害人不堪忍受，处于自残、自杀的高风险状态，进而导致被害人自残、自杀的，应当认定虐待行为与危害结果之间存在因果关系。

关联索引

《中华人民共和国刑法》第 260 条

一审：北京市海淀区人民法院（2021）京 0108 刑初 382 号刑事附带民事判决（2023 年 6 月 15 日）

二审：北京市第一中级人民法院（2023）京 01 刑终 274 号刑事附带民事裁定（2023 年 7 月 25 日）

2024-03-1-220-001

23. 张某抢劫案

——强迫被害人购买比特币进而抢劫比特币并倒卖变现案件的处理

关键词：刑事　抢劫罪　抢劫数额　比特币

基本案情

2021 年 3 月 28 日至 4 月 2 日，被告人张某伙同张某志、刘某健（均已判刑）将被害人崔某强行带至北京市丰台区白盆窑附近一树林，持刀威胁、捆绑殴打强迫崔某以 93.6 万元购入比特币 2.529 个后，并扫码转入张某志安排陈某伦（已判刑）提供的匿名虚拟钱包。之后陈某伦、王某贝（已判刑）将上述比特币转卖变现，获利 93.02472 万元，张某志、刘某健、陈某伦、王某贝共同分赃。

2021 年 4 月间，被告人张某伙同张某志、张某渤（已判刑）在北京市朝阳区等地，通过非法查询他人住址、车辆等个人信息以及跟踪、盯梢等方式，为实施抢劫犯罪制造条件。张某于 2022 年 6 月 28 日被抓获。

北京市朝阳区人民法院于 2023 年 4 月 10 日作出（2022）京 0105 刑初 1484 号刑事判决：被告人张某犯抢劫罪，判处有期徒刑十二年六个月，剥夺政治权利三年，罚金人民币 13 万元，与前罪尚未执行完毕的剥夺政治权利一年十个月零十八日并罚，决定执行有期徒刑十二年六个月，剥夺政治权利四年十个月零十八日，罚金人民币 13 万元；责令被告人张某退赔被害人崔某的经济损失。宣判后，没有上诉、抗诉，判决已发生法律效力。

裁判理由

法院生效裁判认为：被告人张某伙同他人以暴力威胁的方法抢劫他人

比特币，数额巨大，其行为已构成抢劫罪；张某还伙同他人为实施抢劫犯罪制造条件，属于犯罪预备，亦构成抢劫罪。本案中，被告人一伙强迫被害人以93.6万元购入比特币2.529个后劫走比特币，给被害人造成的损失数额为93.6万元，与直接抢劫被害人93.6万元无异，也是本案应当认定的虚拟货币的价值，而非以被告人一伙销赃数额93.02万余元认定。张某系累犯，依法从重处罚；张某后续抢劫系预备行为，依法比照既遂犯从轻处罚；张某当庭自愿认罪，酌情予以从轻处罚。在前罪执行附加剥夺政治权利期间犯新罪，依法应将前罪未执行的刑罚与新罪并罚。故一审法院依法作出如上判决。

裁判要旨

以暴力、胁迫等方法，强迫被害人购买比特币，进而抢劫所购买的比特币并转卖变现的，实际是抢劫购买比特币的对价，应当适用《中华人民共和国刑法》第二百六十三条的规定，以抢劫罪定罪处罚。对于抢劫数额，应当根据被害人支付的对价予以认定。

关联索引

《中华人民共和国刑法》第263条

一审：北京市朝阳区人民法院（2022）京0105刑初1484号刑事判决（2023年4月10日）

2024-18-1-222-001

24. 刘某甲等诈骗案

——诈骗罪与虚假广告罪的界分规则

关键词：刑事　诈骗罪　侵犯公民个人信息罪　网络销售型诈骗　虚假广告　保健品　刑罚裁量

基本案情

2020年至2023年，被告人刘某甲、吴某勇为谋取非法利益，在河南省信阳市光山县、潢川县租赁房屋，购买手机、电脑等作案工具，先后招揽被告人刘某乙、肖某君、郑某君等人，利用聊天工具，使用统一话术剧本，发布虚假广告，以冒充专家、PS虚假图片等方式，对于市场上销售的“杞草黄精植物饮品、植物蛋白固体饮料”普通男性保健品，虚构具有治疗性功能障碍等疾病的功效等事实，以产品进价的10倍价格出售，骗取他人财物。刘某甲、吴某勇从他人处大量购买含有姓名、手机号、家庭住址等信息的个人信息共计11517条。

具体作案通过有针对性选取被害人，进而骗诱下单购买的方式进行。具体包括：(1)“约单”，由业务员专门针对前期购买过男性药品或者保健品的人员进行联系，谎称公司有专业男科指导老师可以治愈男性生理疾病，初步取得客户信任；(2)“打单”，由其他话务员按照“话术”冒充专业男科指导老师等虚假身份与客户联系，诱骗受害人订购冒充具有功效的产品；(3)“跟单”，在骗取客户信任后使用二维码收款、快递货到付款等方式收取受害人钱款，同时进行售后“服务”，在客户提出异议时进行处理。

2020年1月1日至2023年7月31日，刘某甲团伙诈骗金额为6370564.46元。被告人刘某甲、吴某勇在实施诈骗的过程中，雇用员工支付工资等费用

2844833.89元。其中，被告人肖某君负责联系被害人实施诈骗，非法获利109650元；被告人郑某君负责联系被害人实施诈骗，非法获利79535元。在审理过程中，肖某君、郑某君全部退出违法所得。

河南省信阳市光山县人民法院于2023年12月28日作出（2023）豫1522刑初449号刑事判决，以诈骗罪、侵犯公民个人信息罪分别判处被告人刘某甲有期徒刑九年六个月，并处罚金人民币15万元，有期徒刑一年，并处罚金人民币5万元，决定执行有期徒刑九年十个月，并处罚金人民币20万元；以诈骗罪、侵犯公民个人信息罪分别判处被告人吴某勇有期徒刑九年六个月，并处罚金人民币15万元，有期徒刑一年，并处罚金人民币5万元，决定执行有期徒刑九年十个月，并处罚金人民币20万元；以诈骗罪分别判处被告人薛某、刘某乙有期徒刑四年六个月，并处罚金人民币8万元、7万元；以诈骗罪分别判处被告人肖某君、郑某君有期徒刑三年，缓刑四年，并处罚金人民币6万元。一审宣判后，刘某甲、吴某勇、薛某、刘某乙分别提出上诉。河南省信阳市中级人民法院于2024年4月22日作出（2024）豫15刑终24号刑事裁定：驳回上诉，维持原判。

裁判理由

法院生效裁判认为：被告人刘某甲、吴某勇等实施电信网络诈骗，数额特别巨大，其行为构成诈骗罪；被告人刘某甲、吴某勇违反国家有关规定，非法购买公民个人信息，情节严重，其行为亦构成侵犯公民个人信息罪。

关于被告人刘某甲、吴某勇及其辩护人提出主观上不具有非法占有的目的，受害人的认定不符合法律规定，无法证明涉案被害人系基于错误认识而主动交付财物，应定性为虚假广告罪而不是诈骗罪的意见，经查，刘某甲、吴某勇等人利用聊天工具，使用统一话术剧本，以冒充专家、PS虚假图片，发布虚假广告等方式，虚构事实，隐瞒真相，使被害人基于错误认识，在业务员的诱导下购买没有实际功效的产品，主观上具有非法占有的目的，客观上实施了骗取他人财物的行为，其行为符合诈骗罪的构成要件。

综上，一、二审法院认定被告人刘某甲、吴某勇构成诈骗罪、侵犯公民个人信息罪，依法予以数罪并罚；认定被告人薛某、刘某乙、肖某君、郑某君构成诈骗罪。经综合考虑各被告人参与时间长短、所起作用大小、违法所得情况等情节，对各被告人依法裁量刑罚，并对肖某君、郑某君适用缓刑。

裁判要旨

1. 在网络销售型诈骗犯罪中，行为人往往会对其出售的商品进行虚假宣传。对此，应当根据涉案商品价格、功能、具体行为方式等进行综合判断，妥当把握诈骗罪与虚假广告罪的界限。对于出售商品价格与成本价悬殊，采用固定销售“话术剧本”诱使被害人反复购买，致使被害人购买商品所希望达到的目的根本无法实现的，可以认定具有非法占有目的，属于网络销售型诈骗犯罪，依法以诈骗罪论处。

2. 网络销售型诈骗犯罪，往往层级复杂、人员较多。办理相关案件，要坚持宽严相济，准确区分人员地位作用，妥当裁量刑罚，实现罪刑均衡。对于主观恶性大，把“销售”变为“骗术”的组织者、领导者等主犯，从重处罚；对于参与时间短、仅领取少量报酬等发挥作用较小的人员，可以依法从宽处理，通过适用缓刑等，确保案件办理的良好效果。

3. 非法购买公民个人信息，进而实施电信网络诈骗，构成数罪的，依法予以并罚。

关联索引

《中华人民共和国刑法》第 253 条之一、第 266 条

一审：河南省信阳市光山县人民法院（2023）豫 1522 刑初 449 号刑事判决（2023 年 12 月 28 日）

二审：河南省信阳市中级人民法院（2024）豫 15 刑终 24 号刑事裁定（2024 年 4 月 22 日）

2023-05-1-232-003

25.黄某拒不支付劳动报酬案

——拒不支付劳动报酬，转移财产并逃匿应如何处理

关键词：刑事　拒不支付劳动报酬罪　单位犯罪与个人犯罪区分

基本案情

2012 年 2 月至 2013 年 1 月，被告人黄某在上海市奉贤区经营所谓的上海某服装厂（未经工商注册登记）期间，拖欠 39 名被害人工资共计人民币 447749 元（币种下同）。2013 年 2 月 8 日，在某镇人民政府的协调下，黄某签订劳动报酬支付协议书，承诺于 2013 年 6 月 30 日前支付全部工资。2013 年 4 月，黄某擅自将服装厂的 39 台机器设备转移并逃匿。2013 年 7 月 1 日，某镇人民政府张贴告示并发函送达《责令支付通知书》，黄某接到通知后至案发时仍未支付上述工人的工资。2013 年 7 月 29 日，黄某至公安机关投案，并如实供述了上述犯罪事实。

上海市奉贤区人民法院于 2014 年 3 月 11 日作出（2014）奉刑初字第 176 号刑事判决：被告人黄某犯拒不支付劳动报酬罪，判处有期徒刑一年六个月，并处罚金人民币 5 万元；责令被告人黄某退赔 39 名被害人经济损失人民币 447749 元。

裁判理由

法院生效裁判认为：被告人黄某以转移财产、逃匿等方法逃避支付 39 名劳动者的劳动报酬 447749 元，数额较大，经政府有关部门责令支付仍不支付，其行为构成拒不支付劳动报酬罪。黄某具有自首情节，依法可从轻处罚。在量刑时综合考虑黄某的犯罪事实、情节、性质、社会危害性及认罪悔

罪表现等，作出上述判决。

裁判要旨

1. 拒不支付劳动报酬罪的主体是与劳动者形成劳动关系的相对方即用人者，包括自然人和用人单位。只要是与劳动者建立事实上的劳动关系的用人单位，均可成为本罪的单位犯罪主体，但不具备独立法人资格的组织、未依法设立的经济组织，不能成为本罪的单位犯罪主体。此种情况下，组织的代表人、合伙人或者发起人是本罪的犯罪主体。

2. 行为人以转移财产、逃匿等方法逃避支付劳动者的劳动报酬的，无须考虑其客观上是否有支付能力。

3. 根据庭审查明的犯罪事实，在准确认定被害人遭受经济损失的前提下，刑事判决主文可直接判令被告人退赔被害人经济损失，以维护被害人的合法权益。

关联索引

《中华人民共和国刑法》第 276 条之一第 1 款、第 67 条第 1 款、第 64 条

一审：上海市奉贤区人民法院（2014）奉刑初字第 176 号刑事判决（2014 年 3 月 11 日）

2024-18-1-237-001

26. 田某某、刘某某等 12 人买卖国家机关公文、证件、印章，买卖身份证件准许撤回起诉案

——对于买卖国家机关公文、证件、印章和买卖身份证件行为入罪的综合裁量

关键词：刑事　买卖国家机关公文、证件、印章罪　买卖身份证件罪　入罪　综合裁量

基本案情

2022 年 10 月，因被告人田某某需要补办离婚证，被告人赵某某以人民币 720 元（币种下同）为田某某购得伪造的户口本及离婚证各一本。

2022 年 10 月，因被告人李某某及石某甲（未起诉）外出务工需要，经李某某及石某甲授意，被告人石某乙以 600 元购得两本伪造的户口本。

2022 年 11 月，被告人王某甲为出具虚假证明，以 400 元购得伪造的县人民武装部公章、县人民政府征兵办公室公章各一枚。

2023 年 2 月，因王某乙（未起诉）外出务工需要，被告人王甲以 240 元为王某乙购得年龄改小的伪造的身份证一张，并收取王某乙 1500 元。

2023 年 3 月，被告人杨某某为从事电焊工作，以 300 元购得一张伪造的特种行业操作证，用于工作应聘。

2023 年 4 月，为消除户口本上的刑事处罚信息，被告人刘某某以 300 元购得一本伪造的户口本。

2023 年 4 月，被告人王某丙因担心打工超龄想办理改小年龄的假身份证，以 220 元购得一张伪造的居民身份证。后王某丙明知被告人师某某、贺某某也要办理改小年龄的假身份证，将卖证人员电话提供给贺某某，由师某

某联系购得两张伪造的身份证。

2023 年 12 月，因被告人孙某某需要办理出入境手续，被告人王乙经孙某某授意，以 400 元购得伪造的派出所户籍章、民政局婚姻登记处章各一枚。

2023 年 7 月 11 日，吉林省四平市铁东区人民检察院指控被告人田某某、赵某某犯买卖国家机关公文、证件、印章罪，买卖身份证件罪；被告人王乙、孙某某、杨某某、王某甲犯买卖国家机关公文、证件、印章罪；被告人刘某某、王某丙、师某某、李某某、王甲、石某乙犯买卖身份证件罪，向吉林省四平市铁东区人民法院提起公诉。2024 年 7 月 15 日，四平市铁东区人民检察院以情节显著轻微、危害不大为由，提出撤回对上述 12 名被告人的起诉。吉林省四平市铁东区人民法院于 2024 年 7 月 18 日作出（2023）吉 0303 刑初 162 号刑事裁定，准许撤回起诉。2024 年 7 月 18 日，四平市铁东区人民检察院对该 12 名被告人作出不起诉决定。

裁判理由

法院生效裁判认为：根据《中华人民共和国刑法》第十三条的规定，危害社会的行为，依照法律应当受刑罚处罚的，都是犯罪，但是情节显著轻微危害不大的，不认为是犯罪。而根据《中华人民共和国刑事诉讼法》第十六条、第一百七十七条的规定，对于情节显著轻微、危害不大，不认为是犯罪的，不追究刑事责任，人民检察院应当作出不起诉决定。经综合考量认为，田某某、刘某某等 12 名被告人买卖国家机关公文、证件、印章，买卖身份证件，涉案国家机关公文、证件、印章并未用于犯罪，且涉案数量多为一两本（张 / 个），认定犯罪情节显著轻微、危害不大，不作为犯罪处理。故而，依照《最高人民法院关于适用〈中华人民共和国刑事诉讼法〉的解释》（法释〔2021〕1 号）第二百九十六条的规定，人民法院裁定准许撤回起诉。

裁判要旨

1. 对于买卖国家机关公文、证件、印章，买卖身份证件的行为，在决定是否追究刑事责任及如何裁量刑罚时，不仅应当考虑数量，还应当综合考虑所涉公文、证件、印章的重要程度、具体用途、造成后果、违法所得及前科情况等情节，综合评估社会危害性，坚持主客观相统一，确保罪责刑相适应。

2. 对于检察机关要求撤回起诉的，人民法院应当审查撤回起诉的理由，作出是否准许的裁定。对于所涉行为系情节显著轻微、危害不大，不认为是犯罪的，依法准许撤回起诉。

关联索引

《中华人民共和国刑法》第 280 条

《中华人民共和国刑事诉讼法》第 16 条、第 177 条

《最高人民法院关于适用〈中华人民共和国刑事诉讼法〉的解释》（法释〔2021〕1 号）第 296 条

一审：吉林省四平市铁东区人民法院（2023）吉 0303 刑初 162 号刑事裁定（2024 年 7 月 18 日）

2024-02-1-248-001

27. 郭某尧等组织考试作弊案

——共同犯罪中实施关键和不可替代行为者，应当认定为主犯

关键词：刑事　组织考试作弊罪　作弊器材　共同犯罪　主要作用　主犯　从犯

基本案情

2021 年 3 月，被告人郭某尧、王某豪合谋组建作弊团队帮助考生通过机动车驾驶资格考试的科目一、科目四等项目。郭某尧负责安排、指挥、联

系各团队成员，其通过任驾校教练的被告人岑某华等人招揽需要作弊的考生，收集完作弊考生信息后把名单发到一个名为“事密达”的软件聊天群，被告人王某豪等人根据该群名单，在考试之前帮郭某尧指定的考生穿戴作弊器材（包括微型摄像头、通讯设备等），随后伙同负责广东省佛山市南海区某考场安检的工作人员被告人黄某仪、黄某杏、黄某杰，在安检时允许指定的作弊考生携带作弊器材进入考场，考生通过微型摄像头将考题实时传输到后台，考场外负责做题的王某豪等人通过通讯设备将答案传给考场内的作弊考生。至案发时，郭某尧多次组织作弊，共帮助120名考生实施作弊行为，获利9万元；黄某仪获利约16万元，黄某杏获利约16.5万元，黄某杰获利4.78万元；其他被告人获利数千元至2万余元不等。

广东省佛山市南海区人民法院于2022年6月10日作出（2022）粤0605刑初968号刑事判决，认定被告人郭某尧、王某豪、黄某仪、黄某杏、黄某杰犯组织考试作弊罪，均系主犯，判处四年六个月至三年不等有期徒刑，并处数额不等罚金；对其余被告人分别判处六个月至一年六个月不等有期徒刑，适用缓刑，并处数额不等罚金。宣判后，郭某尧、黄某仪、黄某杏、黄某杰提出上诉。广东省佛山市中级人民法院于2022年9月28日作出（2022）粤06刑终499号之一刑事裁定：驳回上诉，维持原判。

裁判理由

法院生效裁判认为：被告人郭某尧、王某豪、黄某仪、黄某杏、黄某杰等人在法律规定的国家考试中组织作弊，其行为均已构成组织考试作弊罪，且属情节严重。郭某尧、王某豪、黄某仪、黄某杏、黄某杰在共同犯罪中起主要作用，是主犯，依法按照其所参与的全部犯罪处罚；岑某华等人均在共同犯罪中起辅助作用，是从犯。本案属于有组织的团伙作弊，已形成招揽考生、提供作弊器材、考场安检放行、做题传答案的明确分工，考场安检作为其中一环，直接关系到考生携带的互联网无线作弊器材能否顺利进入考场，黄某仪、黄某杏、黄某杰三人作为考试工作人员收钱放行的做法，为考生携带作弊器材进入考场提供了方便，试题和答案因此得以在考场内外顺利传递，加大了考试组织者发现作弊行为的难度。郭某尧教唆、利诱考试工作人员并参与了多个环节，黄某仪、黄某杏、黄某杰作为考试工作人员违背其承担的职责，参与组织考试作弊，严重破坏了社会诚信，败坏了社会风气，四人均不应认定为从犯，亦不符合适用缓刑条件。故法院依法作出如上裁判。

裁判要旨

考生能否携带作弊器材进入考场，是能否实现组织考试作弊的关键环节。考场工作人员与社会人员串通，故意让作弊的考生携带社会人员提供的作弊器材通过安检进入考场，在共同犯罪中实施了关键且不可替代的行为，起主要作用，应当认定为主犯。

关联索引

《中华人民共和国刑法》第 284 条之一第 1 款

《最高人民法院、最高人民检察院关于办理组织考试作弊等刑事案件适用法律若干问题的解释》（法释〔2019〕13 号）第 1 条、第 2 条、第 3 条、第 12 条、第 13 条

一审：广东省佛山市南海区人民法院（2022）粤 0605 刑初 968 号刑事判决（2022 年 6 月 10 日）

二审：广东省佛山市中级人民法院（2022）粤 06 刑终 499 号之一刑事裁定（2022 年 9 月 28 日）

2024-18-1-254-001

28. 张某等人破坏计算机信息系统案

——通过 DDoS 网站实施网络攻击行为的定罪量刑

关键词：刑事　破坏计算机信息系统罪　DDoS 攻击　后果严重

基本案情

2017 年 3 月，被告人唐某平伙同被告人王某建立了一个具有会员充值、任务提交功能的 DDoS 网站。唐某平通过网络推广等方式吸收有 DDoS 攻击需求的人员在网站进行注册会员、充值及提交 DDoS 攻击任务。2017 年 9 月底开始，唐某平伙同被告人肖某对会员提交的攻击目标 IP 等内容进行 DDoS 攻击，致使被攻击的 IP 等内容的关联网站、服务器等计算机信息系统不能正常运行。经鉴定，该网站具备向指定 IP 或域名的计算机发起 DDoS 流量攻击的功能，流量攻击过程中产生的大量网络数据包导致用户无法正常访问被攻击计算机信息系统，流量攻击对被攻击目标具有破坏性。截至案发，该网站接受会员充值总额为 176310 元。2018 年 1 月至 3 月期间，被告人张某等 4 人相继在上述网站注册会员充值，并提交 DDoS 攻击任务，由唐某平等进行操作，造成被攻击计算机信息系统不能正常运行的后果。其中，被告人张某于 2018 年 1 月下旬针对武汉多家教育培训公司网站的 11 个 IP 地址或域名提交 117 次套餐攻击，共造成武汉多家教育咨询公司的网站或服务器不能正常运行的后果。

江苏省南通市海门区人民法院于 2019 年 5 月 29 日作出（2018）苏 0684 刑初 664 号刑事判决，以破坏计算机信息系统罪判处被告人唐某平、王某、肖某、张某等 7 人有期徒刑五年六个月至有期徒刑十个月不等。宣判后，被告人张某等人提出上诉。江苏省南通市中级人民法院于 2019 年 11 月 15 日作出（2019）苏06刑终318号刑事裁定：驳回上诉，维持原判。

裁判理由

法院生效裁判认为：被告人唐某平、王某、肖某建立、运营DDoS网站，接受任务对目标IP等内容进行DDoS攻击，致使被攻击的IP等内容的关联网站、服务器等计算机信息系统不能正常运行，违法所得17万余元，后果特别严重，构成破坏计算机信息系统罪。被告人张某等4人在上述网站注册会员充值并提交DDoS攻击任务，造成目标网站或服务器不能正常运行，后果严重，亦构成破坏计算机信息系统罪。IP地址或者域名的个数不能直接等同于计算机信息系统的台数。综合考虑张某等人对11个IP地址或者域名实施DDoS攻击，攻击行为造成网速变慢、变卡、掉线等犯罪情节，可依法认定为《最高人民法院、最高人民检察院关于办理危害计算机信息系统安全刑事案件应用法律若干问题的解释》（法释〔2011〕19号）第四条第五项规定的“造成其他严重后果”。故一、二审法院依法作出如上裁判。

裁判要旨

1. 行为人创建、运营为他人提供DDoS攻击的网站，造成被攻击网站、服务器相关计算机信息系统不能正常运行，后果严重的，以破坏计算机信息系统罪论处。对于所涉网站经营管理者、网络攻击请求者，可以根据具体情节认定为共同犯罪。

2. 对于通过DDoS攻击他人IP地址、网站的案件，不能简单将被攻击IP地址、网站域名的个数直接等同于计算机信息系统的台数，而应当结合被攻击IP地址、网站域名的数量，攻击持续时间以及所造成的损失或者影响等情节，综合评判是否属于“后果严重”或者“后果特别严重”。

关联索引

《中华人民共和国刑法》第286条

《最高人民法院、最高人民检察院关于办理危害计算机信息系统安全刑事案件应用法律若干问题的解释》（法释〔2011〕19号）第4条

一审：江苏省南通市海门区人民法院（2018）苏0684刑初664号刑事判决（2019年5月29日）

二审：江苏省南通市中级人民法院（2019）苏06刑终318号刑事裁定（2019年11月15日）

2024-18-1-266-001

29. 张某伟、陈某宇编造、故意传播虚假信息案

——利用AI技术自动合成虚假视频并传播行为的定性

关键词：刑事　编造、故意传播虚假信息罪　AI技术　虚假视频

基本案情

2022年10月，被告人张某伟、陈某宇在山东省滕州市合伙成立某网络科技有限公司，张某伟负责公司整体运行，陈某宇负责公司技术开发。2023年5月以来，陈某宇在网上购买多个某网络平台账号供公司内部工作人员王某滕、徐某等人（均另案处理）使用，上述人员随意选取网络热点，复制热点新闻的标题、关键词并输入某软件中由AI自动生成文案，后将该文案放入某创作软件中自动生成AI视频，并将合成的视频、图文集1万余条发布至某网络平台上供人浏览。其中，虚假造谣视频20余条，涉及浙江、湖南、上海、四川、贵州、河北多地，累计阅读观看量超过167万次。其中，《浙江工业园现场大火浓烟滚滚，目击者称有爆炸声！》造成恶劣社会影响，对此相关职能部门在多个平台进行辟谣。

浙江省绍兴市上虞区人民法院于2023年11月6日作出（2023）浙0604刑初735号刑事判决，以编造、故意传播虚假信息罪分别判处被告人张某伟、陈某宇有期徒刑一年一个月，缓刑一年六个月。宣判后，没有上诉、抗

诉，判决已发生法律效力。

裁判理由

法院生效裁判认为：根据《中华人民共和国刑法》第二百九十一条之一第二款的规定，编造虚假的险情、疫情、灾情、警情，在信息网络或者其他媒体上传播，严重扰乱社会秩序的，成立编造、故意传播虚假信息罪。本案中，被告人张某伟、陈某宇利用AI技术编造虚假的涉灾情等视频，在网络平台上传播，其中，虚假造谣视频20余条，涉及多地、影响范围广，累计阅读观看量超过167万次，严重扰乱社会秩序，其行为已构成编造、故意传播虚假信息罪。张某伟、陈某宇在共同犯罪中起主要作用，是主犯，应当按照其所参与的全部犯罪处罚。根据二被告人的犯罪情节、性质及认罪、悔罪表现，可依法适用缓刑。故法院依法作出如上裁判。

裁判要旨

1. 利用AI技术自动合成灾情、险情等虚假视频，在网络平台上传播，严重扰乱社会秩序的，应当根据刑法第二百九十一条之一第二款的规定，以编造、故意传播虚假信息罪定罪处罚。

2. 对于是否达到刑法第二百九十一条之一第二款规定的“严重扰乱社会秩序”程度，应当结合虚假信息的发布数量、点击转发量、对社会公共秩序的影响及相关职能部门采取的应对措施等因素进行综合判断。

关联索引

《中华人民共和国刑法》第291条之一

一审：浙江省绍兴市上虞区人民法院（2023）浙0604刑初735号刑事判决（2023年11月6日）

2023-02-1-269-003

30. 朱某等寻衅滋事案

——校内殴打、辱骂他人造成轻微伤的行为定性

关键词：刑事　寻衅滋事罪　校园欺凌　殴打　辱骂　轻微伤　未成年人

基本案情

被告人朱某等五人均系北京某校在校女生（犯罪时均未满 18 周岁）。2017 年 2 月 28 日，五名被告人在学校女生宿舍楼内，采用辱骂、殴打、逼迫下跪等方式侮辱女生高某某（17 岁），并无故殴打、辱骂女生张某某（15 岁）。经鉴定，二被害人的伤情构成轻微伤，五名被告人的行为还造成被害人高某某无法正常生活、学习的严重后果。

北京市西城区人民法院于 2017 年 11 月 2 日作出刑事判决，以寻衅滋事罪依法分别判处五名被告人十一个月至一年不等的有期徒刑。宣判后，被告人朱某等提出上诉。北京市第二中级人民法院于 2017 年 12 月 26 日作出刑事裁定：准许上诉人朱某等撤回上诉；驳回其他上诉人的上诉，维持原判。

裁判理由

法院生效裁判认为：被告人朱某等人随意殴打和辱骂他人，造成二人轻微伤，严重影响他人生活，侵犯公民人身权利，破坏社会秩序，构成寻衅滋事罪，且系共同犯罪。五被告人在共同犯罪过程中均积极参与，分别对二被害人实施了殴打、辱骂等行为，均应对给被害人造成的严重后果承担相应的刑事责任。被告人朱某系纠集者，在量刑时应予以考虑。鉴于五被告人实施犯罪时均未满十八周岁，归案后均能如实供述自己罪行，且其法定代理人积

极赔偿被害人的经济损失，并已取得二被害人的谅解，故一、二审法院依法作出如上裁判。

裁判要旨

身体攻击和语言攻击是校园欺凌的两种典型表现形式。校园欺凌者随意殴打、辱骂他人，造成他人轻微伤，虽不构成故意伤害罪，但情节恶劣，破坏社会秩序的，构成寻衅滋事罪。

2024-18-1-286-001

31. 尉某平、贾某珍开设赌场准许撤回起诉案

——无证经营棋牌室，仅收取服务费而未抽头渔利行为的定性

关键词：刑事　开设赌场罪　娱乐活动　服务费　抽头渔利

基本案情

2022年4月21日至6月14日，被告人尉某平在其位于河北省石家庄市长安区某小区底商的租住处，私自开设棋牌室，组织他人以打麻将的方式进行娱乐活动，并向每位参与者收取50元的台费。此外，尉某平以每天200元的报酬雇用被告人贾某珍为棋牌室工作人员，负责为参与娱乐活动人员提供支付结算及饮水、保洁等服务。自开业至案发，尉某平累计非法获利32250元，贾某珍非法获利1万元。尉某平、贾某珍已退缴全部违法所得。

河北省石家庄市长安区人民检察院指控被告人尉某平、贾某珍犯开设赌场罪，向河北省石家庄市长安区人民法院提起公诉。2023年12月15日，石家庄市长安区人民检察院提出撤回起诉。河北省石家庄市长安区人民法院于2023年12月22日作出（2023）冀0102刑初466号刑事裁定，准许石家

庄市长安区人民检察院撤回起诉。

裁判理由

法院生效裁判认为：本案中，被告人尉某平、贾某珍仅收取每位参与者50元（6小时）台费，并无“抽头渔利”行为，其收取费用的标准并不高于本地区同类型棋牌室收费标准，缺乏“以营利为目的”提供赌博场所的主观故意，应当认定为提供娱乐活动场所。被告人虽然提供了“筹码”兑换服务，但提供该服务仅为了便于参与娱乐活动者结算。打牌结束后，被告人会按照筹码数量退还所对应的钱款，并无其他抽成行为。另外，参与打牌者证实，各参与者输赢数额大多在几百元左右，最高数额在2000元左右。鉴于此，不宜认定被告人存在提供场所供他人赌博的行为。故法院依法作出如上裁定。

裁判要旨

对于聚众赌博、开设赌场等刑事案件的办理，应当严格把握赌博犯罪与群众文娱活动的界限。根据有关司法解释的规定，对于不以营利为目的，进行带有少量财物输赢的娱乐活动，以及提供棋牌室等娱乐场所，只收取正常的场所和服务费用的经营行为等，不以赌博论处。鉴于此，对于无证经营棋牌室，仅收取正常服务费、未抽头渔利的行为，不应以赌博犯罪论处。

关联索引

《中华人民共和国刑法》第303条

一审：河北省石家庄市长安区人民法院（2023）冀0102刑初466号刑事裁定（2023年12月22日）

2024-11-1-344-002

32. 贾某培等4人危害珍贵、濒危野生动物案

——涉新近调整保护级别野生动物案件的裁判思路

关键词：刑事　危害珍贵、濒危野生动物罪　画眉鸟　罪责刑相适应

基本案情

2021年7月至2022年11月，被告人贾某培明知画眉鸟是国家重点保护野生动物，在未取得行政许可的情况下，为出售牟利，通过在湖南省保靖县迁陵镇附近山上电子诱捕或向被告人付某等人收购等方式，获得画眉鸟1263只，后通过快手、抖音等短视频账号和微信朋友圈，向被告人梁某等30余人出售，并通过被告人李某经营的快递点邮寄、货车带货等方式运往山东、河南以及南通崇川区交付画眉鸟。贾某培、梁某、付某、李某明知画眉鸟是国家重点保护野生动物，仍实施了上述行为，涉案画眉鸟分别为1263只、206只、87只、145只，价值分别为631.5万元、103万元、43.5万元、72.5万元。经鉴定，涉案画眉鸟均为噪鹛科画眉，属国家二级重点保护野生动物，价值5000元/只。

被告人贾某培退出违法所得153800元，被告人梁某预交5000元生态修复费用，被告人付某退出违法所得3480元，被告人李某退出违法所得2900元。

江苏省如皋市人民法院于2023年5月22日作出（2023）苏0682刑初352号刑事判决：被告人贾某培犯危害珍贵、濒危野生动物罪，判处有期徒刑五年六个月，并处罚金人民币10万元；被告人梁某犯危害珍贵、濒危野生动物罪，判处有期徒刑三年三个月，并处罚金人民币3万元；被告人付某犯危害珍贵、濒危野生动物罪，判处有期徒刑一年九个月，并处罚金人民

币 1 万元；被告人李某犯危害珍贵、濒危野生动物罪，判处有期徒刑一年九个月，并处罚金人民币 1 万元。宣判后，没有上诉、抗诉，判决已发生法律效力。

裁判理由

法院生效裁判认为：被告人贾某培、梁某、付某、李某违反国家野生动物保护法规，实施危害珍贵、濒危野生动物画眉鸟的行为，均构成危害珍贵、濒危野生动物罪。贾某培非法猎捕、收购、运输、出售画眉鸟，涉案价值 200 万元以上，情节特别严重；梁某非法收购画眉鸟，付某非法猎捕、出售画眉鸟，李某非法运输画眉鸟，均系情节严重。贾某培、付某系自首，梁某、李某系坦白，李某系从犯。涉案画眉鸟保护级别的调整时间不长等因素，亦应考虑，以实现法律和情理、惩罚与教育的有机统一。梁某虽然涉案价值为 103 万元，但尚未造成动物大量死亡，并自愿缴纳生态修复资金，确有悔罪表现，可在五年有期徒刑以下量刑。各被告人均自愿认罪认罚，可依法从宽处理。故法院依法作出如上裁判。

裁判要旨

审理危害珍贵、濒危野生动物犯罪案件，在依照涉案动物价值量刑的同时，要贯彻罪责刑相适应原则，注意综合考量涉案动物受保护级别上调时间、濒危程度、种群数量是否平稳等因素。对于不具有从重处罚情形，且未造成动物死亡或者动物、动物制品无法追回，行为人全部退赃退赔，确有悔罪表现的，可依法从宽处罚。

关联索引

《中华人民共和国刑法》第 341 条第 1 款

《最高人民法院、最高人民检察院关于办理破坏野生动物资源刑事案件适用法律若干问题的解释》（法释〔2022〕12 号）第 6 条第 1 款、第 3 款

一审：江苏省如皋市人民法院（2023）苏 0682 刑初 352 号刑事判决（2023 年 5 月 22 日）

2024-11-1-352-001

33. 易某华非法引进外来入侵物种案

——非法引进外来入侵物种罪的司法认定

关键词：刑事　非法引进外来入侵物种罪　物种认定　情节严重

基本案情

2022年10月21日，被告人易某华驾驶粤澳两地牌照汽车，经港珠澳大桥珠海公路口岸客车进境通道进境，未向海关申报。海关工作人员在依法进行检查时，从该车天窗与遮阳板间隙及扶手箱下改装的暗格内查获疑似红耳彩龟等龟类动物一批。对此，易某华不能出具有效的检疫审批证明。经鉴定，上述涉案动物中的1760只红耳彩龟（学名 Trachemys scripta elegans，中文又名巴西龟、红耳龟）为外来入侵物种，被列入《重点管理外来入侵物种名录》，参考总价为人民币88000元（币种下同）。

广东省珠海市中级人民法院于2024年9月18日作出（2024）粤04刑初98号刑事判决：被告人易某华犯非法引进外来入侵物种罪，判处有期徒刑九个月，并处罚金人民币10万元。宣判后，没有上诉、抗诉，判决已发生法律效力。

裁判理由

根据《中华人民共和国刑法》第三百四十四条之一的规定，“违反国家规定，非法引进、释放或者丢弃外来入侵物种，情节严重的”，构成非法引进、释放、丢弃外来入侵物种罪。而本案主要涉及对外来入侵物种的认定和非法引进外来入侵物种罪的入罪门槛“情节严重”和其他构成要件的判断。

其一，关于外来入侵物种的认定。根据《中华人民共和国生物安全法》第六十条第一款的规定，“国务院农业农村主管部门会同国务院其他有关部门制定外来入侵物种名录和管理办法”。可见，我国对外来入侵物种实行名录管理制度，实践中可以依据有关行政主管部门制定的《重点管理外来入侵物种名录》等确定外来入侵物种的范围。本案中，涉案红耳彩龟被列入《重点管理外来入侵物种名录》，属于外来入侵物种。

其二，被告人易某华的行为构成非法引进外来入侵物种罪。具体而言：（1）易某华未经批准，利用车辆藏匿运输外来入侵物种红耳彩龟，逃避海关监管，经海关无申报通道过关进境，属于非法引进外来入侵物种；（2）易某华一次性非法引进外来入侵物种红耳彩龟数量多达1760只，参考总价达88000元，应当认定为“情节严重”；（3）易某华虽供称不知道红耳彩龟被列入《重点管理外来入侵物种名录》，但明确供称在过境前明知涉案车辆上藏匿大量红耳彩龟，入境会对生态环境造成破坏，故其具有非法引进外来入侵物种的犯罪故意。

裁判要旨

1. 根据法律规定，我国对外来入侵物种实行名录管理制度。对于是否属于外来入侵物种，可以根据国务院农业农村主管部门会同国务院其他有关部门制定的外来入侵物种名录予以确定。

2. 在认定非法引进、释放或者丢弃外来入侵物种的行为是否属于刑法第三百四十四条之一规定的“情节严重”时，应当结合涉案外来入侵物种的种类、数量、价值，行为人违法行为次数、违法所得，涉案生态区位、危害后果等情节进行综合判断。

关联索引

《中华人民共和国刑法》第344条之一

《中华人民共和国生物安全法》第60条

一审：广东省珠海市中级人民法院（2024）粤04刑初98号刑事判决（2024年9月18日）

2024-06-1-368-001

34. 金某等组织卖淫案

——取保候审期间主动约购毒品并“检举揭发”行为的处理

关键词：刑事　组织卖淫罪　立功　引诱犯罪　检举揭发

基本案情

2019 年 1 月至 3 月，被告人臧某乐、金某、郑某、戈某宇共同商议并出资开设某养生会所，在该会所内通过招募的手段组织 7 名卖淫人员从事卖淫活动，并制定相关规章制度来管理与约束卖淫人员以及卖淫活动。被告人臧某乐、金某、郑某、戈某宇组织他人卖淫非法获利共计人民币 62 万余元。其中，违法所得 30 余万元，被告人金某分得 76485 元。

另查明，被告人金某在因本案被取保候审期间，为了能够被认定为立功从而得到从宽处罚，主动通过网络寻找立功途径，并在他人介绍下找到李某，联系李某要求购买甲基苯丙胺（冰毒）100 克以上，并与李某约定在厦门市进行交易，后金某主动向厦门市公安机关报案，配合当地公安机关将涉嫌贩卖约 100 克甲基苯丙胺（冰毒）的犯罪嫌疑人抓获到案。

江苏省宿迁市宿城区人民法院于 2020 年 12 月 31 日作出（2019）苏 1302 刑初 895 号刑事判决，认定被告人臧某乐、金某、郑某、戈某宇的行为构成组织卖淫罪；同时，认定被告人金某有检举、揭发他人犯罪行为，经查证属实以及协助公安机关抓捕其他犯罪嫌疑人等立功表现。据此，以组织卖淫罪判处被告人金某有期徒刑三年六个月，并处罚金人民币 36 万元。一审宣判后，被告人金某不服，提出上诉，称其检举揭发的他人贩卖毒品犯罪行为可能判处无期徒刑，应认定其具有重大立功情节。江苏省宿迁市中级人民法院于 2021 年 5 月 11 日作出（2021）苏 13 刑终 140 号刑事判决，认为原判认定被告人金某犯组织卖淫罪事实清楚，证据确实、充分；同时，认为金某在取保候审期间检举揭发的行为不构成立功，更不能认定为重大立功，但根据上诉不加刑的规定，不对其加重刑罚。基于此，维持宿迁市宿城区人民法院对上诉人金某的定罪量刑部分。

裁判理由

法院生效裁判认为：被告人金某在取保候审期间检举揭发的行为不构成立功。具体理由如下：其一，金某“检举揭发”的李某贩毒案是在金某实施“立功”行为之后才发生的，不是在其检举、揭发、提供之时已经发生或者已经实施完毕的犯罪，不符合《最高人民法院关于处理自首和立功具体应用法律若干问题的解释》（法释〔1998〕8号）有关立功情形的规定。其二，设定立功制度的价值是为了有效查获犯罪而不是“增加”犯罪，金某的行为不符合立功制度的价值追求。金某的行为可能帮助公安机关抓获了毒贩，缴获了毒品，但不宜给予肯定的评价。鼓励此类行为，可能使得犯意引诱、数量引诱处于不可控的状态，也人为增加了毒品在社会流动的风险。其三，根据《最高人民法院关于处理自首和立功若干具体问题的意见》（法发〔2010〕60号）第四条的规定，犯罪分子获取的检举揭发线索需从合法途径获取。任何人都不应该从其违法行为中获利，将引诱他人犯罪进而检举揭发的行为认定为立功，对于犯罪人本人而言没有特殊的预防作用，如果将此种主动“制造”、恶意“引发”案件的行为认定为立功，将向社会公众释放出消极信号，导致个别人为了自身不当利益而损害他人权益，甚至有可能催生相关地下行业买卖“立功线索”，与公平正义的基本法律价值观相违背。其四，金某行为本身也违反了取保候审的规定。依照《中华人民共和国刑事诉讼法》第七十一条规定，被取保候审的被告人未经执行机关批准不得离开所居住的市、县。金某为了获得立功，在取保候审期间，到外地约购毒品，未将此情形如实上报其取保候审的执行机关，更未获得离开所居住市、县的批准，违反了取保候审的规定，不应该给予肯定的评价。综上，金某在取保候审期间检举揭发的行为不构成立功，一审认定立功存在不当，但根据上诉不加刑的规定，不对其加重刑罚。故二审法院依法作出如上裁判。

裁判要旨

1. 在取保候审期间，为获得立功情节而违反规定主动约购毒品并予以“检举揭发”的行为，不属于《中华人民共和国刑法》第六十八条规定的“揭发他人犯罪行为”，不应当认定为立功。

2. 对于被告人或者其法定代理人、辩护人、近亲属提出上诉的案件，原判认定立功有误的，二审应当在裁判文书中写明一审判决存在的错误，但根据上诉不加刑原则的要求，不得据此加重一审判处的刑罚。

关联索引

《中华人民共和国刑法》第 67 条、第 68 条、第 358 条

一审：江苏省宿迁市宿城区人民法院（2019）苏 1302 刑初 895 号刑事判决（2020 年 12 月 31 日）

二审：江苏省宿迁市中级人民法院（2021）苏 13 刑终 140 号刑事判决（2021 年 5 月 11 日）

2024-03-1-402-004

35. 李某华贪污案

——通过“影子公司”非法占有公共财物的定性

关键词：刑事　贪污罪　影子公司　实际控制人　虚假合同

基本案情

2003 年至 2013 年，被告人李某华利用其担任国家某部综合事业局经营处处长、某建设与管理领导小组办公室副主任等职务上的便利，借负责国家

水利风景区评审、管理工作及有关规划、财政项目之机，先后14次设立对外委托课题，以相应规划内容预设课题研究方向，并安排其下属工作人员及相关专家完成规划内容。后在相应规划内容基础上稍加改动即作为课题成果提交，并利用其课题负责人的职务便利，主导课题通过验收。由此，私营企业北京某规划技术中心尽管未实际参与课题研究，却收取了相应课题费用。

经查，北京某规划技术中心的注册股东为被告人李某华的好友和同学，李某华的妻子担任出纳，实际上由李某华本人实际控制并经营。李某华直接参与北京某规划技术中心的设立、经营、注销全过程，通过把控经营、财务、人事等决策权控制公司。该公司存续期间的22个项目均来源于李某华本人决策、推荐或授意下属推荐，且全部为水利规划项目。公司资金用途由李某华及其妻子决定，除用于公司经营外，还直接用于李某华购房等家庭支出。通过上述手段，李某华非法占有国家某部综合事业局及其下属单位、企业资金共计人民币1007万元。

河北省廊坊市中级人民法院于2021年7月30日作出（2021）冀10刑初10号刑事判决：被告人李某华犯贪污罪，判处有期徒刑十三年，并处罚金人民币100万元。（其余判项略）一审宣判后，被告人李某华不服，提出上诉。河北省高级人民法院于2022年4月8日作出（2021）冀刑终295号刑事裁定，驳回上诉，维持原判。

裁判理由

法院生效裁判认为：被告人李某华作为国家工作人员，利用职务上的便利，以骗取等手段非法占有公共财物，数额特别巨大，其行为已构成贪污罪。李某华担任国家某部综合事业局经营处处长、某建设与管理领导小组办公室副主任期间，负责并决定国家水利风景区评审、管理及规划等相关工作。李某华利用职务上的便利，由北京某规划技术中心承接相应规划课题，并在该公司未实际参与课题的情况下收取课题费用。并且，李某华系北京某规划技术中心的实际控制人，该公司的经营业务、资金走向、人事安排均由李某华决定，其以此手段非法占有案涉资金。经综合考虑被告人李某华的犯罪事实、性质、情节及对社会的危害程度，一、二审法院依法作出如上裁判。

裁判要旨

1. 国家工作人员利用职务上的便利，通过其控制的“影子公司”签订虚假合同等手段非法占有公共财物，符合《中华人民共和国刑法》第三百八十二条第一款规定的，以贪污罪定罪处罚。

2. 对于国家工作人员是否为企业的实际控制人，应当综合企业重大事项的决策程序、利润分配流向，以及主要负责人与国家工作人员的关系、主营业务与国家工作人员职权的关系等因素进行判断。

关联索引

《中华人民共和国刑法》第 382 条第 1 款、第 383 条

一审：河北省廊坊市中级人民法院（2021）冀 10 刑初 10 号刑事判决（2021 年 7 月 30 日）

二审：河北省高级人民法院（2021）冀刑终 295 号刑事裁定（2022 年 4 月 8 日）

民事案例

2023-07-2-012-005

1. 郑某诉施某珍婚约财产纠纷案

——关于彩礼与恋爱赠与的区分认定

关键词：民事　婚约财产　恋爱赠与　以缔结婚姻为目的

基本案情

郑某与施某珍（女）在2022年5月确立恋爱关系。为缔结婚姻，郑某在2022年6月现金支付施某珍10万元，同年7月通过转账支付施某珍10万元。后双方未能办理结婚登记手续。同年10月，施某珍提出分手。郑某起诉要求施某珍返还彩礼，施某珍辩称，该20万元是郑某为增进感情自愿赠与她的款项，并非彩礼。

福建省平潭县人民法院于2022年12月29日作出（2022）闽0128民初5080号民事判决：施某珍应于判决生效之日起十日内返还郑某彩礼20万元。宣判后，双方当事人均未提起上诉，一审判决已发生效力。

裁判理由

法院生效裁判认为：从查明的事实看，施某珍自认双方以“老公”“老婆”相称，结合聊天记录等内容，可以看出双方有缔结婚姻的目的。郑某在双方确立恋爱关系后不久，即于2022年6月、7月分批支付各10万元的整笔款项，与双方其他零散资金往来相比，支付方式有明显区别。因此，郑某主张该笔款项系为缔结婚姻支付的彩礼，与施某珍主张系承诺赠与其花销的费用相比，明显更具有合理性。双方并未办理婚姻登记手续，郑某要求施某珍返还，于法有据，予以支持。

裁判要旨

判断某笔款项是彩礼还是恋爱期间的一般赠与，主观上要看双方是否以结婚为目的，客观上要考察支付款项类型、支付方式是否具有习俗性、给付财物的数额、给付方经济状况等因素。

关联索引

《最高人民法院关于适用〈中华人民共和国民法典〉婚姻家庭编的解释（一）》（法释〔2020〕22号）第5条

一审：福建省平潭县人民法院（2022）闽0128民初5080号民事判决（2022年12月29日）

2023-14-2-025-001

2. 王某诉彭某、詹某林、宁某珍、第三人浮梁县民政局收养关系纠纷案

——收养弃婴并办理收养手续的，不宜因公告瑕疵而否定收养行为的效力

关键词：民事　收养关系　收养行为效力　收养登记效力　公告瑕疵

基本案情

王某（男）与彭某（女）于2006年登记结婚，双方婚后一直未生育子女。2017年8月初，彭某父亲彭某恩来电称在自家门口捡拾一名出生不久的女婴，询问二人收养意愿。王某、彭某表示愿意收养，遂于8月13日将女婴接至上海共同照顾抚养，并为其取名王某某。后彭某恩前往浮梁县民政

局咨询如何办理收养登记手续。9 月 6 日，彭某恩向浮梁县民政局提交捡拾弃婴报案证明，载明了彭某恩捡拾弃婴的过程，证明人签名认可，并由彭某恩所在社区居委会和某公安派出所签章确认属实。收到该报案证明后，浮梁县民政局于 9 月 10 日向彭某恩出具了一份收养公告模板，让彭某恩去浮梁县报社办理公告。后浮梁县民政局工作人员于 12 月 18 日前往彭某恩所住厂区进行实地调查，对彭某恩进行调查询问并制作了笔录。12 月 25 日，王某、彭某共同向浮梁县民政局书面申请收养王某某，并提交各自身份证件、生育情况证明、体检报告等办理收养登记所需证明材料；浮梁县民政局当场对王某、彭某进行收养意愿调查，并制作了询问笔录，王某、彭某表示愿意共同收养王某某并在笔录上签名确认。12 月 29 日，浮梁县民政局为收养人王某、彭某与被收养人王某某办理了（2017）某收字第 × 号收养登记并签发登记证。

2020 年 4 月，彭某以与王某夫妻感情破裂为由向上海市某区人民法院起诉离婚，被判决驳回诉请后，于 2021 年 1 月再次起诉离婚。在此情形下，王某认为其已不适合继续收养王某某，遂开始寻找王某某的生父母。后王某获知王某某的生父母可能为被告詹某林、宁某珍，且经查阅档案发现公告时间在收养登记证签发之后，故认为浮梁县民政局在办理收养登记前未依法公告。遂诉至法院请求判令：（1）确认王某、彭某与王某某之间于 2017 年所形成的收养关系无效；（2）判令詹某林、宁某珍对王某某履行抚养义务和监护职责。

诉讼中，彭某与浮梁县民政局提交浮梁县新闻中心收取彭某恩公告费的收据和浮梁县融媒体中心出具的证明显示，公告费支付日期为 2018 年 1 月 17 日，拟证明公告实际发生于办理收养登记之后。被告詹某林、宁某珍经法院传票传唤，未到庭参加诉讼。

江西省景德镇市珠山区人民法院于 2021 年 7 月 5 日作出民事判决：驳回王某的诉讼请求。宣判后，王某不服，提起上诉。江西省景德镇市中级人民法院于 2021 年 11 月 25 日作出民事判决：驳回上诉，维持原判。

裁判理由

法院生效裁判认为：收养登记程序包括当事人申请、登记机关审查和办理收养登记三个阶段。在当事人申请阶段，主要是指收养人要提交相关申请和证明材料。在登记机关审查阶段，审查的内容主要有：申请人是否符合收养人的条件、申请人真实的收养目的、申请人是否具有完全民事行为能力以及被收养人的情况等。法律规定在收养登记之前进行公告，其目的是最大可能寻找被收养人的生父母或其他监护人，维护未成年人及其生父母的利益。本案中，王某陈述詹某林、宁某珍是王某某的生父母，因公告程序倒置而影响生父母的权益，且王某陈述詹某林、宁某珍希望孩子回归身边，但在本案审理过程中，詹某林、宁某珍并未到庭参加诉讼。另据王某陈述，詹某林与宁某珍已经生育两个子女。

王某并无证据证明王某某不是弃婴，亦不能证明案涉派出所盖章的报案证明和浮梁县民政局所作调查询问笔录内容虚假。相对于被遗弃或在儿童福利机构生活，王某某能够被王某和彭某收养，得到养父母的关爱，对其成长更为有利，也更有利于社会和谐稳定。《中华人民共和国民法典》在对生父母的亲权与未成年人利益的衡量之下，变更了收养法关于“弃婴”的要求，取消了对生父母遗弃未成年人的主观意愿的限定，允许对确实查找不到生父母的未成年人进行收养，这也是未成年人利益最大化原则的要求。本案中，王某作为完全民事行为能力人，自愿与彭某一起收养王某某并办理收养登记，体现了其对尚处于襁褓之中的王某某的疼惜。王某某现已与养父母生活多年，建立起深厚的、难以割舍的感情。如果贸然解除收养关系，必然会给孩子身心健康带来不利影响。为维护未成年人合法权益，宜维持王某某的生活现状。

裁判要旨

对查找不到生父母的未成年人收养登记前的公告程序，目的是最大可能寻找被收养人的生父母或者其他监护人。民政部门在办理收养登记公告时存在公告倒置等瑕疵，并不影响被收养人事实上处于无人认领的状态；对于收养人符合实质收养要件，并在取得收养登记后与被收养人事实上已形成收养关系的，基于未成年人利益最大化原则考量，人民法院不宜因公告瑕疵而否定收养行为的效力。

2024-18-2-026-001

3. 指导性案例 228 号：张某诉李某、刘某监护权纠纷案

关键词：民事　监护权　未成年人　婚姻关系存续期间　平等监护权

裁判要点

1. 在夫妻双方分居期间，一方或者其近亲属擅自带走未成年子女，致使另一方无法与未成年子女相见的，构成对另一方因履行监护职责所产生的权利的侵害。

2. 对夫妻双方分居期间的监护权纠纷，人民法院可以参照适用《中华人民共和国民法典》关于离婚后子女抚养的有关规定，暂时确定未成年子女的抚养事宜，并明确暂时直接抚养未成年子女的一方有协助对方履行监护职责的义务。

基本案情

张某（女）与李某于 2019 年 5 月登记结婚，婚后在河北省保定市某社区居住。双方于 2020 年 11 月生育一女，取名李某某。2021 年 4 月 19 日起，张某与李某开始分居，后协议离婚未果。同年 7 月 7 日，李某某之父李某及祖母刘某在未经李某某之母张某允许的情况下擅自将李某某带走，回到河北省定州市某村。此时李某某尚在哺乳期内，张某多次要求探望均被李某拒绝。张某遂提起离婚诉讼，法院于 2022 年 1 月 13 日判决双方不准离婚。虽

然双方婚姻关系依旧存续，但已实际分居，其间李某某与李某、刘某共同生活，张某长期未能探望孩子。2022 年 1 月 5 日，张某以监护权纠纷为由提起诉讼，请求判令李某、刘某将李某某送回，并由自己依法继续行使对李某某的监护权。

裁判结果

河北省定州市人民法院于 2022 年 3 月 22 日作出民事判决：驳回原告张某的诉讼请求。宣判后，张某不服，提起上诉，河北省保定市中级人民法院于 2022 年 7 月 13 日作出民事判决：一、撤销河北省定州市人民法院一审民事判决；二、李某某暂由上诉人张某直接抚养；三、被上诉人李某可探望李某某，上诉人张某对被上诉人李某探望李某某予以协助配合。

裁判理由

本案的争议焦点是：李某某之父李某、祖母刘某擅自带走李某某的行为是否构成侵权，以及如何妥善处理夫妻双方虽处于婚姻关系存续期间但已实际分居时，李某某的抚养监护问题。

第一，关于李某某之父李某、祖母刘某擅自带走李某某的行为是否对李某某之母张某构成侵权。民法典第三十四条第二款规定：“监护人依法履行监护职责产生的权利，受法律保护。”第一千零五十八条规定：“夫妻双方平等享有对未成年子女抚养、教育和保护的权利，共同承担对未成年子女抚养、教育和保护的义务。”父母是未成年子女的监护人，双方平等享有对未成年子女抚养、教育和保护的权利。本案中，李某、刘某擅自将尚在哺乳期的李某某带走，并拒绝将李某某送回张某身边，致使张某长期不能探望孩子，亦导致李某某被迫中断母乳、无法得到母亲的呵护。李某和刘某的行为不仅不利于未成年人身心健康，也构成对张某因履行监护职责所产生的权利的侵害。一审法院以张某没有证据证明李某未抚养保护好李某某为由，判决驳回诉讼请求，系适用法律不当。

第二，关于婚姻关系存续期间，李某某的抚养监护应当如何处理。本案中，李某某自出生起直至被父亲李某、祖母刘某带走前，一直由其母亲张某母乳喂养，至诉前未满两周岁，属于低幼龄未成年人。尽管父母对孩子均有平等的监护权，但监护权的具体行使应符合最有利于被监护人的原则。现行法律和司法解释对于婚内监护权的行使虽无明确具体规定，考虑到双方当事人正处于矛盾较易激化的分居状态，为最大限度保护未成年子女的利益，参照民法典第一千零八十四条“离婚后，不满两周岁的子女，以由母亲直接抚养为原则”的规定，李某某暂由张某直接抚养为宜。张某在直接抚养李某某期间，应当对李某探望李某某给予协助配合。

相关法条

《中华人民共和国民法典》第34条、第1058条、第1084条、第1086条

《中华人民共和国未成年人保护法》第4条、第24条

2024-18-2-027-001

4. 指导性案例229号：沙某某诉袁某某探望权纠纷案

关键词：民事　探望权　未成年人　隔代探望　丧子老人

裁判要点

未成年人的父、母一方死亡，祖父母或者外祖父母向人民法院提起诉讼请求探望孙子女或者外孙子女的，人民法院应当坚持最有利于未成年人、有利于家庭和谐的原则，在不影响未成年人正常生活和身心健康的情况下，依法予以支持。

基本案情

沙某某系丁某某的母亲，其独生子丁某某与袁某某于2016年3月结婚，于2018年1月生育双胞胎男孩丁某甲、丁某乙。2018年7月丁某某因病去世。丁某甲、丁某乙一直与袁某某共同生活。沙某某多次联系袁某某想见孩子，均被袁某某拒绝。沙某某遂起诉请求每月1日、20日探望孩子，每次2小时。

裁判结果

陕西省西安市新城区人民法院于2021年6月18日作出民事判决：原告沙某某每月第一个星期探望丁某甲、丁某乙一次，每次不超过2小时，袁某某应予配合。宣判后，袁某某不服，提起上诉。陕西省西安市中级人民法院于2021年9月28日作出民事判决：驳回上诉，维持原判。

裁判理由

沙某某系丁某甲、丁某乙的祖母，对两个孩子的探望属于隔代探望。虽然我国法律并未对祖父母或者外祖父母是否享有隔代探望权作出明确规定，但探望权系与人身关系密切相关的权利，通常基于血缘关系产生；孩子的父、母一方去世的，祖父母与孙子女的近亲属关系不因父或母去世而消灭。祖父母隔代探望属于父母子女关系的延伸，符合我国传统家庭伦理观念，符合社会主义核心价值观及公序良俗。隔代探望除满足成年亲属对未成年人的情感需求外，也是未成年人获得更多亲属关爱的一种途径。特别是在本案沙某某的独生子丁某某已经去世的情况下，丁某甲、丁某乙不仅是丁某某和袁某某的孩子，亦系沙某某的孙子，沙某某通过探望孙子，获得精神慰藉，延续祖孙亲情，也会给两个孩子多一份关爱，有利于未成年人健康成长，袁某某应予配合。同时，隔代探望应当在有利于未成年人成长和身心健康，不影响未成年人及其母亲袁某某正常生活的前提下进行，探望前应当做好沟通。

相关法条

《中华人民共和国民法典》第10条、第1043条、第1045条、第1086条

2023-07-2-039-002

5. 舒某泉、林某等诉浙江某物业管理有限公司衢州分公司等排除妨害纠纷案

——物业管理公司依据业主管理公约管理车辆进出不属于妨害物权

关键词：民事　排除妨害　妨害物权　业主管理公约　物业管理　车辆进出

基本案情

原告舒某泉、林某等诉称：原告均系浙江省衢州市某小区业主，被告为小区物业管理公司，为小区提供物业服务。被告自2019年5月起，无端阻拦原告等人的车辆进出该小区，原告多次与被告沟通无果，通过向社区反映、报警亦未能得到处理。原告认为，被告系小区的物业管理公司，应当为小区业主营造良好的居住环境，为业主进出小区提供便利。现被告不仅不提供服务，反而阻碍原告等业主自由出入小区，其行为已构成侵权。请求法院判令：（1）被告允许原告驾驶的车辆自由进出案涉小区，排除妨害。（2）诉讼费用由被告承担。

被告浙江某物业管理有限公司衢州分公司、浙江某物业管理有限公司辩称：被告作为案涉小区的物业管理公司，系依照约定履行物业管理责任，不存在侵权。

法院经审理查明：原告舒某泉与叶某、林某与廖某芳、史某涛与赵某、江某龙与周某琴、陆某云与林某霞系夫妻关系，均为案涉小区业主，浙H9S×××、浙H16×××等分别是原告舒某泉、林某等驾驶的车辆，被告系案涉小区前期物业管理公司。案涉小区建成后，因地面停车位仅有27个，不能满足全体业主车辆停放要求，导致部分业主将车辆停放在车位之外

的小区道路上。2019 年 4 月 10 日，衢州市公安消防支队衢江区大队（以下简称衢江消防大队）、衢州市衢江区住房和城乡建设局（以下简称衢江住建局）经实地演练测试后发布《温馨告示》，载明“案涉小区内道路上不应停放机动车辆，也无法增设机动车临时停车位”。此后，为落实文明城市创建要求，加强小区车辆管理，被告结合业主建议及此前衢江区信访部门调处意见，制定了《管理公约》，并由衢江住建局、某社区、小区联系部门衢江区委办党支部于 2019 年 4 月 22 日至 25 日向业主征求意见，在总计 1003 户业主中，赞同 727 户，反对 119 户，不配合 78 户，保留意见 68 户，随大流 3 户，中立意见 6 户，弃权 2 户。2019 年 4 月 26 日，衢江房管处、某社区对上述征求意见的结果进行了公示，两被告也开始按照上述《管理公约》内容对小区车辆进行管理。根据《管理公约》载明的内容，业主可持身份证、不动产权证、行驶证等资料到物业管理公司前台办理车辆信息登记并录入系统，所有登记车辆均可自由出入小区；小区路面 27 个地面停车位先到先得，停满后，有车库车位业主需将车辆停入地下车库，无车库车位业主需自行驶离小区；实行临时停靠制度，临时停靠时，车辆需打双闪，停靠时间不得超过 30 分钟；对违规停放的车辆，物业管理公司将进行文明劝阻，劝阻后仍不配合的，报综合执法局、公安交警及消防部门处理，出现类似行为累计三次的，删除车辆的识别信息。《管理公约》实施后，因原告林某驾驶的浙 H16××× 等车辆均违反上述《管理公约》累计三次以上，故被告依照《管理公约》规定将上述车辆的自动识别信息删除。此后，双方多次因为通行问题发生纠纷。另查明，被告未删除原告舒某泉驾驶的浙 H9S××× 车辆的自动识别信息。

浙江省衢州市衢江区人民法院于 2020 年 3 月 9 日作出（2019）浙 0803 民初 3907 号民事判决：驳回原告舒某泉、叶某等人的诉讼请求。宣判后，各原告均提起上诉。浙江省衢州市中级人民法院于 2020 年 5 月 8 日作出（2020）浙 08 民终 360 号民事判决：驳回上诉，维持原判。

裁判理由

法院生效裁判认为：业主大会的决定，对业主具有约束力，业主应当遵守业主大会制定的管理规约。业主在行使物权时，应当遵守法律，尊重社会公德，不得损害公共利益和他人合法权益。

本案中，被告作为案涉小区的前期物业管理公司，为解决因车多位少引发的停车纠纷，在结合业主建议及衢州市衢江区信访部门调处意见的基础上，制定了《管理公约》，并经意见征集，获得三分之二以上的业主赞成，故上述《管理公约》对包括原告在内的小区业主均具有约束力。诉讼中，原告提出《管理公约》征求意见的结果不真实，但未提供证据证明，故对其所述意见不予采信。因原告林某等驾驶的浙 H16××× 等车辆多次不按规定停放，违反《管理公约》三次以上，且又拒绝签署自愿遵守《管理公约》的承诺书，为确保小区消防安全，两被告依据《管理公约》对上述车辆实施管理，并无不当。

庭审中，被告明确提出，如原告书面承诺遵守《管理公约》，可以恢复其登记车辆的自动识别信息，使其进出小区不受影响，但上述原告仍明确表示拒绝遵守《管理公约》。这足以表明，原告驾驶的车辆之所以失去进出小区的便利，完全系其自身拒不承担文明停车的义务所致，由此导致的不利后果亦应当由其自行承担。至于原告舒某泉驾驶的浙 H9S××× 车辆通行问题，因被告辩称其并未将该车的自动识别信息删除，而原告舒某泉、叶某亦未提供证据证明侵权事实存在，故对其诉讼请求亦不予支持。

裁判要旨

依据法律规定制定的管理公约或管理规约，对业主具有约束力。物业管理公司执行管理公约中关于限制业主车辆自由进入小区之规定的物业服务行为，不属于妨害物权。业主请求排除妨害的，依法不予支持。

关联索引

《中华人民共和国民法典》第 278 条、第 280 条、第 286 条（本案适用的是 2007 年 10 月 1 日施行的《中华人民共和国物权法》第 76 条、第 78 条、第 83 条）

一审：浙江省衢州市衢江区人民法院（2019）浙 0803 民初 3907 号民事

判决（2020 年 3 月 9 日）

二审：浙江省衢州市中级人民法院（2020）浙 08 民终 360 号民事判决（2020 年 5 月 8 日）

2024-18-2-053-001

6. 车某玲诉朱某芳相邻关系纠纷案

——合理运用日常生活经验法则查明案件事实

关键词：民事　相邻关系　日常生活经验法则　相邻损害事实　现场勘验

基本案情

原告车某玲诉称：被告朱某芳拆除其房屋的承重墙，擅自改变厨房位置，穿墙凿洞打通电梯风井的墙体用来排放其厨房油烟，污染整个楼层，损害其身体健康。故诉至法院，请求判令：朱某芳将 1103 房承重墙恢复原来的样貌，厨房恢复到原来的位置，风井墙壁上所凿洞口封住填平。

被告朱某芳辩称：其未拆除承重墙。油烟不会对车某玲产生任何影响，油烟通风口在走廊，双方都是锁门的，油烟不可能跑进室内。

法院经审理查明：车某玲居住的 1203 房与朱某芳居住的 1103 房为同一建筑内上下相邻的房屋。朱某芳改变 1103 房屋内格局，将原来的厨房变更为房间用途，在靠近入户门的客厅部分划出大概 3 平方米的空间作为厨房，厨房的油烟管是从靠入户门位置通向电梯旁的通风管。根据平面图可见，朱某芳拆除的墙体不属于承重墙。

广东省广州市越秀区人民法院于 2021 年 12 月 27 日作出（2021）粤 0104 民初 44725 号民事判决：驳回原告车某玲的全部诉讼请求。宣判后，车某玲以朱某芳改变厨房位置，排放油烟导致车某玲被熏呛在内的众多损害为由，提起上诉，并申请对其遭受油烟熏呛的情况进行现场勘验和对成因进行鉴定。广东省广州市中级人民法院组织双方当事人现场勘验，在1103房现有厨房现场炒辣椒并打开油烟机。片刻之后，在1203房对应1103房厨房的房间内可以闻到炒辣椒的油烟味。广东省广州市中级人民法院于2022年4月12日作出（2022）粤01民终1669号民事判决：一、被告朱某芳于判决生效之日起三十日内将1103房的厨房恢复到原来的位置，并将通风管墙壁上凿的洞封住填平；二、驳回原告车某玲的其他诉讼请求。

裁判理由

法院生效裁判认为：朱某芳改变厨房位置虽然方便了自己，但是应当以不影响相邻方生活为前提。朱某芳改变厨房位置后，将厨房油烟管接入电梯旁的通风管内，根据二审现场勘验结果可知，1103房厨房所产生的油烟可以弥漫至1203房的房间内，足以对车某玲的生活造成影响，降低其居住品质。朱某芳擅自改变厨房位置并将油烟管接入非专用排烟的通风管内，有一定的安全隐患，且该行为损害了相邻方车某玲的合法权益，车某玲诉请要求朱某芳将厨房恢复到原来位置以及将通风管墙壁上凿的洞封住填平，依据充分，予以支持。鉴于朱某芳拆除的不是承重墙，车某玲要求恢复承重墙的依据不足，不予支持。现有证据足以证明车某玲油烟熏呛与朱某芳改建厨房等行为存在关联，无须启动鉴定程序。

裁判要旨

当事人对相邻损害事实及发生原因难以自行举证证明的，人民法院可以通过现场勘验、实验等方式固定证据。根据日常生活经验法则可以查明案件事实的，无须启动鉴定程序。

关联索引

《中华人民共和国民法典》第288条

《最高人民法院关于适用〈中华人民共和国民事诉讼法〉的解释》（法释

〔2015〕5号，2022年修正）第105条、第124条

一审：广东省广州市越秀区人民法院（2021）粤0104民初44725号民事判决（2021年12月27日）

二审：广东省广州市中级人民法院（2022）粤01民终1669号民事判决（2022年4月12日）

2024-07-2-054-001

7. 朱某华诉张某纲、陈某生等16人共有纠纷案

——老旧小区业主因加装电梯致采光等权益受损所取得的免费乘用电梯的权利，随房屋所有权一并转移

关键词：民事　共有　共有部分　加装电梯费用　权益受损　免费乘用电梯权利　一并转移

基本案情

重庆市綦江区某小区系老旧小区，未安装电梯。为便利出行，2021年，该小区2号楼张某纲等16户业主商定集资加装电梯，并陆续办理报建等手续。该楼栋三楼业主黄某认为加装电梯距离其主卧室过近，对其房屋采光、隐私等权益造成侵害，对加装电梯方案提出异议。后经社区调解委员会调解，黄某与张某纲等16户业主达成《调解协议》。该协议约定：黄某不承担电梯安装费，享有电梯免费乘用权；黄某对前述加装电梯方案不再持反对意见。在前述调解协议达成后，张某纲等16户业主在各自出资之外，共同分摊了黄某应承担的加装电梯集资费用人民币1万元（币种下同），该楼栋电梯顺利完成安装运行。

2022年1月，黄某将房屋出售给朱某华并办理产权转移登记手续，双

方约定房屋买卖价款包括电梯安装费用在内。张某纲等 16 户业主以朱某华不是原《调解协议》相对方无权免费乘用电梯为由，要求朱某华补缴该楼栋电梯安装费 1 万元。朱某华则认为，黄某房屋产权转移后，加装电梯对该房屋采光、隐私等权益影响仍然存在，黄某享有的免费电梯乘用权应随房屋产权转移给朱某华。双方协商未果，朱某华无法正常使用该楼栋电梯。朱某华遂诉至法院，请求判令：确认朱某华不承担该楼栋电梯安装费，享有免费电梯乘用权。

诉讼中，朱某华承诺，愿意承担使用该楼栋电梯期间产生的维修费、电费等按整栋业主户数进行均摊的费用。

重庆市綦江区人民法院于 2023 年 9 月 19 日作出（2023）渝 0110 民初 3192 号民事判决：确认朱某华享有某小区 2 号楼免费电梯乘用权，不支付该电梯的安装费用。宣判后，双方当事人均未提起上诉，该判决已发生法律效力。

裁判理由

法院生效裁判认为：本案的争议焦点是朱某华可否继受原业主黄某享有的免费乘用电梯的权利。

《中华人民共和国民法典》第二百七十一条规定："业主对建筑物内的住宅、经营性用房等专有部分享有所有权，对专有部分以外的共有部分享有共有和共同管理的权利。"第二百八十三条规定："建筑物及其附属设施的费用分摊、收益分配等事项，有约定的，按照约定；没有约定或者约定不明确的，按照业主专有部分面积所占比例确定。"案涉电梯属于小区 2 号楼业主住宅专有部分之外的共有部分、附属设施，该楼栋加装电梯所涉及的费用分摊应当尊重当事人的约定。本案中，因 2 号楼加装电梯方案对原业主黄某房屋采光、隐私等权益有损害，张某纲等 16 户业主以分摊黄某本应负担的加装电梯集资费用及承诺黄某享有免费电梯乘用权，换取黄某对该电梯加装方案的同意。该协议经人民调解组织调解达成，属于双方真实意思表示，合法有效。

民法典第二百七十三条第二款规定："业主转让建筑物内的住宅、经营性用房，其对共有部分享有的共有和共同管理的权利一并转让。"本案中，案涉电梯加装完成后即成为小区 2 号楼的共有部分、附属设施。黄某享有的电梯免费乘用权利，系其房屋采光、隐私等权益因加装电梯受损而取得的对应补偿。黄某将房屋转让给朱某华后，电梯运行对该房屋业主采光、隐私等权益损害客观上仍持续存在。此外，黄某与朱某华亦对房屋出售价款包括电梯安装费用在内进行了明确约定。根据双方合同约定，黄某在转让案涉房屋时实际亦将其在案涉《调解协议》项下不承担电梯安装费但有权免费乘用电梯的权利一并转让给朱某华。因此，黄某对小区 2 号楼电梯免费乘用的权利应当随房屋产权转移而一并转移给朱某华。当然，朱某华亦应承担乘用该电梯期间产生的维修费、电费等日常费用。

综上，张某纲等 16 户业主以朱某华未缴纳电梯安装费为由阻挠其乘用电梯的行为不当。朱某华诉请判令确认其不承担电梯安装费，享有免费电梯乘用权的诉求成立，应予支持。故法院依法作出如上裁判。

裁判要旨

老旧小区业主因加装电梯致房屋采光、隐私等权益受损而协议取得的免费乘用电梯的权利，随房屋所有权一并转移。房屋买受人请求在原使用范围内继续免费乘用电梯并承诺分摊使用电梯产生的维修、保养等日常费用的，人民法院依法予以支持。

关联索引

《中华人民共和国民法典》第 271 条、第 273 条、第 283 条

一审：重庆市綦江区人民法院（2023）渝 0110 民初 3192 号民事判决（2023 年 9 月 19 日）

2023-10-2-084-003

8. 西班牙 EC 公司诉南通某医疗用品有限公司国际货物买卖合同纠纷案

——《联合国国际货物销售合同公约》宣告合同无效制度的适用

关键词：民事　国际货物买卖合同　宣告合同无效　根本违约　合同部分无效

基本案情

原告西班牙 EC 公司诉称：原告与被告南通某医疗用品有限公司于 2017 年 2 月 9 日签署买卖合同约定，原告向被告购买 130 卷（90 厘米 ×2000 米）、140 卷（100 厘米 ×2000 米）、140 卷（120 厘米 ×2000 米）规格为 17 线的漂白纱布，生产地为中国，合同总价款为 98860 美元。原告已经支付 84031 美元。在接收货物以后，原告发现 140 卷（120 厘米 ×2000 米）短缺 60 卷，同时漂白纱布几乎都是 15 纱线或 12 纱线漂白纱布，与合同约定的型号 17 线漂白纱布不符，且该漂白纱布显出一种非粘合不稳定的织造。除此之外，还存在各种瑕疵以及宽度小于 90 厘米、100 厘米、120 厘米纱布卷。据此，被告提供的货物的规格不符合合同约定，致使合同目的不能实现。请求判令：（1）解除原告与被告签订的买卖合同；（2）被告向原告返还货款 84031 美元；（3）被告承担原告预期利润损失 25578 美元；（4）本案诉讼费由被告承担。

被告辩称：（1）被告提供的纱布完全符合合同以及《调解协议》中约定的纱布质量要求。被告通过第三方泰州工厂加工生产纱布，在发货之前即将纱布的样品寄给原告，完全符合原告要求，且原告在 2017 年 8 月 8 日的邮件中明确表示“原告将跟随被告的意见”，即同意被告发货。（2）原告违反合同及《调解协议》的约定，没有在《调解协议》约定的检验时效内，让第三方检验机构到被告产品仓库进行验收检测，其行为放弃了主张产品质量的权利，其真实的目的就是拒绝支付剩余的15%货款。（3）原告认可实际履行纱布的数量。被告2017年8月22日通过船运医用纱布，提单等票据于2017年9月18日寄出。原告9月20日就收到相关的票据，其中明确载明少了60卷的纱布，对此原告并没有提出任何数量短少的异议，直到10月9日收货后，才在10月15日进行单方面的检测，明显违反了《调解协议》中的检测约定。（4）关于本案的法律适用。原、被告在合同中并未选择出现纠纷时的法律适用。因此，根据《中华人民共和国涉外民事关系法律适用法》第四十一条的规定，当事人没有选择的，适用履行义务最能体现该合同特征的一方当事人经常居住地法律或者其他与合同有最密切联系的法律，故本案应当适用中国法律。

法院经审理查明：2017年2月9日，原、被告签署买卖合同，约定原告向被告购买7×10支的漂白纱布，数量和规格分别为130卷（90厘米×2000米）、140卷（100厘米×2000米）、140卷（120厘米×2000米），合同总价98860美元，付款方式为35%预付+余额在装船前支付，交货期限为收到货款后35日内。

2017年2月22日，原告向被告支付了35%的预付款34601美元。

2017年3月29日，被告向原告邮寄了产品样品。

因双方对2016年的订单产品质量产生争议，原告对案涉合同的质检提出要求，故双方于2017年7月22日签署的《调解协议》第1条约定：50%的款项即49430美元作为第二笔款项应于签订协议之日起四个工作内支付，最晚到账日期不得迟于2017年7月27日。15%（14829美元作为第三笔款项）为质保金，将在完成交货、原告验收完成且第三国的检测机构出具质量符合要求的报告后支付。质检应在被告仓库所在地由第三国的检测机构进行操作。协议第2条约定：双方将安排SGS检测机构对订购产品进行质检，以检查其数量及质量是否与合同相符，检测机构应出具相应的质量检测报告，说明订购产品质量是否良好、合理且符合销售目的。协议第3条约定：订购的产品已经在合同20170209中进行了列举，即不同宽度（90厘米、100厘米及120厘米）的漂白纱布，且每厘米纱布上约有7×10的螺纹（产品质量不得低于之前所寄的样品质量），纱布必须统一长度即2000米。协议第4条约定：在被告收到第二笔款项50%（49430美元）后，被指定的检测机构SGS将立即开展检测工作，被告也应在此时准备好所有订单内的产品用于检测。协议第5条约定：被告承诺向SGS检测机构提供质量检测相关的一切必要的协助。

2017年7月26日，原告向被告支付了50%的货款即49430美元。

2017年7月至8月，原告多次联系SGS、BV等检测机构。7月28日，原告电邮告知被告，SGS的张先生明天将通过电话联系被告，以便商定验货的日期。被告随后回复原告：好的，知道了。没问题。被告现在在外面，请让SGS的张先生下个星期一再联系。8月3日，原告电邮告知被告，原告收到一封SGS拒绝验货的邮件，现在法国的AQM已准备好验货，并且附上了SGS拒绝原告的邮件。8月4日，被告电邮告知原告，被告已经等了SGS将近两个星期的时间，现在SGS拒绝了？但是被告怎么收到了8月8日至9日SGS验货日期的消息呢？如果原告想换成AQM验货公司，那么意味着上次签署的调解协议无效。随后原告回复，SGS在7月11日报价并接受了验货请求，但是2周后SGS发邮件拒绝了。现在原告想换成AQM，希望被告能同意。被告随后回复，如果上海的SGS拒绝来，那么原告可以邀请广州或者北京的SGS，或者在本周内邀请上海的泰纳或者上海的BV来。被告最多只能等原告1个星期左右就要装货了。如果被告从别人那里为原告出具测试报告，原告同意吗？或者原告在卸货的时候安排阿尔及利亚的SGS来验货？被告不同意AQM，因为AQM的老板有西班牙背景。8月8日，原告电邮告知被告，原告再次联系了Cotecna，但他们拒绝进行验货。现在原告在等待BV的答复。如果BV不接受验货，原告将跟随被告的意见。请准备进口文件，并告诉原告纱布卷的准确净重和毛重。8月14日，被告电邮告知原告，没人跟被告确认BV的验货时间安排，被告最多等到本周的最后1天，因为仓库中实在没有空间去存放这些做好了近5个月的卷。8月21日，被告再次电邮告知原告，上周邮件发送后，被告没有收到任何来自原告或者SGS的消息，直到这个周末也没有BV的电话。由于仓库已满，被告今天将把全部货物送到货运代理仓库。并且必须准备预订船运。请确认或修改仓库发货数据。8月22日，被告将案涉货物安排出口至原告在阿尔及利亚的客户K制药业一人有限公司（以下简称K公司）。8月24日，原告电邮告知被告，BV在和被告谈话后也拒绝了验货。显然BV不确定被告是否会给他们必要的验货支持。原告要求被告不要把货物移到货代那里，因为原告将在接下来的几天里决定是否亲自来验货。当日被告电邮回复原告，被告从来没有拒绝BV验货，在最近的邮件中，原告说过可以转运而且被告仓库确实没有储货空间，现在货已经在海关仓库等装运。8月25日，被告电邮告知原告，被告从不拒绝任何验货，并始终尊重合同，被告已经等了原告足够的时间，被告也是从原告的电子邮件才知道SGS和BV拒绝原告的消息。同时在原告的电子邮件中，原告称如果BV也拒绝，就遵循被告的建议。所以被告才和运输代理预订并安排装船。被告让运输代理再多等2~3天，但运输代理告知货物已经上船了。如果原告在EMC有朋友，可以让集装箱返回，那就最好了。如果被告想骗原告，为什么被告又听从原告还等了这么多天？我的朋友，拿到钱后，被告上个月有足够的时间装船，但被告仍然等待SGS来检查并出结果。

被告最终交付了84030美元的货物，与原告支付的85%的货款一致。

2017年10月9日，案涉货物到达阿尔及利亚海关管制区后，原告即申请阿尔及利亚Veritas办公室对其进行检验。Veritas办公室确认了运输集装箱自中国往阿尔及利亚旅途当中没有破裂或更换封条，在进行多次检测工作后，于10月18日出具检测报告，载明：有0.9米、1.0米和1.2米三个宽度漂白纱布不符合商业文件里所提及的尺寸，即17支线/厘米^2，但最多的15支线/厘米^2。该漂白纱布显出一种非粘合不稳定的织造，除此之外，还显出各式各样的毛病以及宽度小于0.9米、1.0米和1.2米。

2017年10月25日，原告的客户K公司向原告提出争议和索赔信函，表明其收到的漂白纱布几乎都是15纱线或12纱线，有编织缺陷，纱布卷的边缘有蓝色或黄色的斑点，宽度尺寸小于90厘米、100厘米、120厘米，其要求原告赔偿纱布总成本132261美元的60%，即79356.6美元。同时表明将添加纱布长度不足的纱布成本，只有当展开全部纱布卷后，才能精确地知道纱布卷的长度缺多少。

2017年12月19日，原告向被告发送电邮，表明被告未按约定交付98860美元的纱布，少交付13750美元的纱布，且被告在货物检验前即装运上船，原告只能在货物到达阿尔及利亚后委托检验公司检验，现因纱布质量不合格，原告阿尔及利亚的客户要求其赔偿42555美元，故原告为维护自身利益，要求被告返还未交付货物的13750美元，并支付42555美元，作为向最终客户的赔偿金。

2018年3月11日，K公司向原告提出第二封争议和索赔信函，表明纱布卷长度不足，90厘米的纱布卷长为1750米，100厘米的纱布卷长为1800米，120厘米的纱布卷长为1800米，并再次索赔纱布总成本132261美元的10%，即13226.1美元。

被告陈述，其销售给原告的漂白纱布系向案外人江苏某医用敷料有限公司采购，该公司出具检测报告，载明其销售给被告的漂白纱布在布面特征、经纬密度、宽度等方面均符合原告的要求。

江苏省南通市中级人民法院于2020年9月2日作出（2019）苏06民初429号民事判决：一、宣告原告与被告于2017年2月9日签署的买卖合同中尚未履行的15%部分无效；二、被告于判决生效之日起三十日内赔偿原告经济损失3万美元；三、驳回原告的其他诉讼请求。宣判后，双方均未上诉，一审判决已发生法律效力。

裁判理由

法院生效裁判认为：本案当事人营业地分别位于中国和西班牙，两国均是公约缔约国，双方在合同中并未明确排除适用《联合国国际货物销售合同公约》（以下简称《销售合同公约》），故本案应适用《销售合同公约》解决争议。案涉纱布的质量问题不属于重大质量瑕疵，该纱布依然具有使用价值，能够使用或转售，被告并未达到根本违约的程度，原告无权宣告整个合同无效。此外，原告于2017年10月18日即知晓货物不符合同约定，但并未向被告发出宣告合同无效的声明，直至2019年6月18日起诉时才提出该请求，已超出了合理期间，丧失了宣告整个合同无效的权利。因被告仅交付 85% 的货物，双方即因质量争议提起诉讼，合同剩余的 15% 部分已无法履行，故在原告的诉讼请求范围内依法确认合同尚未履行的 15% 部分无效。原告提出的索赔额应是对自身直接损失及可得利益充分评估的结果，但其在合同履行中也存在一定过错，间接造成了损失的扩大，故参考索赔金额，结合双方过错程度、案涉货物的可利用价值等因素，确定被告向原告赔偿 3 万美元。据此，判令被告赔偿原告经济损失 3 万美元，驳回原告的其他诉讼请求。

裁判要旨

《联合国国际货物销售合同公约》规定的宣告合同无效制度实质等同于我国法律中的合同解除制度。本案准确理解和适用公约宣告合同无效制度。一方面，准确认定根本违约情形以及合同解除权行使的合理期间，不允许随意宣告合同全部无效，体现了公约基于诚信原则于第四十九条第二款规定的解约权限制性原则；另一方面，根据合同货物分批交付的特点，对符合规定的允许宣告合同部分无效，即予以部分解除，并由违约方赔偿守约方相应的经济损失。

关联索引

《联合国国际货物销售合同公约》第 1 条、第 4 条、第 49 条、第 51 条

一审：江苏省南通市中级人民法院（2019）苏 06 民初 429 号民事判决（2020 年 9 月 2 日）

2024-07-2-084-004

9. 沙某诉安徽某食品科技有限公司买卖合同纠纷案

——在合理生活消费需要范围内支持购买者惩罚性赔偿请求

关键词：民事　买卖合同　食品安全标准　追加购买　合理生活消费需要　惩罚性赔偿

基本案情

原告沙某于2020年12月15日在被告安徽某食品科技有限公司（以下简称安徽某食品公司）开设的网店购买了30盒“黄芪薏米饼干”，付款516元。2020年12月18日签收后，发现该商品不符合食品安全标准，又分别于2020年12月30日、2021年1月12日、2021年3月3日，先后购买40盒、60盒、100盒“黄芪薏米饼干”，分别付款636元、1134元、1890元。四次总计付款4176元。沙某以产品中添加有黄芪粉，违反了有关规定为由诉至法院，请求：被告安徽某食品公司退还价款4176元，支付相当于价款十倍的赔偿金41760元。

上海铁路运输法院于2021年6月18日作出（2021）沪7101民初345号民事判决：一、安徽某食品公司应于判决生效之日起十日内退还沙某货款4176元。同时，沙某将所购饼干退还安徽某食品公司，届时如无法退还，则以18.16元/盒的价格折抵应退货款；二、安徽某食品公司应于判决生效之日起十日内支付沙某赔偿金5160元。宣判后，沙某提起上诉。上海市第三中级人民法院于2021年8月18日作出（2021）沪03民终86号民事判决：驳回上诉，维持原判。

裁判理由

法院生效裁判认为：国家有关部门就在食品中添加黄芪等9种药材开展试点工作，明确了试点审批要求。安徽某食品公司未按国家规定取得有关部门审批同意就私自在案涉饼干中添加黄芪并进行生产销售，违反我国关于食品安全的相关规定，属于生产经营不符合食品安全标准食品的行为，应当依法承担法律责任。沙某首单购买并收到30盒“黄芪薏米饼干”后又在两个多月时间内多次向同一商家大量加购同款饼干，加购数量共计200盒，总重量高达18.4公斤。对于此种有违一般生活、消费所需大宗购买行为的合理性，沙某的解释是“朋友聚餐”，此种理由显然难以让人信服且无证据证明。《中华人民共和国食品安全法》规定有权请求经营者支付价款十倍赔偿金的请求权人是为了生活、消费需要购买、使用商品或者接受服务的消费者，故判决支持沙某就首单购买饼干提出的惩罚性赔偿请求。

裁判要旨

人民法院在适用《最高人民法院关于审理食品药品纠纷案件适用法律若干问题的规定》第三条时，应当与消费者权益保护法第二条和食品安全法第一百四十八条相结合，在“生活消费需要”范围内支持“购买者”关于支付价款十倍惩罚性赔偿金的诉讼请求。

关联索引

《中华人民共和国食品安全法》（2021年修正）第34条、第38条、第148条

《中华人民共和国消费者权益保护法》（2013年修正）第2条

《最高人民法院关于审理食品药品纠纷案件适用法律若干问题的规定》（2021年修正）第3条

一审：上海铁路运输法院（2021）沪7101民初345号民事判决（2021年6月18日）

二审：上海市第三中级人民法院（2021）沪03民终86号民事判决（2021年8月18日）

2024-08-2-084-011

10. 广西某物资公司诉某工程公司买卖合同纠纷案

——约定以业主单位支付款项作为承包方向供应商付款条件的条款不能作为拒绝履行付款义务的抗辩理由

关键词：民事　买卖合同　背靠背条款　建设工程　建材采购　第三方业主支付款项　付款条件　拒绝履行　合同目的

基本案情

广西某物资公司诉称：广西某物资公司依合同约定在交货地点交付了多批次的钢材货物，被告某工程公司对原告交付的货物都进行了验收。双方每月进行结算，确认货物货值及货款总额等，被告按货款支付方式陆续向原告支付了部分货款。经原告结算，截至 2018 年 5 月 15 日，原告累计向被告发货价值 40806765.32 元，被告已支付 1450 万元，尚欠货款 26306765.32 元。故请求法院判令：被告某工程公司向原告支付尚欠货款 26306765.32 元。

某工程公司答辩称：请求依法驳回原告的诉讼请求。主要理由：《临购钢筋买卖合同》与《钢筋买卖合同》对货款支付约定“甲方（我方）支付给乙方（原告）价款的比例与本工程业主同期计量支付甲方工程进度款比例一致。如业主延误支付甲方工程进度款，乙方愿意充分理解，并放弃追究甲方因此造成的违约责任（包括但不限于违约金，逾期付款利息等）”。合同签订后，业主同期计量向被告支付工程进度款 35818296 元，工程总计价为 135829129 元，应付计价款为 122246216.10 元，现进度款支付比例是 29.3%。原告送货总价为 40806765.32 元，被告已向原告支付货款 1450 万元，尚欠货款 26306765.32 元。被告现付款比例为 35.53%。截至目前，由于业主原因，造成案涉工程停工，被告已起诉案涉工程业主要求支付工程款，由于业主迟延支付工程款才导致被告无法向原告付款。

法院经审理查明：某工程公司为承建某跨海大桥工程向广西某物资公司采购钢筋等货物，双方于2016年10月27日、12月12日签订《临购钢筋买卖合同》与《钢筋买卖合同》。该两份合同约定，由乙方广西某物资公司向甲方某工程公司出卖钢筋等货物，合同总价为51360935元。关于货款的支付，均约定在该两份合同的第六条，内容相同，具体为“第6.6条，甲方付款需要下列条件成就后付款：……第6.6.1条，甲方支付乙方价款的比例与本工程业主同期计量支付甲方工程进度款比例一致。如业主延误支付甲方工程进度款，乙方愿意充分理解，并放弃追究甲方因此造成的违约责任（包括但不限于违约金、逾期付款利息等）”。关于违约责任，《临购钢筋买卖合同》第11.1条约定：“如因甲方上级或业主拨款不及时、不到位导致甲方不能按时支付乙方货款时，乙方应予以充分理解，保证本合同的正常履行。乙方承诺不因此要求甲方承担任何违约金、利息等损失赔偿责任。”

合同签订后，广西某物资公司向某工程公司提供钢筋等货物，因某工程公司未按合同约定及时支付货款，形成本案诉讼。

河北省唐山市中级人民法院于2019年3月27日作出（2018）冀02民初315号民事判决：驳回广西某物资公司的诉讼请求。宣判后，广西某物资公司提起上诉。河北省高级人民法院于2019年11月4日作出（2019）冀民终784号民事判决：驳回上诉，维持原判。之后，广西某物资公司申请再审称，某工程公司并非本案所涉及项目的中标单位，不是业主海南某度假公司建筑施工合同的相对方，业主支付工程款的对象不是某工程公司，因此案涉合同第6.6.1条约定所附的条件不可能发生，违背合同相对性原则。最高人民法院于2022年7月26日作出（2021）最高法民再238号民事判决：一、某工程公司在本判决生效后十日内向广西某物资公司支付货款26306765.32元；二、某工程公司在本判决生效后十日内向广西某物资公司支付律师费182630元；三、驳回广西某物资公司的其他诉讼请求。

裁判理由

法院生效裁判认为，本案的争议焦点为：对于案涉两份钢筋买卖合同约定的付款条款，某工程公司是否能以业主未付款作为抗辩理由。

因本案纠纷发生在《中华人民共和国民法典》施行之前，应当适用当时的法律和司法解释的相关规定。《中华人民共和国合同法》第一百二十五条第一款规定："当事人对合同条款的理解有争议的，应当按照合同所使用的词句、合同的有关条款、合同的目的、交易习惯以及诚实信用原则，确定该条款的真实意思。"从《临购钢筋买卖合同》与《钢筋买卖合同》第6.6条约定内容看，双方对于货款支付的成就条件约定了三点内容，并且明确在三个条件具备后，某工程公司则承担付款义务。而第6.6.1条关于进度款比例一致的约定虽然约定在货款支付条款项下，但并未像第6.6条那样明确约定三项付款条件，也难以从字面文义上得出该条款系付款条件之一。从合同目的来看，广西某物资公司向某工程公司提供货品钢筋系为取得相应货款，双方形成买卖合同法律关系；而某工程公司购买货品钢筋系为承揽海南某度假公司工程项目所需，其目的是取得工程价款。某工程公司作为独立的商事主体，应当独立承担业主方不能支付工程款的商业风险，在没有证据证明广西某物资公司愿意为某工程公司承担业主单位海南某度假公司不能支付工程价款的商业风险的情况下，将业主单位支付款项作为案涉货款的支付条件并不符合广西某物资公司的合同目的。因此，案涉合同第6.6.1条关于"进度款比例一致"的约定不能认定为货款支付条件。再审申请人广西某物资公司关于付款比例一致的约定不构成付款条件的事由成立，法院予以支持。故法院依法作出如上裁判。

裁判要旨

在承包方与供应商签订和履行涉建设工程领域采购合同时，承包方作为独立的商事主体，应当独立承担第三方业主不能支付工程款的商业风险。承包方约定以第三方业主支付款项作为向供应商支付货款条件，并以此作为拒绝付款理由的，由于该条款不符合双方签订合同的目的，人民法院不予支持。

关联索引

《中华人民共和国民法典》第142条（本案适用的是1999年10月1日施行的《中华人民共和国合同法》第125条）

一审：河北省唐山市中级人民法院（2018）冀02民初315号民事判决（2019年3月27日）

二审：河北省高级人民法院（2019）冀民终784号民事判决（2019年11月4日）

再审：最高人民法院（2021）最高法民再238号民事判决（2022年7月26日）

2024-18-2-103-001

（社会推荐案例）

11. 河南某轮胎有限公司诉河南某投资有限公司、某水泥有限公司、河南省焦作市国资委借款合同纠纷案

——国有企业改制过程中，因履行改制合同产生的纠纷，当事人可以提起民事诉讼

关键词：民事诉讼　借款合同　国企改制　国有产权转让合同民事纠纷

基本案情

河南某轮胎有限公司（以下简称某轮胎公司）及某水泥有限公司（以

下简称某水泥公司）原均属河南省焦作市国资委独资企业，后焦作市国资委与河南某投资有限公司（以下简称某投资公司）签订《国有产权转让合同》，将对某水泥公司享有的100%所有者权益转让给某投资公司，该合同就资产范围、价格、某水泥公司债权债务处置、职工安置、双方承诺内容及违约责任等进行了约定，其中第五条载明“某水泥公司应付某轮胎公司的借款本息13086万元，由某投资公司在10个工作日内通过某水泥公司先期偿还所欠某轮胎公司3800万元，其余借款在一年内还清”；第八条约定了焦作市国资委的承诺及相关协助义务。后因履行《国有产权转让合同》产生纠纷，某投资公司认为焦作市国资委未履行合同约定义务，并多次向河南省焦作市人民政府反映问题。2014年4月2日焦作市人民政府市长办公会议纪要《关于某水泥公司“退二进三”关闭转型会议纪要》(〔2014〕11号）作出决定，对此笔债务暂作挂账处理。

某轮胎公司向法院提起诉讼，请求判令：某投资公司、某水泥公司偿还借款本金人民币9286万元及利息4316.31万元（利息暂计算至2020年5月20日，之后利息以9286万元为基数，按银行同期贷款利率继续计算至某投资公司、某水泥公司清偿完毕之日止）。

河南省焦作市中级人民法院于2020年8月20日作出（2020）豫08民初36号裁定：驳回某轮胎公司的起诉。宣判后，某轮胎公司不服，提起上诉。河南省高级人民法院于2020年12月22日作出（2020）豫民终976号裁定：驳回上诉，维持原裁定。某轮胎公司不服，向最高人民法院申请再审。最高人民法院于2021年12月10日作出（2021）最高法民申2671号裁定提审本案，并于2022年1月24日作出（2022）最高法民再17号裁定：一、撤销河南省高级人民法院（2020）豫民终976号民事裁定和焦作市中级人民法院（2020）豫08民初36号民事裁定；二、指令焦作市中级人民法院对本案进行审理。

焦作市中级人民法院审理过程中，某轮胎公司与某投资公司、某水泥公司达成和解协议书，某轮胎公司提出撤诉申请。焦作市中级人民法院于2022年9月29日作出（2022）豫08民初16号裁定：准许某轮胎公司撤诉。

裁判理由

法院生效裁判认为，本案不应裁定驳回某轮胎公司的起诉。理由如下：

2010年，焦作市国资委与某投资公司签订《国有产权转让合同》，该合同就资产范围、价格、某水泥公司债权债务处置、职工安置、双方承诺内容及违约责任等进行了约定，其中第五条载明“某水泥公司应付某轮胎公司的借款本息13086万元，由某投资公司在10个工作日内通过某水泥公司先期偿还所欠某轮胎公司3800万元，其余借款在一年内还清”。根据该合同约定，焦作市国资委已将其对某水泥公司享有的100%所有者权益转让给某投资公司，故某水泥公司现已由某投资公司100%控股。某投资公司、某水泥公司现均为民营企业，二者的资产不属于国有资产。虽然，根据《焦作市人民政府国有资产监督管理委员会关于某水泥公司“退二进三”关闭转型的请示》（焦国资〔2014〕12号），焦作市人民政府于2014年4月2日召开市长办公会议作出的《关于某水泥公司“退二进三”关闭转型会议纪要》（〔2014〕11号）载明：“（8）鉴于企业目前的实际困难，同意对某水泥公司按照《国有产权转让合同》应付轮胎集团的9286万元债务暂作挂账处理”，但是，该处理意见不属于《最高人民法院关于审理与企业改制相关的民事纠纷案件若干问题的规定》第三条的情形。另外，焦作市国资委于2020年5月18日已出具证明“……我委作为国有资产行政管理机构并不享有上述债权的给付请求权，其相应的权利义务应由某轮胎公司享有”，并在二审中述称某投资公司应偿还借款。

裁判要旨

国有企业改制过程中，政府主管部门对企业改制进行指导、审批，仅是履行国家赋予的行政职权，并不当然改变企业改制中缔结的相关民事合同的性质。《国有产权转让合同》就资产范围、价格、债权债务处置、职工安置、双方承诺内容及违约责任进行的约定，符合民事合同自愿、等价有偿、权利义务对等和公平等基本原则，在合同履行过程中所产生的相关纠纷，不同于政府主管部门对企业国有资产进行行政性调整、划转过程中发生的纠纷，当事人提起民事诉讼的，人民法院应当依法予以受理。

关联索引

《最高人民法院关于审理与企业改制相关的民事纠纷案件若干问题的规定》（法释〔2003〕1号，2020年修正）第1条、第3条

一审：河南省焦作市中级人民法院（2020）豫08民初36号民事裁定（2020年8月20日）

二审：河南省高级人民法院（2020）豫民终976号民事裁定（2020年12月22日）

再审：最高人民法院（2022）最高法民再17号民事裁定（2022年1月24日）

撤诉：河南省焦作市中级人民法院（2022）豫08民初16号民事裁定（2022年9月29日）

2024-07-2-115-002

12. 王某斌诉宁夏恺某建筑有限公司、某市住房和城乡建设局建设工程施工合同纠纷案

——未在合理期限内启动审计程序或者出具审计结论的，应准许当事人的鉴定申请

关键词：民事　建设工程施工合同　营商环境　审计条款

基本案情

原告王某斌诉称：2014年某市住房和城乡建设局（以下简称某市住建局）与宁夏恺某建筑有限公司（以下简称宁夏某建筑公司）签订《建设工

程施工合同》，约定由宁夏某建筑公司承建某保障性住房项目 A6#、A9#、All#、A12# 公共租赁房工程。同年，宁夏某建筑公司与王某斌签订《项目施工承包协议》，将其承建工程中的 A6#、A9# 公共租赁房工程承包给王某斌施工，约定中标价为 66763937.18 元，承包方式为包工包料，工程款最终以工程结算总价为依据，据实结算。合同签订后，王某斌履行了施工义务，工程已经竣工验收并交付。据王某斌计算，案涉工程造价为 68982578.78 元，宁夏某建筑公司仅支付了部分工程款，尚欠 9841631.86 元。故诉至法院，请求判令：（1）宁夏某建筑公司向王某斌支付工程款 9841631.86 元及利息；（2）某市住建局在未付宁夏某建筑公司工程款范围内承担连带清偿责任。

宁夏某建筑公司辩称：对王某斌的诉请不予认可。首先，根据宁夏某建筑公司与王某斌签订的项目施工承包协议的约定，工程施工、结算等全部由王某斌负责，最后以建设单位审定造价作为宁夏某建筑公司与王某斌确定承包费的最终依据，现该工程建设单位审定造价结果尚未出具，不存在宁夏某建筑公司欠款的情况。其次，双方的承包协议中没有约定利息，故王某斌无权主张利息。

某市住建局辩称：王某斌的诉讼请求无事实及法律依据，理由如下：第一，某市住建局不是适格被告。王某斌应当向与其有合同关系的宁夏某建筑公司主张工程款，其突破合同相对性向某市住建局主张工程款无事实和法律依据。第二，宁夏某建筑公司存在逾期竣工的违约情形。某市住建局与宁夏某建筑公司签订的《建设工程施工合同》约定的工程竣工日期为 2015 年 9 月 30 日，但宁夏某建筑公司直至 2019 年 8 月 9 日才取得竣工验收备案表。根据合同约定，宁夏某建筑公司应当按每栋楼每日 2 万元的标准向某市住建局承担违约金，该部分违约金应当从工程款中扣除。第三，因王某斌系没有施工资质的个人，其施工利润应当予以扣除。第四，宁夏某建筑公司承建的上述工程尚未经市财政局统一审核，根据合同约定，涉案工程应付工程款为合同价款的 70%，即 93612204 元，现某市住建局已支付 112331135 元，超付工程款 18718931 元，不存在欠付工程款的情形。第五，根据法律规定，发包人仅在欠付工程款范围内承担付款责任。综上所述，根据某市住建局与宁夏某建筑公司之间的合同约定，某市住建局已超付工程款，不存在欠付工程款的情形，故王某斌要求某市住建局在欠付工程款范围内承担付款责任无事实依据，应当驳回其针对某市住建局的诉讼请求。

法院经审理查明：某市住建局（发包人）与宁夏某建筑公司（承包人）签订《建设工程施工合同》，约定某市住建局将案涉保障性住房项目 A6#、A9#、A11#、A12# 公共租赁房工程发包给宁夏某建筑公司进行施工。宁夏某建筑公司又与王某斌签订《项目施工承包协议》，约定由王某斌承包其中的 A6#、A9# 公共租赁房工程，承包方式为包工包料，工程结算事宜全部由王某斌负责，以建设单位审定造价作为宁夏某建筑公司和王某斌确定承包费用的最终依据。同时约定：本协议与建设方和宁夏某建筑公司签订的施工协议相应执行，协议中宁夏某建筑公司的违约责任和延误工期的罚款及索赔等均由王某斌承担；宁夏某建筑公司与建设单位签订的所有协议、补充协议、来往函件及承诺，王某斌都必须无条件执行。后王某斌对 A6#、A9# 公共租赁房工程进行了施工，工程通过竣工验收，并移交建设单位投入使用。后因建设单位一直未向财政局报送审计资料，王某斌索要下剩工程款未果，遂产生诉讼纠纷。

宁夏回族自治区银川市中级人民法院于 2020 年 10 月 15 日作出（2019）宁 01 民初 3674 号之一民事裁定：驳回原告王某斌的起诉。宣判后，王某斌不服，提起上诉。宁夏回族自治区高级人民法院于 2020 年 12 月 16 日作出（2020）宁民终 523 号民事裁定：一、撤销宁夏回族自治区银川市中级人民法院（2019）宁 01 民初 3674 号之一民事裁定；二、本案指令宁夏回族自治区银川市中级人民法院审理。

案件指令继续审理后，经法院协调，某市住建局于 2021 年 7 月 29 日给某市财政局出具《银川市政府投资项目评审送审函》，将涉案工程报送财政部门进行审计，原告王某斌称暂时不申请工程造价鉴定。后因等待审计结论未果，根据王某斌的申请，法院依法委托鉴定机构对 A6#、A9# 公共租赁房工程的造价进行司法鉴定。鉴定机构出具的《工程造价司法鉴定报告书》中，基坑支护和基坑降水费用属于争议项。某市住建局主张该两项费用应进行相应的下浮，王某斌、宁夏某建筑公司不同意下浮。

针对基坑支护和基坑降水费用是否下浮的争议，某市住建局认为：

（1）某市住建局与宁夏某建筑公司签订的《建设工程施工合同》中约定：宁夏某建筑公司必须严格执行和遵守某市住建局关于工程管理方面的制度和规定，以上工程制度和规定与合同具有同等法律效力。依据该约定，宁夏某建筑公司同意某市住建局关于保障性住房工程的管理规定，而《某市住房和城乡建设局专题会议纪要》中确定：保障性住房项目中的基坑支护统一下浮20%后计入结算、降水费用统一下浮30%后计入结算。（2）相近时期的其他保障性住房项目在实际结算中也是按照某市住建局的规定进行结算，即基坑支护统一下浮20%、降水费用统一下浮30%。

王某斌和宁夏某建筑公司认为，《某市住房和城乡建设局专题会议纪要》系2022年5月某市住建局单方出具，某市住建局未提交施工合同签订时已经将下浮的相关制度和管理规定告知宁夏某建筑公司和王某斌的证据，且某市住建局、宁夏某建筑公司、王某斌三方之间的合同、签证等资料中均没有下浮的相关约定，某市住建局事后以会议纪要的形式要求下浮，不符合合同约定，故不同意下浮。

经审查，《建设工程施工合同》的签订时间为2014年4月，某市住建局未提交证据证实在签订合同时已将有关下浮比例的规定和制度向合同相对人出示，案涉A6#、A9#公共租赁房工程于2019年5月完成竣工验收，2019年8月进行竣工验收备案，本次专题会议召开的时间是2022年5月，专题会议召开时工程已经竣工验收备案，王某斌和宁夏某建筑公司并未参加本次专题会议，会议纪要系某市住建局单方作出。

宁夏回族自治区银川市中级人民法院于2022年6月29日作出（2021）宁01民初18号民事判决：一、宁夏某建筑公司向王某斌支付工程款7749335元及利息；二、某市住建局在欠付宁夏某建筑公司工程款14713999元的范围内对宁夏某建筑公司欠付王某斌的上述工程款及利息承担付款责任；三、驳回王某斌的其他诉讼请求。宣判后，各方当事人未提出上诉，判决已发生法律效力。

裁判理由

法院生效裁判认为：本案中，王某斌与宁夏某建筑公司均明知“以某市财政局的审定造价作为付款依据”的约定，宁夏某建筑公司、王某斌均应依照上述约定执行，以市财政局审定造价作为案涉工程造价的结算依据。但在案涉工程已于2019年5月8日竣工验收，并于2019年8月9日竣工备案的情况下，王某斌作为案涉工程的实际施工人提起诉讼符合《中华人民共和国民事诉讼法》的规定。本案应查明某市财政局未审核工程价款的原因，如系某市住建局未提交市财政局审核或市财政局拒绝审核或市财政局不能在法院限定的合理期限内作出审核或市财政局的审核结果不能作为认定案涉工程造价的依据，则应向王某斌释明是否申请对案涉工程进行造价评估，对王某斌的诉求作出实体审理。

本案重一审中，法院依法委托鉴定机构对案涉工程造价进行司法鉴定。就《工程造价司法鉴定报告书》中基坑支护和基坑降水费用是否应当进行相应比例下浮的问题，虽然某市住建局与宁夏某建筑公司签订的《建设工程施工合同》中约定“必须严格执行和遵守某市住建局关于工程管理方面的制度和规定，以上工程制度和规定与本合同具有同等法律效力”，宁夏某建筑公司与王某斌签订的《项目施工承包协议》中也约定“王某斌全面履行宁夏某建筑公司与建设单位签订合同所约定的各项条款”“本协议与建设方和宁夏某建筑公司签订的施工协议相应执行，协议中宁夏某建筑公司的违约责任和延误工期的罚款及索赔等均由王某斌承担；宁夏某建筑公司与建设单位签订的所有协议、补充协议、来往函件及承诺，王某斌都必须无条件执行”，但《建设工程施工合同》的签订时间为2014年4月，某市住建局未提交证据证实在签订合同时已将有关下浮比例的规定和制度向合同相对人出示，案涉A6#、A9#公共租赁房工程于2019年5月完成竣工验收，2019年8月进行了竣工验收备案，本次专题会议召开的时间是2022年5月，专题会议召开时工程已经竣工验收备案，王某斌和宁夏某建筑公司并未参加本次专题会议，故专题会议纪要的内容不能视为是当事人合同约定的内容，也不能被认定为是当事人协商一致基础上对合同内容的变更。上述会议纪要系某市住建局单方作出，根据法律规定，没有法律、法规或者国务院决定和命令依据的，行政规范性文件不得减损市场主体合法权益或者增加其义务。同时，从优化营商环境的角度考虑，政府及其部门应当为各类市场主体投资兴业营造稳定、公平、透明、可预期的良好环境，故该会议纪要对王某斌和宁夏某建筑公司无约束力，不能达到某市住建局有关下浮比例的证明目的，故基坑支护和基坑降水费用不应下浮。

裁判要旨

施工合同中约定以政府审计结论作为工程价款结算依据的，人民法院不应当以政府未出具审计结论为由驳回承包人的起诉。案件实体审理中，如果审计部门未在合理期限内启动审计程序或者出具审计结论的，人民法院应当依法准许当事人提出的鉴定申请。

关联索引

《中华人民共和国民法典》第793条（本案适用的是2005年1月1日起施行的《最高人民法院关于审理建设工程施工合同纠纷案件适用法律问题的解释》第2条）

一审：宁夏回族自治区银川市中级人民法院（2019）宁01民初3674号之一民事裁定（2020年10月15日）

二审：宁夏回族自治区高级人民法院（2020）宁民终523号民事裁定（2020年12月16日）

重一审：宁夏回族自治区银川市中级人民法院（2021）宁01民初18号民事判决（2022年6月29日）

2024-18-2-137-001

13. 王某容诉厦门某医院医疗服务合同纠纷案

——胚胎移植手术期间丈夫死亡，在不违背当事人意愿、计生政策及伦理等前提下医院应依当事人请求继续实施手术

关键词：民事　服务合同　医疗服务合同　生育权　冷冻胚胎移植　丧偶单身妇女

基本案情

王某容诉称：2018年，王某容夫妇与厦门某医院达成医疗服务合同，约定由厦门某医院为其夫妇实施胚胎冷冻、保管、移植服务。后王某容夫妇在厦门某医院实施了第一次胚胎移植手术，但未能成功受孕。2020年4月，王某容夫妇再次到厦门某医院检查身体，拟于2020年5月再次实施胚胎移植手术，但王某冰却于2020年5月6日意外去世。王某容多次要求继续实施手术，但厦门某医院以其配偶已死亡为由，拒绝继续履行医疗服务合同。王某容丧偶后继续完成手术，不仅是传承丈夫的血脉，是丈夫的遗愿、寄托了双方家庭的全部希望，更是实现其生育权的合法途径，不存在违反伦理道德和相关法律规则的情形，故诉请厦门某医院继续履行医疗服务合同，为王某容完成胚胎移植手术。

厦门某医院辩称：厦门某医院医学伦理委员会专门讨论后，全部与会人员均认为不宜继续履行合同。首先，王某容的丈夫意外身故，王某容应属于单身妇女的范畴。根据卫生部颁布的《人类辅助生殖技术和人类精子库伦理原则》中的社会公益原则规定，厦门某医院不能为王某容实施胚胎移植手术。其次，上述伦理原则中的知情同意原则规定，人类辅助生殖技术必须经夫妇双方自愿同意并签署书面知情同意书后，方可实施。现王某容的丈夫过

世无法签署相关文件，手术的必备程序无法完成。最后，上述伦理原则中的保护后代原则规定，如果有证据表明实施人类辅助生殖技术将会对后代产生严重的生理、心理和社会损害，医务人员有义务停止该技术的实施。若王某容通过胚胎移植手术生育了孩子，孩子一出生就没有父亲，单亲环境下成长易对其生理、心理、性格等方面带来负面影响；虽然王某容的公婆愿意协助抚养照顾小孩，但两位老人毕竟已经“有些年纪”，照顾幼儿至 18 周岁在客观上存有较大困难；且王某容是否在物质条件上为新生命的到来做好了准备，亦无证据予以证明。综上，厦门某医院对王某容停止实施胚胎移植手术，符合相关法律规定和伦理原则。感情上，厦门某医院同情其遭遇，也能体谅其对医院提起诉讼的行为，但医院不能突破法律规定和相关伦理原则，要求法院给予合理判决指导。

法院经审理查明：王某容与王某冰于 2015 年登记结婚，婚后未生育子女，也未收养子女。二人因患不孕症于 2018 年 9 月初开始在厦门某医院就诊，要求行体外受精—胚胎移植（IVF-ET）手术。

2018 年 11 月 26 日，王某容夫妇签署一份《自愿接受试管婴儿疗程知情同意书》，载明：“我们夫妇妻子王某容丈夫王某冰，因无法顺利受孕，经慎重考虑自愿接受常规体外授精—胚胎移植术，授权厦门某医院行使我们夫妇试管婴儿的诊治。”“医院已明确告知以下事项……1. 基本过程：与自然妊娠完全不同，IVF-ET 需进行各项辅助检查排除禁忌症—药物注射超排卵—多次 B 超及内分泌监测—取卵术—精液的采集与处理—体外授精—胚胎培养—胚胎移植—药物黄体期支持—术后监测及妊娠的确立，适时验血和 B 超监测胚胎生长及发育……”该知情同意书第 21 条“我们夫妇的权利”载明，王某容夫妇“有知情同意权和最终的治疗决定权”“对自己的配子和胚胎有自由选择处理方式的权利，但不得买卖……”

2019 年 1 月，厦门某医院对王某容进行第一次取卵，但未获可用胚胎。2019 年 7 月 30 日，王某容夫妇签署第二份《自愿接受试管婴儿疗程知情同意书》，与前述内容一致。同日，王某容夫妇还签署《自愿接受卵胞浆内单精子显微注射—胚胎移植术（ICSI-ET）知情同意书》，表示自愿在厦门某医院接受该移植术。2019 年 8 月 13 日，厦门某医院对王某容进行第二次取卵，后冷冻卵裂胚 2 枚（3 级）、囊胚 2 枚（4CC）。2019 年 9 月 28 日，王某容夫妇签署《自愿接受胚胎 / 囊胚解冻移植知情同意书》，载明“若未妊娠，将冷冻胚胎解冻复苏后移植，其余冻存胚胎继续冷冻保存，直至无剩余胚胎”等内容。2019 年 10 月 4 日，厦门某医院于当日对前述 2 枚卵裂胚进行第一次解冻移植。移植一段时间后，胚胎停育流产。2020 年 4 月 16 日，王某容至厦门某医院进行卵泡监测，并拟于 2020 年 5 月行解冻周期移植囊胚。2020 年 5 月 6 日，王某冰意外身故。

王某冰去世后，王某容要求厦门某医院继续履行医疗服务合同，实施胚胎移植手术。2020 年 7 月 11 日，厦门某医院医学伦理委员会作出《医学伦理审查意见》，载明“本院伦理会讨论结果：依据 176 号文件法规规定，本院不给予移植”，同时伦理委员会主任审批意见为“本院依从法院判决执行”。

另查明，王某冰系家中独子。本案审理中，王某容在接受法庭询问之时再次明确其系自愿实施胚胎移植手术，愿意生育和抚养与王某冰通过人工辅助生殖技术可能生育的子女。王某冰的父亲、母亲，王某容的父亲、母亲均表态支持王某容在厦门某医院继续实施胚胎移植手术，愿意同王某容一起照顾和养育经胚胎移植生育的子女。

福建省厦门市思明区人民法院于 2020 年 9 月 1 日作出（2020）闽 0203 民初 12598 号判决：厦门某医院应于判决生效之日起继续履行与王某容之间的医疗服务合同，为王某容实施胚胎移植手术。宣判后，双方均未上诉，该判决已发生法律效力。

裁判理由

法院生效裁判认为，《中华人民共和国合同法》第八条中规定：“依法成立的合同，对当事人具有法律约束力。”王某容夫妇因不孕问题就诊于厦门某医院，于 2018 年 11 月 26 日签署《自愿接受试管婴儿疗程知情同意书》，要求行体外受精—胚胎移植（IVF–ET）手术，厦门某医院予以接受，为王某容夫妇培育并冷冻胚胎，并完成了部分胚胎的移植，双方之间成立医疗服务合同关系，双方均应按照合同约定全面履行各自的合同义务。

王某冰突遭意外事故死亡，讼争合同是否终止应根据双方的约定以及案件情况综合判断。根据王某容夫妇于 2018 年 11 月 26 日所签署的《自愿接受试管婴儿疗程知情同意书》所载，王某容夫妇在厦门某医院所欲实施的体外受精—胚胎移植（IVF–ET）手术是一个包括各项辅助检查排除禁忌症—药物注射超排卵—多次 B 超及内分泌监测—取卵术—精液的采集与处理—体外授精—胚胎培养—胚胎移植—药物黄体期支持—术后监测及妊娠的确立等多个环节的完整过程，胚胎移植仅是其中一个环节，最终目的是运用人工生殖技术实现生儿育女，上述知情同意书应视为王某容夫妇对体外受精—胚胎移植合同的整体性同意。在 2019 年 9 月 28 日第一次胚胎移植手术之前，王某容夫妇签署了《自愿接受胚胎 / 囊胚解冻移植知情同意书》，其中约定“若未妊娠，将冷冻胚胎解冻复苏后移植，其余冻存胚胎继续冷冻保存，直至无剩余胚胎”，由于第一次胚胎移植因胚胎停育进行药物流产未能成功妊娠，依照双方约定，厦门某医院应当继续将现存的胚胎解冻复苏移植，直至无剩余胚胎。王某容于 2020 年 4 月进行卵泡监测，并拟于 2020 年 5 月行解冻周期移植囊胚，应认定王某容夫妇已为下一次的胚胎解冻移植做好了前期准备工作。综合本案王某冰对体外受精—胚胎移植医疗服务合同的整体性同意、第一次胚胎移植之时对后续胚胎移植的同意以及王某容第二次胚胎移植前的准备工作情况判断，继续进行胚胎移植手术符合王某冰生前的意愿。王某冰因故身亡，未能在即将实施的胚胎移植手术中签署《冷冻胚胎解冻复苏—移植情况知情同意书》，但上述知情同意书就其签署的意义而言，一是确定王某冰对胚胎处置使用的同意意见，二是对于女方在接受医疗手术时面临的医疗风险的同意意见。如前所述，第一层意义上胚胎处置使用上的知情同意已由王某冰生前明确的意思表示可以确定，而第二层的知情同意则附属于胚胎移植手术的直接对象王某容，故未签署上述知情同意书不影响王某容依照合同约定要求厦门某医院继续履行实施胚胎移植手术的义务。厦门某医院在王某冰死亡后并未要求解除合同，其称继续履行合同违反知情同意原则缺乏依据，不予采纳。

根据合同法第一百一十条第一款的规定，当事人一方不履行非金钱债务或者履行非金钱债务不符合约定的，对方可以要求履行，法律上或者事实上不能履行的除外。讼争囊胚系已经受精完成的胚胎且由厦门某医院冷冻保管，继续进行胚胎移植具备客观条件，不存在事实上履行不能的障碍。因此，本案合同是否应当继续履行，应当考虑讼争合同继续履行是否存在法律上履行不能的障碍。关于厦门某医院称王某容丧偶后属于“单身女子”，院方依照《人类辅助生殖技术和人类精子库伦理原则》不能对其实施辅助生殖技术，否则有违社会公益原则的意见。法院认为，根据《中华人民共和国妇女权益保障法》（2018 年修正）第五十一条第一款的规定，妇女有按照国家有关规定生育子女的权利，也有不生育的自由，目前对于丈夫死亡后是否允许对丧偶妇女实施人工辅助生殖技术并无法律禁止性规定，讼争涉及的医疗伦理原则系卫生行政部门对于医疗机构的管理性规范，不宜作为限制公民享有的基本生育自由的依据。王某容夫妇因不孕问题与厦门某医院订立人工辅助生殖的医疗服务合同，王某容夫妇此前未生育子女，亦未收养子女，厦门某医院为王某容夫妇进行人工生殖手术因故此前未能成功，继续进行人工生殖手术并不违反计划生育法律法规。单身妇女不得实施人类辅助生殖技术的规定是为了避免生育和婚姻的分离，造成维系社会稳定的基本单元家庭的瓦解。人工生殖技术本为解决不孕不育所发明，丧偶单身妇女要求继续移植与丈夫已受精完成的胚胎进行生育，发生概率低，且该人工生殖方式除与自然生殖在生殖方式上有所不同外，与一般因丧偶而发生的“遗腹子”生育并无不同，不存在对社会秩序产生冲击的后果。王某容作为丧偶单身妇女，有别于一般的单身妇女。王某冰系独子，王某容在王某冰去世后自愿继续实施胚胎移植手术为其生育子女，延续家族血脉，符合一般的社会伦理道德，理应得到尊重。对于厦门某医院所提违反社会公益原则的抗辩，不予采纳。

关于厦门某医院称讼争胚胎移植违反保护后代原则的问题，法院认为，死后人工生殖客观上会造成所生育的子女一出生就没有父亲的后果，且在抚养、教育上存在一定的困难，但单纯据此否决生存配偶的生育权，则有所不妥。现实中不乏怀孕妇女于丈夫死亡后生产遗腹子的情况，单亲家庭子女仍可能健康成长。当然，在强调生育自由的同时，必须注意生殖的后果将是一个独立生命的出生，生育自由伴随生育责任，应当慎重考虑后代子女的福祉，在生育自由与子女保护之间进行平衡。由于我国国内目前禁止代孕，体外胚胎移植主要涉及母亲的生育权与后代子女的保护问题。单亲怀孕生子带来的精神、经济、社会压力以及生育风险主要是由母亲承受，同时单亲家庭中子女能否顺利成长，母爱因素至关重要，因此母亲才是选择胚胎移植的最大利益攸关者，也是将来子女能否顺利健康成长的关键因素，是否进行胚胎移植，应首先尊重母亲的选择权。只有当有确切证据证明胚胎移植将对后代产生严重不利影响的情况下，方可否决母亲的生育选择权。就本案而言，王某容在接受法庭询问之时再次明确表示愿意继续生育和抚养通过人工生殖技术可能出生的子女，彼时距王某冰死亡已 3 个月，表明其对是否继续进行胚胎移植及对将来子女生育抚养已进行慎重考虑。王某容父母以及公婆作为长辈均年纪尚轻，有帮助王某容抚育子女的能力，其均明确表态支持王某容继续进行胚胎移植生育子女，并同意配合王某容抚养子女，能够为将来可能出生的子女的健康成长提供帮助。目前并无证据表明王某容缺乏抚养子女的能力，对厦门某医院所称违反后代保护原则的抗辩不予采纳。

综上，王某容要求厦门某医院继续履行医疗服务合同，进行胚胎移植手术，符合双方合同约定，具备客观履行条件，也不违反法律法规禁止性规定及社会公序良俗，应予准许。

裁判要旨

夫妻双方因不孕问题在医疗机构接受体外受精—胚胎移植的人工辅助生殖技术所形成的医疗服务合同，在丈夫一方因故死亡后，并不当然终止。丧偶妇女不等同于一般意义上的“单身妇女”。在不违背丈夫生前意愿且不违反计划生育政策的前提下，除有确切证据表明胚胎移植将对后代产生严重不利影响外，丧偶妇女请求医院方依照合同约定继续实施胚胎移植手术的，人民法院应予支持。

关联索引

《中华人民共和国民法典》第 3 条、第 8 条（本案适用的是 2017 年 10 月 1 日施行的《中华人民共和国民法总则》第 3 条、第 8 条）

《中华人民共和国民法典》第 119 条、第 509 条第 1 款、第 580 条、第

934 条（本案适用的是 1999 年 10 月 1 日施行的《中华人民共和国合同法》第 8 条、第 60 条第 1 款、第 110 条、第 411 条）

《中华人民共和国妇女权益保障法》第 32 条（本案适用的是 2018 年 10 月 26 日修正的《中华人民共和国妇女权益保障法》第 51 条第 1 款）

一审：福建省厦门市思明区人民法院（2020）闽 0203 民初 12598 号民事判决（2020 年 9 月 1 日）

2024-13-6-160-001

14. 英国某技术公司诉某科技（苏州）公司侵害发明专利权纠纷案

——涉中外双方当事人系列纠纷全球一揽子和解

关键词：民事　侵害发明专利权　涉外案件　平等保护　调解和解　实质解纷

基本案情

英国某技术公司与某科技（苏州）公司均是全球家电行业具有影响力的企业。英国某技术公司以某科技（苏州）公司生产、销售的两款无线吸尘器产品采用的技术方案落入其专利号为 20078002××××.0、名称为“手持式清洁设备”发明专利权保护范围为由，提起诉讼，请求判令某科技（苏州）公司停止侵权并赔偿经济损失及维权合理开支 100 万元。天津市第三中级人民法院一审认为，被诉侵权技术方案未落入涉案专利权的保护范围，于 2021 年 9 月 17 日作出（2020）津 03 知民初 128 号民事判决，驳回英国某技术公司的诉讼请求。英国某技术公司不服，向最高人民法院提起上诉。

裁判理由

案件审理过程中，二审合议庭了解到双方相关知识产权纠纷由来已久，在全面梳理双方一系列纠纷的基础上，搭建对话平台缓和双方矛盾，经过反复沟通，最终促成双方握手言和，达成包括该案在内的全球20余起知识产权纠纷的一揽子和解。

最高人民法院于2023年5月25日作出（2022）最高法知民终189号民事调解书。收到调解书后，双方当事人均为此致信感谢。

裁判要旨

涉外知识产权案件审理中，应当秉持"促进中外主体合作共赢、共谋创新发展"的调解理念，视情采取"全面梳理系列纠纷、搭建统一对话平台"的调解方法。通过矛盾纠纷源头化解，促成中外双方当事人对全球范围内的系列纠纷达成一揽子和解，以调解这一"东方经验"实质化解跨国纠纷，帮助诉争双方从持续多年的知识产权纠纷中解脱出来，助力营造市场化、法治化、国际化一流营商环境。

关联索引

《中华人民共和国民法典》第4条

《中华人民共和国民事诉讼法》（2023年修正）第96条

一审：天津市第三中级人民法院（2020）津03知民初128号民事判决（2021年9月17日）

二审：最高人民法院（2022）最高法知民终189号民事调解书（2023年5月25日）

2024-13-2-160-023

15. 某中医医院诉云南金某制药公司专利权权属纠纷案

——专利权证书上关于发明人及专利权人的记载并不具有绝对的证明力

关键词：民事　专利权权属　发明人　专利权人　专利权证书　证明力

基本案情

原告某中医医院诉称：1997年6月23日，某中医医院与云南滇某制药公司签订“关于三乌胶科研技术成果所有权判定的协议”（以下简称“三乌胶所有权协议”），约定：（1）三乌胶研究课题是在某中医医院立项，在云南滇某制药公司结题的一项省级科研课题。该课题的前期基础工作主要在某中医医院完成，其生产工艺及剂型改进研究主要由云南滇某制药公司完成，成果所有权为某中医医院与云南滇某制药公司双方共有。（2）云南滇某制药公司实现累计利润达5000万元时，其须付给某中医医院三乌胶前期研究成果的技术转让费100万元。该协议签订后，云南滇某制药公司变更为云南金某制药公司。2017年年初，某中医医院在市场调查中发现，云南金某制药公司擅自申请并获得了涉案专利，其行为侵害了某中医医院的合法权益。请求判令：（1）依法确认专利号为0010××××.2、名称为“治疗风湿、中风类疾病的药物及其制备工艺”的发明专利（以下简称涉案专利）权归属某中医医院、云南金某制药公司双方共有；（2）本案诉讼费用由云南金某制药公司承担。

被告云南金某制药公司辩称：（1）某中医医院主张的权利已经超过法

定诉讼时效，不应适用民事诉讼程序。（2）某中医医院主张的诉讼标的与云南金某制药公司没有任何法律关系，故云南金某制药公司不是本案的适格主体。

法院经审理查明：1997 年 6 月 23 日，某中医医院与云南滇某制药公司签订“三乌胶所有权协议”。云南滇某制药公司于 2000 年就涉案成果申请涉案专利，后因云南滇某制药公司于 2003 年经改制变更名称为云南金某制药公司。一审庭审中，云南金某制药公司认可“三乌胶所有权协议”中有关云南滇某制药公司的权利义务由其承继。

云南省昆明市中级人民法院于 2018 年 4 月 11 日作出（2017）云 01 民初 2370 号民事判决：确认涉案专利权归属某中医医院、云南金某制药公司共同所有。宣判后，云南金某制药公司提起上诉。云南省高级人民法院于 2018 年 11 月 20 日作出（2018）云民终 1018 号民事判决：驳回上诉，维持原判。

裁判理由

法院生效裁判认为：经查，虽然涉案专利的专利权证书上载明的专利权人是云南金某制药公司，并没有某中医医院，但专利权证书只是证明专利权人的证据之一，并非不可推翻的证据。在专利授权程序中，国家专利行政管理部门对申请文件中记载的发明人和专利申请人并不进行实质性审查，专利权证书上关于发明人及专利权人的记载并不具有绝对的证据效力。因此，在某中医医院就涉案专利的权属提出异议并提交相关证据的情况下，云南金某制药公司仅仅依据涉案专利的专利权证书，并不能当然证明自己就是涉案专利的唯一权利人。根据云南金某制药公司的自认，可以认定涉案专利所涉及的技术成果就是“三乌胶所有权协议”中所载明的三乌胶研究课题。根据“三乌胶所有权协议”，三乌胶研究课题是某中医医院和云南金某制药公司合作研发的技术成果，其所有权为双方共有，该技术成果的知识产权也应当由某中医医院和云南金某制药公司共同享有。

裁判要旨

专利权证书上关于发明人及专利权人的记载并不具有绝对的证明力。在一方当事人就涉案专利的权属依照法定程序提出异议并提交相关证据的情况下，不能仅依据专利权证书直接对专利权人作出认定。

关联索引

《中华人民共和国民法典》第 188 条（本案适用的是 2009 年 8 月 27 日修正的《中华人民共和国民法通则》第 135 条）

《中华人民共和国民法典》第 465 条（本案适用的是 1999 年 10 月 1 日施行的《中华人民共和国合同法》第 8 条）

《中华人民共和国专利法》第 8 条（本案适用的是 2008 年 12 月 27 日修正的《中华人民共和国专利法》第 8 条）

一审：云南省昆明市中级人民法院（2017）云 01 民初 2370 号民事判决（2018 年 4 月 11 日）

二审：云南省高级人民法院（2018）云民终 1018 号民事判决（2018 年 11 月 20 日）

2023-13-2-176-001

16. 四川某化工股份有限公司诉山东某化工股份有限公司等侵害技术秘密纠纷案

——技术秘密侵权案件中共同故意侵权的认定及责任承担

关键词：民事　侵害技术秘密　共同侵权　连带责任　停止侵害　制造者停止销售　销毁技术秘密载体　司法鉴定

基本案情

四川某化工股份有限公司（以下简称四川某化工公司）诉称：其将加压气相淬冷法年产5万吨三聚氰胺（以下称为蜜胺）生产反应系统（以下简称涉案技术秘密）作为技术秘密保护，山东某化工股份有限公司（以下简称山东某化工公司）、宁波某管理咨询有限公司（以下简称宁波某咨询公司）、宁波某化工工程设计有限公司（以下简称宁波某化工设计公司）、尹某大侵害了涉案技术秘密，构成共同侵权且侵权获利巨大。故请求判令：上述四被诉侵权人停止侵权（包括停止披露、使用、允许他人使用涉案技术秘密，销毁承载有涉案技术秘密的资料，山东某化工公司销毁承载有涉案技术秘密的生产系统、停止销售使用涉案技术秘密生产的蜜胺产品）、连带赔偿四川某化工公司经济损失及合理费用9800万元。

山东某化工公司、宁波某咨询公司、宁波某化工设计公司、尹某大均辩称：不构成侵权，亦不构成共同侵权，不应承担侵权责任。

法院经审理查明：四川某化工公司系涉案技术秘密的权利人，尹某大为涉案技术秘密的研发人员之一且负有保密义务。2011年9月7日，山东某化工公司发布公告称，其拟以尿素为原料，采用加压法气相淬冷工艺技术，分两期建设10万吨/年蜜胺装置；同年10月16日，其与宁波某咨询公司、宁波某化工设计公司签订《大型蜜胺项目技术转让、服务建设工程设计合同》（以下简称工程设计合同），约定委托方为山东某化工公司，承接方为宁波某化工设计公司，技术授权方为宁波某咨询公司，合同约定设计费966万元、专有技术费1600万元。2012年2月至7月，宁波某咨询公司、宁波某化工设计公司分别联系尹某大，要求尹某大提供四川某化工公司的蜜胺生产技术用于给山东某化工公司设计年产5万吨蜜胺制备装置并许以相应高额报酬，用U盘从尹某大的笔记本电脑上拷贝了四川某化工公司的相关技术资料；又于2013年将宁波某化工设计公司设计完成的山东某化工公司蜜胺项目的设计图纸拷贝给尹某大，让尹某大帮助检查，并在2013年、2014年安排尹某大多次前往山东某化工公司进行现场检查指导、操作培训、故障排除等。尹某大因此获利95万元。2014年4月30日，山东某化工公司发布公告称，其蜜胺一期项目试车成功且已打通全线流程，生产出合格产品，进入试生产阶段。2017年3月28日，山东某化工公司在公告中披露，近三年，其与上述工程设计合同有关的蜜胺产品年均营业收入占比2%左右。基于山东某化工公司在年报中披露的其有机胺毛利率，以及同规模企业的蜜胺毛利率，计算得出山东某化工公司在被诉侵权赔偿期间即2014年4月30日至2018年12月30日销售蜜胺的获利分别约为2.8亿元和3.03亿元。

四川省成都市中级人民法院于2021年12月27日作出（2017）川01民初2948号民事判决，判决山东某化工公司、宁波某咨询公司、宁波某化工设计公司、尹某大立即停止披露、使用、允许他人使用涉案技术秘密并销毁各自持有的涉案技术秘密的载体资料，山东某化工公司赔偿5000万元，宁波某咨询公司、宁波某化工设计公司对其中的500万元承担连带赔偿责任，尹某大就其中的120万元承担连带赔偿责任，未支持四川某化工公司要求山东某化工公司停止销售使用涉案技术秘密获得的蜜胺产品及销毁侵权生产系统的诉讼请求。宣判后，四川某化工公司、山东某化工公司、宁波某咨询公司、宁波某化工设计公司、尹某大均提起上诉。最高人民法院于2022年12月26日作出（2022）最高法知民终541号民事判决，撤销四川省成都市中级人民法院于2021年12月27日作出的（2017）川01民初2948号民事判决，改判山东某化工公司、宁波某咨询公司、宁波某化工设计公司、尹某大自判决生效之日起立即停止披露、使用、允许他人使用四川某化工公司的涉案技术秘密，停止侵害的时间持续至涉案技术秘密信息已为公众知悉之日止，其中山东某化工公司的停止使用包括立即停止销售使用涉案技术秘密所生产的蜜胺产品；宁波某咨询公司、宁波某化工设计公司、尹某大自判决生效之日起10日内销毁各自所持有的记载有涉案技术秘密的技术资料，山东某化工公司自判决生效之日起90日内销毁其10万吨/年蜜胺项目（一期）中涉及涉案技术秘密的设备（销毁的方式包括但不限于拆除有关设备中包含四川某化工公司涉案技术秘密的部分）以及记载有涉案技术秘密的技术资料；山东某化工公司、宁波某咨询公司、宁波某化工设计公司、尹某大自判决生效之日起10日内连带赔偿四川某化工公司经济损失及维权合理开支9800万元。

裁判理由

法院生效裁判认为，本案争议焦点问题是：（1）山东某化工公司、宁波某咨询公司、宁波某化工设计公司、尹某大是否实施了侵害涉案技术秘密的行为以及四者是否构成共同侵权；（2）山东某化工公司等被诉侵权人应否承担连带责任；（3）销毁涉案技术秘密载体以及停止销售使用涉案技术秘密生产的蜜胺产品的责任应如何承担；（4）山东某化工公司在本案中提出的鉴定申请是否应予准许。

一、关于山东某化工公司等被诉侵权人是否侵害涉案技术秘密以及四者是否构成共同侵权的问题

根据《中华人民共和国侵权责任法》第八条规定，构成共同侵权需要满足以下要件：一是共同侵权行为的主体必须是两个以上；二是共同实施侵权行为。从主观过错角度看，这里的共同实施行为主要包括三种情形：其一，共同故意实施的行为，这属于典型的共同侵权行为；其二，共同过失实施的行为，即基于共同的疏忽大意或者过于自信的过失而造成他人的损害，也可以构成共同侵权行为；其三，故意行为与过失行为结合实施的行为，即数个行为人虽主观过错程度不一，但各自行为相结合而实施的行为，造成他人损害的，也可以构成共同侵权行为。以上三种情形，具备其一即可认定构成共

同实施侵权行为。三是造成受害人损害，且损害具有不可分割性。四是各行为人的侵权行为均与损害后果之间具有因果关系。在共同侵权行为中，有时各个行为人的侵权行为对造成损害后果的原因力可以有所不同，但必须存在法律上的因果关系。

1. 关于山东某化工公司等被诉侵权人共同实施侵权行为的主观过错

尹某大系涉案技术秘密的主要研发人员之一，能够直接接触涉案技术秘密。尹某大在未办理离职手续，亦未告知其留存有蜜胺生产图纸、资料的情况下，就停止在四川某化工公司工作，其在与宁波某咨询公司、宁波某化工设计公司接触时亦尚在约定的保密期内，也明知该两公司与山东某化工公司的合作情况，却仍然将涉案技术秘密披露给山东某化工公司、宁波某咨询公司、宁波某化工设计公司使用，收取相应报酬，并使用涉案技术秘密提供后续技术指导。尹某大是涉案技术秘密的提供者，亦是山东某化工公司、宁波某咨询公司、宁波某化工设计公司实际使用涉案技术秘密过程中的技术指导者。以上事实足以证明尹某大实施了违反保密义务披露涉案技术秘密给山东某化工公司、宁波某咨询公司、宁波某化工设计公司并允许该三者使用涉案技术秘密的行为，其还违反保密义务自己使用涉案技术秘密为他人使用涉案技术秘密提供技术指导，其行为已构成《中华人民共和国反不正当竞争法》第九条第一款第三项规定的侵犯商业秘密。尹某大主观上明知其披露、允许使用和自己使用的行为是在促成山东某化工公司、宁波某咨询公司、宁波某化工设计公司后续实施相关侵权行为，系本案共同实施侵权行为中的关键人物。

宁波某咨询公司、宁波某化工设计公司与山东某化工公司签订工程设计合同后，在明知尹某大曾是涉案技术秘密主要研发人员之一的情况下，仍以高额利诱的非法手段从尹某大处获取涉案技术秘密，然后由宁波某咨询公司作为名义上的技术提供者向山东某化工公司转让涉案技术并由宁波某化工设计公司进行所谓的工程化设计，用于山东某化工公司蜜胺一期项目并从中获取经济利益，该二者构成非法收买并转卖涉案技术秘密，实施了以不正当手段获取涉案技术秘密并披露、使用、允许他人使用涉案技术秘密的行为，已构成反不正当竞争法第九条第一款第一项、第二项规定的侵犯商业秘密行为，属于本案共同实施被诉侵权行为的始作俑者和中间渠道及名义上的技术提供者。

山东某化工公司系涉案蜜胺一期项目的最终使用者、最大获益者，其涉案蜜胺一期项目的技术图纸、资料来源于宁波某咨询公司和宁波某化工设计公司。一审法院据此认定，山东某化工公司获取并使用了涉案技术秘密，具有事实和法律依据。同时，在案证据亦足以证明山东某化工公司对其使用的技术实际来源于四川某化工公司是明知的。因此，山东某化工公司实施了反不正当竞争法第九条第二款规定的视为侵犯商业秘密行为，其虽处于本案共同实施侵权行为的末端环节，但其也是涉案技术秘密的最终使用者和最大获益者。

因此，山东某化工公司、宁波某咨询公司、宁波某化工设计公司、尹某大之间具有侵害涉案技术秘密的共同意思联络，主观上彼此明知，彼此先后实施相应的侵权行为形成了完整的侵害涉案技术秘密的侵权行为链，客观上已形成分工协作，属于共同故意实施被诉侵权行为。需特别指出的是，构成共同故意实施被诉侵权行为并不以各参与者事前共谋、事后协同行动为限，各参与者彼此之间心知肚明、心照不宣，先后参与、相互协作，亦可构成共同故意实施被诉侵权行为。本案中，山东某化工公司等被诉侵权人实施共同侵权行为的过程即属于后者情形，其各自实施的行为均属于实施共同侵权行为的关键环节且为不可或缺的组成部分。

2. 关于损害后果

无损害，则无救济。损害后果系判断侵权责任的重要因素之一，如没有共同的损害结果，则就缺少共同承担侵权责任的基础。本案中，山东某化工公司等被诉侵权人共同故意实施侵害四川某化工公司的涉案技术秘密的行为显然已造成了损害后果，即四川某化工公司原本因涉案技术秘密而享有的竞争优势被削弱，其潜在或预期可得的市场份额丧失。根据反不正当竞争法第十七条第三款的规定，侵权获利可以作为计算损害赔偿的依据，因而山东某化工公司等被诉侵权人的侵权获利本身即已构成侵权损害的后果，当然侵权损害后果并不仅限于侵权获利。就山东某化工公司等被诉侵权人而言，该四者共同实施侵权行为的获利主要体现为山东某化工公司销售蜜胺产品所获得的利益。在判断山东某化工公司等被诉侵权人因共同实施被诉侵权行为的获利时，应当从该四者共同实施行为的整体出发予以考量，而不能孤立地从各被诉侵权人在各环节各自实施的侵权行为单独考量进而割裂地判断获利情况，其中宁波某咨询公司、宁波某化工设计公司、尹某大在各自实施涉案侵权行为中分别所获得利益可以被山东某化工公司销售蜜胺产品所获得的利益所涵盖。山东某化工公司销售蜜胺产品的获利增长系该四者共同实施被诉侵权行为时所共同期望达到的结果且在实施之初就已完全预见得到。

具体而言，首先，该四者共同故意实施侵权行为的初衷及目的在于使山东某化工公司生产蜜胺的产量大幅增长进而使其销售获利也因此增长，该四者共同实施侵权行为后实际上也达到了上述目的。因此，虽然该四者在各自实施侵权行为的环节中有着不同的行为方式、不同的获利形式及不同的实际获利份额，但从共同实施侵权行为的整体来看，该四者共同实施被诉侵权行为的获利最终主要是体现在销售蜜胺产品的获利上，而且实现此获利亦是该四者共同追求的结果。相应地，四川某化工公司潜在或预期可得的市场份额就会丧失，其相关获利必然受到影响，故其经济损失系因山东某化工公司等被诉侵权人使用涉案技术秘密制造涉案蜜胺一期项目的生产系统、使用该生产系统及涉案技术秘密中的工艺方法生产、销售蜜胺产品而产生。其次，山东某化工公司等被诉侵权人在实施共同侵权行为之初均已完全预见到因共同故意实施被诉侵权行为的损害后果，以及山东某化工公司销售获利大幅增长的结果。就宁波某咨询公司、宁波某化工设计公司、尹某大而言，该三者均明知涉案蜜胺一期项目的生产规模即单一生产线年产 5 万吨蜜胺。尹某大在披露涉案技术秘密之初就明知将被用于山东某化工公司涉案蜜胺一期项目，宁波某咨询公司、宁波某化工设计公司亦是为了建设该被诉侵权项目而从尹某大处获取涉案技术秘密，该三者均明知该项目的建设目的是提高山东某化工公司的蜜胺年产量且该项目的建成势必会有效提高蜜胺产品的年产量，亦明知山东某化工公司将通过销售涉案蜜胺产品营利，更明知山东某化工公司与四川某化工公司具有竞争关系，涉案技术秘密的披露、使用或者允许他人使用必然会损害四川某化工公司原本在该行业内享有的竞争优势。尹某大作为涉案技术秘密的主要研发人员之一，明知涉案技术秘密系四川某化工公司的重要技术秘密，理应充分了解涉案技术秘密给四川某化工公司所带来的竞争优势。宁波某咨询公司、宁波某化工设计公司亦明确知晓涉案技术秘密在行业内的价值。因此，该三者在实施侵权行为之初已完全预见到侵权行为可能造成的损害后果以及山东某化工公司销售涉案蜜胺产品的获利。就山东某化工公司而言，其为提升自身蜜胺的年产量，其在明知来源非法的情况下，仍然非法获取、使用涉案技术秘密并用于其蜜胺一期项目，涉案技术秘密的使用所带来的蜜胺产量的大幅提升、销售蜜胺获利的大幅增长不仅是山东某化工公司已完全预见的结果，更是其积极追求的目标。

综上可见，本案侵权损害后果主要体现在山东某化工公司销售涉案蜜胺产品的获利，且该损害后果具有不可分割性。

3. 关于侵权行为与损害后果之间的因果关系

如前所论，本案中，尹某大违反保密约定，披露涉案技术秘密并允许他人使用涉案技术秘密，系共同侵权行为得以实施的基础环节，同时其使用涉案技术秘密为其他被诉侵权人提供技术指导，亦是共同实施侵权行为中的关键人物；宁波某咨询公司、宁波某化工设计公司以高额利诱的非法手段获取并披露、使用、允许他人使用涉案技术秘密，系共同实施侵权行为的始作俑者和中间渠道及名义上的技术提供者；山东某化工公司非法获取、使用涉案技术秘密，并通过使用涉案技术秘密生产蜜胺产品后进行销售，其为共同实施侵权行为的最终环节和最大获益者。该四者实施的侵权行为环环相扣、缺一不可，与损害后果之间均具有直接的因果关系。

综上，尹某大违反与四川某化工公司有关保守涉案技术秘密的约定，在宁波某咨询公司、宁波某化工设计公司的高额利诱下，将涉案技术秘密非法披露给宁波某咨询公司、宁波某化工设计公司、山东某化工公司并允许该三公司使用，并自己使用涉案技术秘密为山东某化工公司涉案蜜胺一期项目的建设、使用提供技术指导；宁波某咨询公司、宁波某化工设计公司在明知相应的技术信息系四川某化工公司的技术秘密且明知尹某大为四川某化工公司前员工的情况下以不正当手段从尹某大处非法获取涉案技术秘密并用于山东某化工公司涉案蜜胺一期项目的设计、建造、使用，山东某化工公司在明知技术来源非法的情况下获取并使用涉案技术秘密。该四者主观上存在意思联络，客观形成分工协作，共同实施了侵害涉案技术秘密的行为，造成了不可分割的损害后果，且损害后果与该四者实施的侵权行为之间均具有直接的因果关系，构成共同侵权。

二、关于山东某化工公司等被诉侵权人应否承担连带责任的问题

山东某化工公司等被诉侵权人构成共同侵权，根据侵权责任法第八条规定，山东某化工公司等被诉侵权人应当承担连带责任。山东某化工公司等被诉侵权人各自实施的侵权行为均是共同侵权中不可或缺的一环，该四者的行为缺一不可且均造成了同一损害后果，该损害后果与该四者的行为之间均具有直接的因果关系，故各被诉侵权人理应就共同侵权行为所造成的损失全额承担连带赔偿责任。无论是尹某大从宁波某咨询公司、宁波某化工设计公司处实际已获取的95万元非法获利，还是宁波某咨询公司、宁波某化工设计公司因工程设计合同所获价款均不足以反映该三者与山东某化工公司共同实施的侵权行为所造成的最终损害后果，故该三者实际所得获利或所获合同对价并不能作为该三者应承担的连带赔偿限额的依据。一审法院在考虑山东某化工公司等被诉侵权人各自的实际获利及各自行为对损害后果影响的基础上，进而确定连带责任比例的认定有所不妥，应予以纠正。

三、关于销毁涉案技术秘密载体以及停止销售使用涉案技术秘密生产的蜜胺产品的责任应如何承担的问题

1. 关于销毁涉案技术秘密载体的责任

《最高人民法院关于审理侵犯商业秘密民事案件适用法律若干问题的规定》第十八条规定："权利人请求判决侵权人返还或者销毁商业秘密载体，清除其控制的商业秘密信息的，人民法院一般应予支持。"本案中，被诉侵权生产系统即山东某化工公司涉案蜜胺一期项目的建成、实际使用均依赖于涉案技术秘密，特别是其中的设备选择、设备尺寸、工艺参数等，故对山东某化工公司而言，其持有的记载或包含有涉案技术秘密的载体主要为被诉侵权生产系统以及其向相关行政管理部门备案的图纸或技术资料即本案中的设计专篇，同时，为确保生产设备的正常运行、维护、维修，此类大型生产设备的实际使用者理应持有相应技术资料，故可以推定山东某化工公司持有的记载或包含有涉案技术秘密的载体还包括被诉侵权生产系统的相应技术资料。山东某化工公司实施的使用涉案技术秘密的行为主要体现为使用涉案技

术秘密建设被诉侵权生产系统并在被诉侵权生产系统建成后继续使用承载有涉案技术秘密的该侵权生产系统和使用涉案技术秘密中的生产工艺生产蜜胺产品并进行销售。可以说，被诉侵权生产系统既是承载涉案技术秘密的重要载体，也是山东某化工公司可能继续实施侵权行为的重要工具。销毁承载有涉案技术秘密的被诉侵权生产系统既是停止侵害的应有之义，亦可有效预防山东某化工公司继续使用其上所承载的技术秘密以及在该生产系统上使用涉案技术秘密中的生产工艺。因此，对四川某化工公司提出的要求山东某化工公司销毁承载涉案技术秘密的相应设备及设备图纸、技术资料的诉讼请求予以支持。同时，应当注意到，被诉侵权生产系统中还涉及其他未承载涉案技术秘密的设备，涉及山东某化工公司的合法财产权利，因此，销毁有关设备的方式包括但不限于以拆除的方式实现。此外，考虑到被诉侵权生产系统涉及大型化工项目，山东某化工公司在履行上述销毁该生产系统的责任时需一定的合理履行期间，且如前所述，该生产系统还涉及相关危险化学品处理，如其进行改建等仍需经相关行政管理部门进行安全条件审查。同时结合山东某化工公司在最高人民法院审理的（2020）最高法知民终 1559 号案件中自述花费一个月时间对其生产系统进行了改造可知，对于山东某化工公司而言在 90 天期间内对该生产系统进行拆除等并不存在履行障碍。因此，给予山东某化工公司 90 天的履行宽限期以实现上述停止侵害的目标。山东某化工公司所持有的设计专篇等其他记载或包含有涉案技术秘密的相应技术资料也应与被诉侵权生产系统同时销毁。一审法院基于避免社会资源浪费以及生产安全的角度考量，希望通过判令停止使用但不销毁生产设备的方式，鼓励山东某化工公司与四川某化工公司达成技术许可。此种处理方式的出发点虽好，在于试图促成技术许可和避免资源浪费，但结合本案山东某化工公司等被诉侵权人十分明显的主观过错以及较为严重的侵权情节，该处理方式一方面不当限制了权利人对其知识产权的行使，另一方面在双方不能达成合意时将形成裁判执行的僵局并可能引发新的争议与诉讼，并不能有效保护四川某化工公司的知识产权，一定程度上也会增加四川某化工公司和山东某化工公司的纠纷解决成本。因此，人民法院应当依法全面有效保护知识产权，对本案中四川某化工公司的该诉讼请求应予支持。唯有如此，方可既有效制止侵权和保护知识产权，又有利于促使当事人在明了彼此权利和行为边界的基础上开展诚信磋商，就未来有关事宜作出妥善处理。

2. 关于停止销售使用涉案技术秘密生产的蜜胺产品的责任

作为制造者的侵权人在技术秘密侵权案件中的侵权行为通常表现为使用技术秘密制造产品，反不正当竞争法已明确禁止该种行为。当制造者使用的技术秘密为制造该产品所不可或缺的重要条件且该产品为使用该技术秘密所直接获得的产品时，因其销售该产品的行为显属同一侵权主体实施制造行为的自然延伸和必然结果，故此时该禁止使用的范围应当包括禁止该制造者使用该技术秘密制造产品后进行销售。在此情况下，如将不得使用技术秘密狭隘地理解为仅禁止制造者使用技术秘密的制造行为，而不包括禁止其在制造完成后进行销售，不仅于理不通、自相矛盾，而且有销售即有获利，如不禁止制造者继续销售将必然造成侵权损害后果的继续发生或扩大。当然，制造者使用技术秘密制造的产品被其售出后，使用技术秘密的侵权结果即同时发生，且非属制造者的他人的独立的销售行为并不属于反不正当竞争法所列明的侵害技术秘密的行为，因此，在一般情况下，制造者之外的其他人后续销售使用技术秘密制造的产品并不为法律所禁止。但是，如果该后续销售者系因明显过错而依法与产品制造者构成共同侵权或帮助侵权的，则亦应为法律所不许。本案中，山东某化工公司使用涉案技术秘密的行为主要表现为使用涉案技术秘密建设被诉侵权生产系统，并在被诉侵权生产系统建成后继续使用承载有涉案技术秘密的该侵权生产系统和使用涉案技术秘密中的生产工艺制造蜜胺产品，同时进行销售。从涉案技术秘密的内容来看，其所包含的设备选择以及相关设备的结构、尺寸、形状、生产工艺参数等技术信息均是山东某化工公司建造和使用被诉侵权生产系统所必需的技术信息，涉案技术秘密中包含的相关技术参数对使用被诉侵权生产系统制造蜜胺产品亦不可或缺，而且蜜胺是使用涉案技术秘密所直接获得的产品，如不使用涉案技术秘密，则山东某化工公司无法建造完成被诉侵权生产系统，更无从使用被诉侵权生产系统得以每年生产5万吨的蜜胺产品。因此，涉案技术秘密既是山东某化工公司制造被诉侵权生产系统不可或缺的重要条件，也是其制造涉案蜜胺产品不可或缺的重要条件，而且其涉案蜜胺产品为使用涉案技术秘密所直接获得的产品。四川某化工公司所提出的责令山东某化工公司停止销售使用涉案技术秘密生产的蜜胺产品的请求实质上已被涵盖在要求其停止使用涉案技术秘密的范畴内，亦是作为制造者的山东某化工公司停止使用涉案技术秘密的应有之义，故在一审判决山东某化工公司停止使用涉案技术秘密的基础上，进一步明确山东某化工公司应当立即停止销售使用涉案技术秘密生产出的蜜胺产品。

四、关于山东某化工公司在本案中提出的鉴定申请是否应予准许的问题

根据《中华人民共和国民事诉讼法》第六十七条第一款的规定，当事人对自己提出的主张，有责任提供证据。司法鉴定是指在诉讼活动中鉴定人运用科学技术或者专门知识对诉讼涉及的专门性问题进行鉴别和判断并提供鉴定意见的活动。而鉴定意见属于民事诉讼证据的一种，需经各方当事人质证后，再由人民法院决定是否予以采纳。当事人申请鉴定并不必然启动鉴定程序，人民法院仍需根据对相关事实的认定需要作出是否启动鉴定程序的决定。鉴定程序启动与否的关键在于法官在审理案件过程中对相关专门性问题缺乏判断认定能力，而需要委托相关鉴定机构通过科学的方法和手段来查明该专门性问题的相关事实。对于当事人提出的鉴定申请，既要避免当事人滥用申请鉴定的权利，也要避免不当剥夺其相关的诉讼权利，一般应着重从以下四方面予以审查：一是关联性，申请鉴定的事项与案件有待查明的事实是否具有关联；二是必要性，即是否必须通过特殊技术手段或者专门方法才能确定相应的专门性问题，是否已经通过其他的举证、质证手段仍然对专门性问题无法查明；三是可行性，对于待鉴定的专门性问题，是否有较为权威的鉴定方法和相应有资质的鉴定机构，是否有明确充分的鉴定材料；四是正当性，鉴定申请的提出是否遵循了相应的民事诉讼规则，在启动鉴定之前是否已充分听取各方当事人的意见，以确保程序上的正当性。

本案于2017年8月28日由一审法院立案，四川某化工公司提交了其主张作为技术秘密保护的技术信息证据，至一审判决作出时止，在四年的审理过程中，一审法院分别组织了七次庭前会议，组织各方当事人在签署保密协议的前提下进行举证、质证，并于2021年10月20日、21日开庭审理本案，在此期间一审法院亦多次询问山东某化工公司是否查阅本案保密证据，

但山东某化工公司均明确拒绝查阅四川某化工公司提交的保密证据并无故中途退出七次庭前会议及两次庭审。直至2021年9月28日，山东某化工公司向一审法院提出书面《司法鉴定申请书》，载明“鉴定事项：1.原告主张作为商业秘密保护的技术信息是否不为公众所知悉；2.原告主张作为商业秘密保护的技术信息是否具有经济性、实用性”，其提出该鉴定申请已明显超过举证期限。二审期间，在一审法院已经对涉案技术信息的秘密性、价值性作出认定的情况下，山东某化工公司虽然坚持提出鉴定申请，但是仍拒绝查阅四川某化工公司提交的载有其技术信息的保密证据或发表质证意见，也未就一审判决的有关认定提出有针对性的反驳意见。换言之，山东某化工公司因其自身原因，实质上已放弃了对四川某化工公司提交的载有四川某化工公司主张的技术信息的保密证据进行质证的诉讼权利，其在一审所提鉴定申请既无准许之必要，也因过于迟延提出而缺少鉴定申请提出的程序正当性。同理，其在二审提出的鉴定申请亦不应予准许。

裁判要旨

1.技术秘密侵权案件中共同故意侵权的认定及责任承担。构成共同故意侵权不以各参与者事前共谋、事后协同行动为限，各参与者彼此之间心知肚明、心照不宣，先后参与、相互协作，亦可构成共同故意侵权。各侵权人具有侵害技术秘密的意思联络，主观上彼此明知，各自先后实施相应的侵权行为形成完整的技术秘密侵权行为链，客观上分工协作的，属于共同故意侵权，应当判令各侵权人对全部侵权损害承担连带责任。

2.共同实施侵权行为主观过错的三种情形。从主观过错角度看，共同实施侵权行为主要包括三种情形：其一，共同故意实施的行为；其二，共同过失实施的行为；其三，故意行为与过失行为结合实施的行为，即数个行为人虽主观过错程度不一，但各自行为相结合而实施的行为，造成他人损害的，也可以构成共同侵权行为。以上三种情形，均可认定构成共同实施侵权行为。

3.技术秘密侵权案件中制造者的停止销售责任。当制造者使用的技术秘密为制造特定产品所不可或缺的重要条件且该产品为使用该技术秘密所直接获得的产品时，因其销售该产品的行为显属同一侵权主体实施制造行为的自然延伸和必然结果，权利人主张该制造者停止销售使用该技术秘密所直接获得的产品的，人民法院可予支持。

4. 技术秘密侵权人销毁技术秘密载体的责任及其承担方式。在权利人证明相应技术秘密载体存在的情况下，对权利人提出的要求侵权人销毁持有的技术秘密载体的诉讼请求，人民法院一般应予支持。人民法院可以综合考虑载体的性质、技术秘密的内容等情况对侵权人销毁其持有的技术秘密载体的具体方式以及履行期予以指明。被诉侵权生产系统既是承载技术秘密的重要载体，也是侵权人可能继续实施侵权行为的重要工具，销毁承载有该技术秘密的被诉侵权生产系统既是停止侵害的应有之义，亦可有效预防侵权人继续使用其上所承载的技术秘密以及在该生产系统上使用该技术秘密中的生产工艺。销毁有关设备的方式包括但不限于拆除。

5. 诉讼过程中对专门性问题是否需要进行鉴定的标准。诉讼过程中当事人申请司法鉴定并不必然启动鉴定程序，人民法院仍应当根据对相关事实的认定需要作出是否启动鉴定程序的决定。对此一般应当着重从以下四方面予以审查：一是关联性，即申请鉴定的事项与案件有待查明的事实是否具有关联；二是必要性，即是否必须通过特殊技术手段或者专门方法才能查明相应的专门性问题，是否已经通过其他的举证、质证手段仍然对专门性问题无法查明；三是可行性，即对于待鉴定的专门性问题，是否有较为权威的鉴定方法和相应有资质的鉴定人，是否有明确充分的鉴定材料；四是正当性，即鉴定申请的提出是否遵循了相应的民事诉讼规则，在启动鉴定之前是否已充分听取各方当事人的意见，以确保程序上的正当性。

关联索引

《中华人民共和国民法典》第 1168 条（本案适用的是 2010 年 7 月 1 日施行的《中华人民共和国侵权责任法》第 8 条）

《中华人民共和国反不正当竞争法》第 9 条、第 17 条第 3 款（本案适用的是 2018 年 1 月 1 日施行的《中华人民共和国反不正当竞争法》第 9 条、第 17 条第 3 款）

《最高人民法院关于适用审理侵犯商业秘密民事案件适用法律若干问题的规定》第 18 条

《中华人民共和国民事诉讼法》第 67 条第 1 款（本案适用的是 2021 年 12 月 24 日修正的《中华人民共和国民事诉讼法》第 67 条第 1 款）

一审：四川省成都市中级人民法院（2017）川 01 民初 2948 号民事判决（2021 年 12 月 27 日）

二审：最高人民法院（2022）最高法知民终 541 号民事判决（2022 年 12 月 26 日）

2024-09-2-182-002

17. 某科技（成都）有限公司、深圳市某计算机系统有限公司诉江苏某网络科技有限公司不正当竞争纠纷案

——网络游戏代练不正当竞争行为的认定

关键词：民事　不正当竞争　游戏代练　游戏经营者　竞争关系　竞争权益

基本案情

原告某科技（成都）有限公司（以下简称某科技公司）、深圳市某计算机系统有限公司（以下简称深圳某计算机公司）诉称：某网络游戏是某科技公司于 2015 年 7 月 15 日自主研发完成的一款公平竞技类网络游戏，某科技公司对案涉游戏软件及全部游戏内元素拥有完整著作权。深圳某计算机公司经某科技公司授权运营案涉游戏。案涉游戏账号严格采用实名制并配有完备的防沉迷措施，未成年人仅能在《国家新闻出版署关于进一步严格管理切实

防止未成年人沉迷网络游戏的通知》所规定的时间段内登录。被告江苏某网络科技有限公司（以下简称江苏某网络公司）运营的“电竞帮大神端”App通过设立案涉游戏代练专区、招募游戏代练“打手”、收取代练保证金等方式，引诱、组织、鼓励包括未成年人在内的用户通过该平台进行案涉游戏代练交易并从代练交易中获得收益，将案涉游戏代练交易商业化、规模化，致使代练交易的规模和效率极大地提升。通过被告江苏某网络公司运营的“电竞帮大神端”App，未成年用户可接单代练，获得他人的游戏账号和密码、绕开防沉迷措施不受时段限制进入游戏。江苏某网络公司进行商业化、规模化的宣传并组织游戏代练交易的行为构成不正当竞争。遂诉至法院，请求判令：（1）被告江苏某网络公司立即停止实施不正当竞争行为，即立即停止通过“电竞帮大神端”App和“电竞帮”App允许未成年人提供案涉游戏代练的行为；（2）被告江苏某网络公司赔偿原告某科技公司、深圳某计算机公司经济损失及合理维权费用人民币300万元；（3）被告江苏某网络公司在“电竞帮大神端”App首页刊登声明，以消除影响。

被告江苏某网络公司辩称：法律法规及政策未禁止游戏代练，代练不涉及市场竞争秩序，不构成不正当竞争。某科技公司、深圳某计算机公司作为游戏企业，系致害未成年人的主因，而其举证材料均与反不正当竞争诉请无关，江苏某网络公司运营的代练软件对无序代练予以规范，并无任何危害后果。江苏某网络公司未因代练软件获益，且持续时间较短，某科技公司、深圳某计算机公司未受任何损害，无权据此诉请赔偿。

法院经审理查明，深圳某计算机公司的某网络游戏用户协议约定：“不得将游戏账号提供给他人使用，不得作为代打代练等商业性使用。”2018年起，该游戏对全体游戏用户实施强制实名校验，未满18周岁的用户受到防沉迷系统的限制，仅能在特定时间进行游戏，充值金额也有限度。案涉游戏官网明确记载对代练即通过代玩游戏，由第三方帮助玩家提高其段位及完成相应成就的行为的处罚范围和处罚措施。

经查，国内外网络游戏服务企业，均在用户协议中，明确禁止基于商业目的的出借网络游戏账号、禁止游戏代练行为等。国家新闻出版署及有关部门通过发布文件、开展专项行动，落实游戏平台实名认证制度，规定不得以任何形式向未成年人提供账号租赁交易服务，不得向未成年人提供陪玩、代练等服务。

江苏某网络公司的股东、法定代表人王某于2016年10月创立“电竞帮”App从事手游服务，以案涉游戏代练撮合服务为主要业务。“电竞帮”注册用户30万~40万、“打手”5000余人，平台抽取用户代练费用作为佣金，月流水300万元~400万元。以未满18周岁人员身份信息实名注册的手机号可以登录“电竞帮大神端”App，并可以接受成年玩家下单的代练订单。“电竞帮”及“电竞帮大神端”App在应用市场累计下载量分别为1337.56万次、131.76万次。

江苏省南京市中级人民法院于2022年12月9日作出（2022）苏01民初555号民事判决：一、江苏某网络公司立即停止通过“电竞帮大神端”App、“电竞帮”App允许未成年人提供案涉游戏代练的行为；二、江苏某网络公司赔偿深圳某计算机公司经济损失及为制止侵权行为所支付的合理开支共计人民币60万元；三、江苏某网络公司连续三十日在“电竞帮大神端”App首页刊登声明以消除影响；四、驳回深圳某计算机公司的其他诉讼请求。宣判后，江苏某网络公司提起上诉。江苏省高级人民法院于2023年4月28日作出（2023）苏民终280号民事判决：驳回上诉，维持原判。

裁判理由

法院生效裁判认为：本案争议焦点为江苏某网络公司的行为是否构成不正当竞争。具体分析如下：

第一，江苏某网络公司与深圳某计算机公司具有竞争关系。两公司作为互联网游戏服务行业的经营者，基于相同游戏用户开展经营活动。江苏某网络公司提供的代练交易服务直接针对案涉游戏，影响深圳某计算机公司的游戏运营业务及竞争权益，并从中获益。两者业务相互关联，具有竞争关系。

第二，江苏某网络公司的行为违反了业内行为规范及商业道德。江苏某网络公司提供案涉游戏代练服务，推动包括未成年人在内的“打手”以他人账号实施代练行为，导致游戏的实际参与者与注册人不符，未成年人可以使用成年用户账号无限制地参与游戏，违反了网络游戏实名注册账号、禁止代练、防沉迷等网络游戏业内公认的、应当遵守的行业规范和商业道德。

第三，江苏某网络公司的行为严重破坏了游戏产业公平竞争机制。江苏某网络公司提供代练交易服务实质是为游戏用户作弊提供帮助，并从中获取巨大收益，必然导致网络游戏产业自愿、平等、公平、公正、诚信竞争机制落空，扰乱了网络游戏市场正常的竞争秩序。

第四，江苏某网络公司的行为损害了深圳某计算机公司和游戏用户的合法权益。江苏某网络公司提供的代练交易服务导致正常参与案涉游戏的用户获得虚假的游戏体验，对游戏的公平竞技性提出质疑，既对深圳某计算机公司的商业信誉产生负面影响，也妨碍了该游戏正常运营。

第五，江苏某网络公司的行为损害了社会公共利益。江苏某网络公司的行为导致“未成年防沉迷”保护机制形同虚设，亦可能引发诸多道德、法律风险和不稳定因素，对社会公共利益造成危害。

综上，江苏某网络公司的行为构成不正当竞争。考虑案涉游戏的知名度，江苏某网络公司侵权主观过错，被诉行为的性质、情节、危害后果，以及深圳某计算机公司为制止侵权行为支出的合理开支等因素，遂判决赔偿人民币 60 万元。

裁判要旨

提供游戏代练交易服务的主体与游戏经营者基于相同游戏用户、相同游戏产品开展经营活动，两者业务相互关联，存在事实上的竞争关系。游戏代练交易服务直接针对游戏经营者运营的游戏产品，影响用户对游戏经营者所运营游戏的真实体验，损害了游戏经营者的游戏运营业务及竞争权益，构成不正当竞争。

关联索引

《中华人民共和国民法典》第 179 条

《中华人民共和国反不正当竞争法》（2019 年修正）第 2 条

《中华人民共和国网络安全法》第 24 条

《中华人民共和国未成年人保护法》（2020 年修正）第 74 条、第 75 条

《最高人民法院关于适用〈中华人民共和国反不正当竞争法〉若干问题的解释》（法释〔2022〕9号）第23条

一审：江苏省南京市中级人民法院（2022）苏01民初555号民事判决（2022年12月9日）

二审：江苏省高级人民法院（2023）苏民终280号民事判决（2023年4月28日）

2023-09-2-184-002

18. 刘某某诉某实业公司、某汽车公司滥用市场支配地位纠纷案

——“相关市场”的界定

关键词：民事　垄断　滥用市场支配地位　相关市场

基本案情

原告刘某某诉称：其“天籁”汽车左前门车锁损坏，到湖南某实业有限公司（以下简称某实业公司）处维修，被告知维修工时费需300元，其要求购买配件自行维修被拒绝。某汽车公司系东风日产汽车配件供货商。被告某实业公司、某汽车公司的行为构成滥用市场支配地位。请求判令：（1）两被告停止垄断经营行为，以合理的价格向其终端用户提供汽车配件销售服务；（2）被告某实业公司赔偿原告经济损失260元整。庭审中，原告明确：主张两被告共同实施滥用市场支配地位的垄断行为，属于《中华人民共和国反垄断法》第十七条第一款第一项、第三项规定的以不公平高价销售商品和没有正当理由拒绝与交易相关对象进行交易的情形；其中，以不公平高价销售商品是指提供高价维修服务。

被告某实业公司辩称：被告不具有市场支配地位。请求法院驳回原告诉讼请求。

被告某汽车公司辩称：原告未举证证明被告具有市场支配地位、滥用市场支配地位，应当承担举证不能的法律后果；原告所诉的车锁产品并不具备垄断不可替代的资源性质。请求法院驳回原告的诉讼请求。

法院经审理查明：某汽车公司系某汽车有限公司的分公司，成立于2003年6月9日，经营范围包括乘用车和商用车及零部件、铸锻件、粉末冶金产品、机电设备、工具和模具的开发、设计、制造和销售等。某实业公司成立于1996年3月20日，注册资本为2000万元（人民币，下同），其经营范围包括一类机动车维修，保险兼业代理，东风日产品牌汽车销售，汽车（不含品牌小轿车）及零配件销售，汽车装饰品销售，提供汽车及美容和汽车证照相关事务的代理服务等。

刘某某系湘A××××9东风日产牌EQ××××AC小型轿车的车主。2011年10月22日，刘某某就该车辆到某实业公司处维修。某实业公司工作人员接待并经相应检查，向刘某某出示了《车辆外观检查及问诊报告》，据检查及问诊报告记载，该车维修内容为更换左前门锁芯。随后，某实业公司工作人员经估价向刘某某出示了《委托维修估价单》，据该估价单记载，前门锁芯组件（左）零件费用预估价为148元，前门把手饰盖（左）零件费用预估价为159元，维修工时费预估价为300元；刘某某在估价单客户签字栏签字确认。维修后，某实业公司向刘某某出示《委托维修结算单》，据该结算单记载，湘A××××9东风日产牌EQ××××AC小型轿车维修零件费用为307元，维修工时费为300元，与维修估价相同；车主刘某某在结算单客户签字栏签字确认。

据刘某某提交的录音资料载明：2010年10月26日，刘某某电话咨询某专营店、某河西专营店及某汽车公司客服热线，据接线员和客服代表的答复，东风日产车配件由某汽车公司统一供应给相应的4S店，4S店不单独对外销售配件，如需购买使用，需在4S店更换。庭审中，某实业公司认可刘某某拨打的某河西专营店电话系其公司电话，但录音资料所载某星沙店的电话并非其公司电话；某汽车公司认可刘某某拨打的某汽车公司客服热线系其公司电话。

据刘某某提交的由某汽车服务会所于2010年12月15日出具的维修进厂报修单记载，更换湘A××××9天籁250小轿车左前门锁芯工时费为50元。刘某某提交了由某汽车修理厂于2010年12月15日出具的工作单，据该工作单记载，更换湘A××××9天籁250小轿车左前门锁芯工时费为40元。

另查明，在某汽车公司向用户提供的安全驾驶手册中，“其他注意事项”记载了“请不要使用非纯正东风NISSAN零部件和不适合车的性能、功能的零件，否则会导致汽车不能正常发挥性能及功能，并引发意外”等内容。《保修手册》中“非保修范围”包括“安装了非本公司纯正零部件及附件所引发的质量问题”等内容。

湖南省长沙市中级人民法院于2011年12月12日作出（2011）长中民三初字第0158号民事判决：驳回原告刘某某的诉讼请求。宣判后，刘某某提出上诉，湖南省高级人民法院于2012年6月22日作出（2012）湘高法民三终字第22号民事判决：驳回上诉，维持原判。

裁判理由

法院生效裁判认为：双方当事人的争议焦点为，本案所涉的“相关市场”如何界定，两被上诉人是否在相关市场内具有支配地位以及两被上诉人是否滥用了市场支配地位等。

关于本案“相关市场”的界定。根据反垄断法第十二条的规定，相关市场是指经营者在一定时期内就特定商品或者服务（以下统称商品）进行竞争的商品范围和地域范围。参照《国务院反垄断委员会关于相关市场界定的指南》第3条的规定，相关商品市场，是指根据商品的特性、用途及价格等因素，由需求者认为具有较为紧密替代关系的一组或一类商品所构成的市场。上诉人刘某某在本案中主张的相关商品市场为“原厂汽车配件市场”，即由某汽车公司出厂的适用于天籁汽车的零配件所构成的市场。对此，法院认为，首先，汽车零配件种类繁多，不同的汽车零配件由于其特性、用途不同，构成不同的商品市场，上诉人主张将全部汽车零配件归于同一市场，没有事实依据。其次，上诉人刘某某所诉为因垄断行为受到损失，其所主张的损害事实主要涉及天籁汽车的门锁配件，因此，与本案相关之商品市场范围应当限于适用于天籁汽车的门锁配件商品市场。最后，就适用于天籁汽车的门锁配件商品而言，市场上除有由某汽车公司提供的“原厂配件”外，还有由其他企业生产和销售的配件，即“副厂配件”。对于此点，双方当事人在诉讼期间均予认可。由于副厂配件与原厂配件在功能、特性、用途上相同，当原厂配件的价格过高时，消费者必然考虑选择其他副厂配件，二者事实上形成紧密的替代关系，并在同一市场中进行竞争。因此，由原厂配件和副厂配件共同组成的适用于天籁汽车的门锁配件商品市场是本案所涉及的相关市场。上诉人认为原厂配件和副厂配件不能相互替代，理由是某汽车公司在其保修手册和安全手册中警告其不应使用非原厂配件，但上述手册的规定仅是某汽车公司对汽车消费者的使用指导意见，不必然产生排除副厂配件作为替代产品的效果。消费者在选择何种配件时，在多大程度上依据某汽车公司的指导进行选择，上诉人并没有举证证明。上诉人也未就汽车零配件价格、特性、功能、消费者偏好、公众和行业的认同、产品获取的难易程度、潜在竞争性等方面予以举证，排除副厂配件与原厂配件之间的竞争关系。综合以上因素分析，上诉人关于本案相关市场应界定为“原厂汽车配件”市场的上诉主张不能成立，本案相关市场应界定为“适用于天籁汽车的门锁配件市场”。

关于被上诉人是否具有市场支配地位的问题。法院认为，由于被诉垄断行为属于反垄断法第十七条第一款规定的滥用市场支配地位的行为，因此，上诉人应当对被上诉人在相关市场内具有支配地位承担举证责任。本案中，上诉人刘某某未就被上诉人在相关市场内具有支配地位提交证据，其仅以被上诉人已承认只在4S店销售原厂配件为由，主张被上诉人已自认其对相关市场具有支配地位。对此，法院认为，当前我国汽车销售采取特许经营模式，汽车生产商将原厂配件限定在4S店销售及保修，与4S店特许经营模式相配合，其行为并不必然具有反竞争性。被上诉人的自认仅能用于证明被上诉人对原厂配件所采用的销售模式与销售渠道，而不足以证明某汽车公司及某实业公司在适用于天籁汽车的门锁配件商品市场内具有能够控制商品价格、数量或者其他交易条件，或者能够阻碍、影响其他经营者进入相关市场能力的市场支配地位。上诉人关于被上诉人具有相关市场支配地位的上诉主张不能成立，相应地，其主张被上诉人滥用市场支配地位的上诉主张亦不能成立。

裁判要旨

相关市场的界定应当考虑商品市场的适度细分、商品市场与损害事实的关系以及商品间是否具有紧密替代关系。

关联索引

《中华人民共和国反垄断法》（2022 年修正）第 3 条、第 7 条、第 22 条（本案适用的是 2008 年 8 月 1 日施行的《中华人民共和国反垄断法》第 3 条、第 6 条、第 17 条）

《中华人民共和国消费者权益保护法》第 9 条、第 10 条、第 11 条

《中华人民共和国民事诉讼法》（2023 年修正）第 67 条（本案适用的是 2007 年 10 月 28 日修正的《中华人民共和国民事诉讼法》第 64 条）

《最高人民法院关于民事诉讼证据的若干规定》第 2 条

一审：湖南省长沙市中级人民法院（2011）长中民三初字第 0158 号民事判决（2011 年 12 月 12 日）

二审：湖南省高级人民法院（2012）湘高法民三终字第 22 号民事判决（2012 年 6 月 22 日）

2024-18-2-186-001

19. 指导性案例 237 号：郎溪某服务外包有限公司诉徐某申确认劳动关系纠纷案

关键词：民事　确认劳动关系　新业态用工　承揽、合作协议　实际履行情况　劳动管理

裁判要点

平台企业或者平台用工合作企业与劳动者订立承揽、合作协议，劳动者主张与该企业存在劳动关系的，人民法院应当根据用工事实，综合考虑劳动者对工作时间及工作量的自主决定程度、劳动过程受管理控制程度、劳动者是否需要遵守有关工作规则、算法规则、劳动纪律和奖惩办法、劳动者工作的持续性、劳动者能否决定或者改变交易价格等因素，依法作出相应认定。对于存在用工事实，构成支配性劳动管理的，应当依法认定存在劳动关系。

基本案情

郎溪某服务外包有限公司（以下简称郎溪某服务公司）与某咚买菜平台的运营者上海某网络科技有限公司（以下简称上海某网络公司）于 2019 年 4 月 1 日订立《服务承揽合同》。该合同约定：郎溪某服务公司为上海某网络公司完成商品分拣、配送等工作；双方每月定期对郎溪某服务公司前一个月的承揽费用进行核对后由上海某网络公司支付；郎溪某服务公司自行管理所涉提供服务的人员，并独立承担相应薪酬、商业保险费、福利待遇，以及法律法规规定的雇主责任或者其他责任。

2019 年 7 月，郎溪某服务公司安排徐某申到某咚买菜平台九亭站从事配送工作。郎溪某服务公司与徐某申订立《自由职业者合作协议》《新业态

自由职业者任务承揽协议》。两份协议均约定：徐某申与郎溪某服务公司建立合作关系，二者的合作关系不适用劳动合同法。其中，《新业态自由职业者任务承揽协议》约定：郎溪某服务公司根据合作公司确认的项目服务人员服务标准及费用标准向徐某申支付服务费用；无底薪、无保底服务费，实行多劳多得、不劳不得制。但郎溪某服务公司并未按照以上协议约定的服务费计算方式支付费用，实际向徐某申支付的报酬包含基本报酬、按单计酬、奖励等项目。2019 年 8 月 12 日，郎溪某服务公司向徐某申转账人民币 9042.74 元（币种下同）。2019 年 8 月 13 日，徐某申在站点听从指示做木架，因切割木板意外导致右脚受伤，住院接受治疗，自此未继续在该站点工作。2019 年 9 月 3 日，郎溪某服务公司以“服务费”名义向徐某申支付 15000 元。徐某申在站点工作期间，出勤时间相对固定，接受站点管理，按照排班表打卡上班，根据系统派单完成配送任务，没有配送任务时便在站内做杂活。

徐某申因就工伤认定问题与郎溪某服务公司发生争议，申请劳动仲裁。上海市松江区劳动人事争议仲裁委员会裁决：徐某申与郎溪某服务公司在 2019 年 7 月 5 日至 2019 年 8 月 13 日期间存在劳动关系。郎溪某服务公司不服，向上海市松江区人民法院提起诉讼。

裁判结果

上海市松江区人民法院于 2021 年 7 月 5 日作出（2021）沪 0117 民初 600 号民事判决：确认徐某申与郎溪某服务外包有限公司在 2019 年 7 月 5 日至 2019 年 8 月 13 日期间存在劳动关系。宣判后，郎溪某服务外包有限公司不服，提起上诉。上海市第一中级人民法院于 2022 年 3 月 7 日作出（2021）沪 01 民终 11591 号民事判决：驳回上诉，维持原判。

裁判理由

本案的争议焦点为：在郎溪某服务公司与徐某申订立承揽、合作协议的情况下，能否以及如何认定双方之间存在劳动关系。

是否存在劳动关系，对劳动者的权益有重大影响。存在劳动关系的，劳动者依法享有取得劳动报酬、享受社会保险和福利、获得经济补偿和赔偿金等一系列权利，同时也承担接受用人单位管理等义务。根据《中华人民共和国劳动法》《中华人民共和国劳动合同法》的规定，“用人单位自用工之日起即与劳动者建立劳动关系”，“建立劳动关系应当订立劳动合同”。但实践中存在企业与劳动者签订承揽、合作等合同，以规避与劳动者建立劳动关系的情况。对此，人民法院应当根据用工事实，综合考虑人格从属性、经济从属性、组织从属性等因素，准确认定企业与劳动者是否存在劳动关系，依法处理劳动权益保障案件。《劳动和社会保障部关于确立劳动关系有关事项的通知》（劳社部发〔2005〕12号）第一条规定：“用人单位招用劳动者未订立书面劳动合同，但同时具备下列情形的，劳动关系成立。（一）用人单位和劳动者符合法律、法规规定的主体资格；（二）用人单位依法制定的各项劳动规章制度适用于劳动者，劳动者受用人单位的劳动管理，从事用人单位安排的有报酬的劳动；（三）劳动者提供的劳动是用人单位业务的组成部分。”可见，劳动关系的本质特征是支配性劳动管理。在新就业形态下，平台企业生产经营方式发生较大变化，劳动管理的具体形式也随之具有许多新的特点，但对劳动关系的认定仍应综合考量人格从属性、经济从属性、组织从属性的有无及强弱。具体而言，应当综合考虑劳动者对工作时间及工作量的自主决定程度、劳动过程受管理控制程度、劳动者是否需要遵守有关工作规则、算法规则、劳动纪律和奖惩办法、劳动者工作的持续性、劳动者能否决定或者改变交易价格等因素，依法作出相应认定。

本案中，虽然郎溪某服务公司与徐某申订立的是承揽、合作协议，但根据相关法律规定，结合法庭查明的事实，应当认定徐某申与郎溪某服务公司之间存在劳动关系。具体而言：其一，徐某申在站点从事配送工作，接受站点管理，按照站点排班表打卡上班，并根据派单按时完成配送任务，在配送时间、配送任务等方面不能自主选择，即使没有配送任务时也要留在站内做杂活。其二，徐某申的报酬组成包含基本报酬、按单计酬及奖励等项目，表明郎溪某服务公司对徐某申的工作情况存在相应的考核与管理，并据此支付报酬。其三，郎溪某服务公司从上海某网络公司承揽商品分拣、配送等业务，徐某申所从事的配送工作属于郎溪某服务公司承揽业务的重要组成部分。综上，徐某申与郎溪某服务公司之间存在用工事实，构成支配性劳动管理，符合劳动关系的本质特征，应当认定存在劳动关系。故法院依法作出如上裁判。

相关法条

《中华人民共和国劳动法》第 16 条

《中华人民共和国劳动合同法》第 7 条、第 10 条

2024-10-2-202-006

20. 某户外家具有限公司诉某航运有限公司海上货物运输合同纠纷案

——记名提单项下承运人义务的认定

关键词：民事　海上、通海水域货物运输合同　海上货物运输记名提单　承运人义务

基本案情

某户外家具有限公司（以下简称某家具公司）诉称：2016 年 12 月 8 日，其作为卖方与意大利某公司的买方达成买卖协议，销售共计 35154 件铁制藤条椅及铁质玻璃桌，货物价值共计 414284 美元，付款方式为货到付款 60 天内。某家具公司将案涉货物装入 3 个集装箱，委托某航运有限公司（以下简称某航运公司）承运。某航运公司代理人根据某家具公司的要求，签发记名正本提单给某家具公司，提单载明的收货人及通知方均为意大利某公司。某家具公司将涉案全套正本记名提单寄交意大利某公司。某航运公司“某某”轮将案涉货物运输至目的港希腊比雷埃夫斯港，3 个集装箱在目的港卸货后，案外人 PA 公司持背面盖有名为意大利某公司章、PA 公司章及某家具公司章的全套正本提单到目的港提货，某航运公司见到意大利某公司和某家具

公司背面章后直接将货物放行给 PA 公司并收回全套正本提单。某家具公司因未收到意大利某公司支付的货款，经联系意大利某公司，意大利某公司否认收到涉案货物，也否认与某家具公司有涉案贸易关系和背面章，拒绝支付货款。某家具公司请求法院判令：（1）判令某货代公司、某航运公司共同赔偿某家具公司货物损失 38502 美元及其利息［本金按中国人民银行 2017 年 2 月 10 日公布的汇率中间价，1 美元对人民币（以下若无特别注明，均为人民币）6.8819 元，折合 264966.91 元；利息按中国人民银行同期同币种贷款利率，从 2017 年 2 月 10 日暂计至 2018 年 1 月 18 日为 11991.59 元，前述本金及利息合计 276958.50 元］；（2）判令某货代公司、某航运公司共同承担本案全部诉讼费用及其他法律费用。

某货代公司辩称：（1）某货代公司严格按照与某家具公司约定和委托范围完成操作，没有任何瑕疵；（2）某货代公司完成某家具公司委托的代理事项，收到相关代理费用和海运费，代理工作已经完成；（3）某货代公司被列为被告属于主体不适格，更不应承担赔偿责任。因此，请求法院驳回某家具公司对某货代公司的诉请。

某航运公司辩称：（1）某家具公司已经将涉案提单流转，不是涉案正本提单的持有人，依法不享有本案诉权，有权向承运人提起诉讼的是正本提单持有人及涉案提单上的记名收货人。（2）记名收货人已经委托其代理人向某航运公司办理提货手续，并将全套正本提单交承运人，某航运公司无任何过错。（3）某家具公司未能举证证明其遭受了货款损失，即便存在所有损失，该损失也是因某家具公司在未收到货款的情况下自愿将提单背书流转至收货人而产生的，属于国际贸易合同项下的货款损失，并非涉案海上货物运输合同的相应损失。（4）某家具公司主张利息损失的起算时间及计算标准不合理。利息的起算时间应当以某家具公司知晓其权利遭受侵害之日起计算至本案判决生效之日止，并且应当以同期存款利率计算。因此，请求驳回某家具公司对某航运公司的诉请。

武汉海事法院于 2019 年 8 月 26 日作出（2018）鄂 72 民初 403 号民事判决：一、某航运公司赔偿某家具公司货物损失 38502 美元（按中国人民银行 2017 年 2 月 10 日公布的汇率中间价，1 美元对人民币 6.8819 元，折合 264966.91 元）及其利息（按中国人民银行同期同币种贷款利率，从 2017 年 2 月 10 日暂计至 2018 年 1 月 18 日为 11991.59 元，前述本金及利息合计 276958.50 元），于判决生效之日起十日内付清；二、驳回某家具公司对某货代公司的诉讼请求。宣判后，某航运公司提起上诉。湖北省高级人民法院于 2020 年 9 月 15 日作出（2020）鄂民终 2 号民事判决：驳回上诉，维持原判。

裁判理由

法院生效裁判认为：本案为海上货物运输合同纠纷。某航运公司系注册在国外的法人，故本案为涉外案件。根据法律规定，涉外案件的当事人有权选择合同争议所适用的法律，某家具公司、某货代公司、某航运公司答辩和提交的代理词均引用中国法，庭审中也同意本案适用中国法，故中国法是审理本案的实体法律依据。

本案中，某航运公司向某家具公司签发记名提单，该提单构成某航运公司据以将货物交付记名收货人意大利某公司的保证。记名提单项下，承运人负有货交记名收货人的基本义务。某航运公司签发记名提单，亦可见其已向某家具公司作出了货交意大利某公司的保证。现某航运公司未经某家具公司授权，在目的港将货物交给意大利某公司之外的 PA 公司，违反了其依据海商法对某家具公司所作的保证。

关于某航运公司认为 PA 公司系经意大利某公司授权提货的理由。某航运公司主张该理由的主要证据是提单背面加盖有 PA 公司印章和意大利某公司印章。法院认为，在海商法下，仅在记名提单后加盖印章不足以构成记名收货人委托第三方提货的有效授权。将印章视为授权，其实质是将记名提单视同指示提单处理，此种理解不符合中国海商法对记名提单赋予的法律性质。同时按照《中华人民共和国民法总则》第一百六十五条之规定，委托代理授权采用书面形式的，授权委托书应当载明代理人的姓名或者名称、代理事项、权限和期间，并由被代理人签名或者盖章。本案除意大利某公司印章外，未见有其他任何关于委托代理授权的说明，无法确定代理人的名称、代理事项、代理权限及期间等代理关系的基本构成要素，故本案记名提单后加盖意大利某公司印章，不足以证明意大利某公司委托 PA 公司提货。某航运公司关于其有理由相信PA公司代理意大利某公司提货的上诉理由，亦缺乏事实和法律依据。

关于某航运公司认为某家具公司不持有正本提单无权要求索赔的理由。第一，某航运公司关于某家具公司不持有正本提单无权要求索赔的理由，缺乏法律依据，法院不予采纳。第二，某航运公司认为涉案正本提单已发生流转，故某家具公司在合同项下的权利也随之转让的理由，应当不适用于海商法对于记名提单规定的情形。第三，提单是托运人与承运人合同关系的证明，合同当事人均应全面履行合同义务。本案中，某家具公司以提单合同关系起诉某航运公司没有按记名提单的约定交付货物构成违约，故某家具公司是否持有提单不影响其依据合同行使诉权。

关于某航运公司认为某家具公司遭受的所谓货物损失与涉案货物的交付行为没有因果关系的理由。法院认为，本案诉争的法律关系是海上货物运输合同纠纷，需要判断的主要问题是某航运公司在放货时是否尽到承运人应尽的审慎审单义务。某家具公司与意大利某公司之间的贸易关系是否真实不影响某家具公司作为托运人将货物交由某航运公司承运、某航运公司签发了收货人为意大利某公司的记名提单这一事实的真实性，故对某航运公司放货行为进行法律评价，不在于某家具公司是否受到贸易欺诈，而在于某航运公司是否尽其审慎放货的本职。如前所述，某航运公司在审查提货人与记名收货人是否具有委托代理关系时，未能满足法律的要求，其未尽审慎义务这一事实不受贸易关系真实性的影响。因此，某航运公司的错误放货行为是导致货物损失的直接原因。

裁判要旨

适用我国法律审理的海上货物运输纠纷，承运人应当将货物交付给记名提单的收货人。仅在记名提单后加盖印章不足以构成记名收货人委托他人提货的有效授权。如将印章视为授权，其实质是将记名提单视同指示提单处理，不符合我国海商法对记名提单的规定。

关联索引

《中华人民共和国民法典》第165条（本案适用的是2017年10月1日实施的《中华人民共和国民法总则》第165条）

《中华人民共和国民法典》第577条（本案适用的是1999年10月1日实施的《中华人民共和国合同法》第107条）

《中华人民共和国海商法》第71条

一审：武汉海事法院（2018）鄂72民初403号民事判决（2019年8月26日）

二审：湖北省高级人民法院（2020）鄂民终2号民事判决（2020年9月15日）

2023-16-2-276-001

21.某甲公司诉高某、程某公司关联交易损害公司利益纠纷案

——背离独立交易原则，造成公司利益不当流出，应认定关联交易损害公司利益

关键词：民事　损害公司利益责任　关联交易　公允价格　独立交易

基本案情

高某、程某是某甲公司董事，某乙公司是二人的关联公司。某乙公司在市场上采购产品后，加价转售给唯一客户某甲公司。在高某主持工作期间，关联交易总额及比例均大幅上升，在公司监事会发现并出具报告要求整

改后，关联交易急速减少并消失。高某、程某未向公司披露关联交易，造成利益不当流向某乙公司。原审判决认为，案涉采购配件无统一市场定价，不能证明关联交易价格不合理，不构成侵权。某甲公司向最高人民法院申请再审。

陕西省西安市中级人民法院于2020年5月6日作出（2017）陕01民初469号民事判决：驳回原告某甲公司的全部诉讼请求。某甲公司不服，提起上诉。陕西省高级人民法院于2020年10月16日作出（2020）陕民终777号民事判决：驳回上诉，维持原判。某甲公司向最高人民法院申请再审。最高人民法院于2021年8月31日作出（2021）最高法民再181号民事判决：一、撤销陕西省高级人民法院（2020）陕民终777号民事判决；二、高某、程某于本判决生效之日起十五日内向某甲公司赔偿损失7064480.35元；三、驳回某甲公司的其他诉讼请求。

裁判理由

最高人民法院再审认为，本案系公司关联交易损害责任纠纷。结合案涉当事人诉辩理由与主张以及庭审查明的事实，本案争议焦点如下：

1. 某甲公司与某乙公司之间的交易是否构成关联交易问题。鉴于本案双方当事人对某甲公司与某乙公司之间的交易系关联交易均无异议，根据《中华人民共和国公司法》第二百一十六条第四项的规定，某甲公司和某乙公司之间的交易构成关联交易。原审判决关于案涉交易性质的认定并无不当，最高人民法院予以确认。

2. 案涉关联交易是否损害某甲公司利益的问题。

（1）高某、程某是否履行了披露义务。披露关联交易有赖于董事、高级管理人员积极履行忠诚及勤勉义务，将其所进行的关联交易情况向公司进行披露及报告。根据某甲公司章程第三十六条关于“董事及公司经营层人员不得自营或者为他人经营与本公司同类的业务或者从事损害本公司利益的活动。从事上述业务或者活动的，所有收入应当归公司所有。董事及公司经营层人员除公司章程规定或者股东会同意外，不得同本公司订立合同或者进行交易。董事及公司经营层人员执行公司职务时违反法律、行政法规或者公司章程的规定，给公司造成损害的，应当依法承担赔偿责任”的规定，本案高某、程某作为董事及高级管理人员，未履行披露义务，违反了董事、高级管理人员的忠诚义务。根据公司法第二十一条的规定，高某、程某的行为不仅违反某甲公司章程的约定，而且违反上述法律规定。

（2）案涉关联交易价格是否符合市场公允价格。公司法保护合法有效的关联交易，并未禁止关联交易，关联交易合法有效的实质要件是交易对价公允。参照《最高人民法院关于适用〈中华人民共和国公司法〉若干问题的规定（五）》第一条的精神，应当从交易的实质内容，即合同约定、合同履行是否符合正常的商业交易规则以及交易价格是否合理等进行审查。第一，高某、程某设立某乙公司后，高某、程某利用关联交易关系和实际控制某甲公司经营管理的便利条件，主导某甲公司与某乙公司签订若干采购合同。案涉诉讼双方均认可交易模式为某乙公司在市场上采购加工定制产品后，转售给某乙公司的唯一客户某甲公司。某甲公司提交的第三组证据虽不能直接证明关联交易给某甲公司造成了损失，但证据3送货单能够证明生产加工单位可直接向某甲公司发货，进一步证明能够从市场上直接采购到生产所需的零部件，最高人民法院对该证据予以采信。在这种交易模式中，某甲公司本可以在市场上采购相关产品，而通过某乙公司采购产品则增设不必要的环节和增加了采购成本，由某乙公司享有增设环节的利益。第二，关于高某、程某所提交的黄某和某丙公司出具的《情况说明》。鉴于黄某系某乙公司的前股东和前法定代表人，故黄某与本案具有利害关系，且黄某作为证人未出庭作证。此外，虽然某丙公司出具《情况说明》，但某丙公司的股东包某某亦为某乙公司股东，与本案仍有利害关系。依据《最高人民法院关于民事诉讼证据的若干规定》第九十条第三项的规定，仅凭两份《情况说明》无法认定本案存在大型汽轮机公司对外协加工单位限制的情形，故上述两份证据不足以证明高某、程某所称设立某乙公司是为了避开同业公司对外协厂家限制的主张。此外，在取消与某乙公司的关联交易后，某甲公司亦通过市场直接采购的方式购买了相关产品，高某、程某未能对此作出合理解释。第三，高某、程某亦未能进一步提供证据证明其主张降低某甲公司采购成本的抗辩事实成立。综上，某甲公司关于高某、程某将本可以通过市场采购的方式购买相关产品转由向某乙公司进行采购而增加购买成本，损害了某甲公司权益的主张，有事实和法律依据。某甲公司关于案涉交易对价高于市场价且不具备公允性的主张，最高人民法院予以采信。

（3）高某、程某的行为与某甲公司损害结果的发生有因果关系。关联交易发生在高某、程某任职董事期间，高某于 2011 年 7 月 8 日任副董事长、总经理。《公司章程》中明确约定了总经理职责为主持生产经营工作，某甲公司亦提交了审批单等证据证明高某实际履行了总经理的职权，而程某作为董事，兼任其他公司职务，参与并影响某甲公司的运营。在高某任总经理主持生产经营工作期间，关联交易额所占某甲公司采购总额的比例大幅上升，而在高某、程某被解除相应职务后，关联交易急速减少并消失。关联交易的发生及变化与高某、程某任职期间及职务变化存在同步性。根据公司法第二十一条的规定，高某、程某共同实施的关联交易行为，损害了某甲公司利益。

3. 本案是否已过诉讼时效的问题。根据《中华人民共和国民法通则》第一百三十五条及第一百三十七条的规定，关联交易损害公司利益为侵权责任纠纷，应从知道或应当知道公司利益受损之日起两年内行使诉讼权利。某甲公司在再审中提交的第二组证据能够证明专项调查工作组发现存在关联交易损害公司利益情形并得出结论，出具《核查报告》的时间为 2015 年 6 月 30 日，最高人民法院对此予以采信。故应自 2015 年 6 月 30 日开始计算诉讼时效期间。某甲公司起诉时间为 2017 年 4 月 25 日，并未超出两年诉讼时效期间，最高人民法院对高某、程某的该项抗辩不予采信。

4. 某甲公司的损失数额问题。一审法院查明某乙公司存续期间合计利润为 7578851.41 元。根据《最高人民法院关于适用〈中华人民共和国民事诉讼法〉的解释》第三百二十三条的规定，诉讼双方均未对“合计利润 7578851.41 元”的事实进行上诉。二审法院在未查明一审判决存在损害国家利益、社会公共利益、他人合法权益的情形下，对一审法院查明某乙公司“合计利润 7578851.41 元”予以纠正不当。且某甲公司在一审中向法院提交申请书，申请调取某乙公司 2009 年 5 月成立后至 2016 年 11 月注销前的全部采购合同、总账、明细账、年度会计报告、清算报告等证据。一审法院责令高某、程某一周内向法院提交清算报告、财务报告等证据，逾期承担法律责任。高某、程某回答“听清了”。但高某、程某仅提交了2010年到2015年的利润表等证据，并未完成提交完整的清算报告、财务报告等证据。根据《最高人民法院关于民事诉讼证据的若干规定》第九十五条的规定，高某、程某作为某乙公司合计控股60%的股东以及清算组成员，拒不提供某乙公司财务报告等证据，未能提供足以反驳的证据。结合某甲公司提交的第四组证据，某甲公司认为因某乙公司遭受损失数额为7064480.35元的主张，最高人民法院予以采信，故高某、程某应连带赔偿某甲公司损失共计7064480.35元。

此外，某甲公司向一审法院起诉的请求为由高某、程某向某甲公司连带赔偿33310000元。某甲公司在上诉时明确请求高某、程某向某甲公司赔偿损失7578851.41元。在本案再审审理过程中，又明确高某、程某应赔偿损失7064480.35元。根据《中华人民共和国民事诉讼法》第十三条第二款的规定，某甲公司减少其诉讼请求是处分自身诉讼权利的行为，故应以某甲公司最后请求的7064480.35元为准进行审理。

综上所述，某甲公司的再审请求成立。

裁判要旨

关联关系是指公司控股股东、实际控制人、董事、监事、高级管理人员与其直接或间接控制的企业之间的关系，以及可能导致公司利益转移的其他关系。董事及公司经营层人员除公司章程规定或者股东会同意外，不得同本公司订立合同或者进行交易。披露关联交易有赖于董事、高级管理人员积极履行忠诚及勤勉义务，将其所进行的关联交易情况向公司进行披露及报告。公司的控股股东、实际控制人、董事、监事、高级管理人员不得利用其关联关系损害公司利益。董事及公司经营层人员执行公司职务时违反法律、行政法规或者公司章程的规定，给公司造成损害的，应当依法承担赔偿责任。关联公司所获利益应当归公司所有。关联交易损害公司利益为侵权责任纠纷，应从知道或应当知道公司利益受损之日起两年内行使诉讼权利。

关联索引

《中华人民共和国民法典》第188条第1款（本案适用的是2009年8月27日施行的《中华人民共和国民法通则》第135条）

《中华人民共和国公司法》（2023年修订）第22条、第265条（本案适用的是2018年10月26日施行的《中华人民共和国公司法》第21条、第216条）

《中华人民共和国民事诉讼法》（2023年修正）第218条第1款、第177条第1款第2项（本案适用的是2017年7月1日施行的《中华人民共和国民事诉讼法》第207条第1款、第170条第1款第2项）

《最高人民法院关于适用〈中华人民共和国公司法〉若干问题的规定（五）》（法释〔2019〕7号）第1条

一审：陕西省西安市中级人民法院（2017）陕01民初469号民事判决（2020年5月6日）

二审：陕西省高级人民法院（2020）陕民终777号民事判决（2020年10月16日）

再审：最高人民法院（2021）最高法民再181号民事判决（2021年8月31日）

2023-08-2-308-001

22. 南京某股权投资合伙企业诉房某某、梁某某等上市公司股份回购合同纠纷案

——投资人和上市公司股东、实际控制人签订的与股票市值挂钩的回购条款应认定无效

关键词：民事　股份回购合同　对赌协议效力　与市值挂钩的回购　公序良俗　金融安全

基本案情

2016年12月，房某某、梁某某与南京某股权投资合伙企业（以下简称南京某合伙企业）、南京某投资有限公司签订协议，约定南京某合伙企业认购绍兴某生物医药股权投资合伙企业（以下简称绍兴某合伙企业）新增出资1亿元，而绍兴某合伙企业作为江苏某公司的股东之一，对江苏某公司进行股权投资。此后，各方签订《修订合伙人协议》，其中4.2条上市后回售权约定：在江苏某公司完成合格首次公开发行之日起6个月届满之日，投资方有权要求任一回售义务人（房某某、梁某某或绍兴某合伙企业）按照规定的价格购买其全部或部分合伙份额对应的收益权；上市后回售价款以按发出回售通知之日前30个交易日标的公司股份在二级市场收盘价算术平均值作为计算依据。

2019年12月，江苏某公司在上海证券交易所科创板上市。根据《上海证券交易所科创板股票发行上市审核问答（二）》［上证发〔2019〕36号，以下简称《审核问答（二）》］第十条规定，前述4.2条约定属于发行人在申报科创板股票发行上市前应予以清理的对赌协议。但江苏某公司在申报发行过程中，未按监管要求对回购条款予以披露和清理。2020年7月13

日，南京某合伙企业、南京某投资有限公司向房某某、梁某某、绍兴某合伙企业发出《回售通知书》，要求绍兴某合伙企业履行上市后回购义务。当日，江苏某公司盘中的股票交易价格达到历史最高价 476.76 元。此前 30 个交易日，江苏某公司的股票价格涨幅达 155%。次日起江苏某公司股价一直处于跌势，直至 2020 年 9 月 11 日交易收盘价为 183.80 元。因房某某、梁某某、绍兴某合伙企业未于南京某合伙企业发出回售通知后 3 个月内支付相应回购价款，南京某合伙企业遂提起本案诉讼，请求：（1）判令房某某、梁某某、绍兴某合伙企业共同向南京某合伙企业支付合伙份额的回售价款 499023228.60 元；（2）判令房某某、梁某某、绍兴某合伙企业共同向南京某合伙企业赔偿因逾期支付回售价款导致的利息损失；（3）判令绍兴某合伙企业协助南京某合伙企业办理绍兴某合伙企业所持江苏某公司 2040995 股股份的质押登记手续，在前述股份质押登记手续办结后或逾期未在法院判决限定期限内办理股份质押手续的，南京某合伙企业可以通过协议折价或者以拍卖、变卖后的价款在房某某、梁某某、绍兴某合伙企业应向南京某合伙企业支付的回售价款及利息损失范围内享有优先受偿权。

上海市第二中级人民法院于 2021 年 8 月 27 日作出（2020）沪 02 民初 234 号民事判决：驳回南京某合伙企业全部诉讼请求。宣判后，南京某合伙企业提起上诉。上海市高级人民法院于 2022 年 9 月 30 日作出（2021）沪民终 745 号民事判决：驳回上诉，维持原判。

裁判理由

法院生效裁判认为：系争回购条款所约定的、直接与二级市场短期内股票交易市值挂钩的价格计算方式，涉及破坏证券市场秩序，损害社会公共利益，违反公序良俗，应属无效条款。

第一，目前司法实践中，较为多见的估值调整协议，主要是针对目标企业未能上市或未能达到约定业绩情形下，对融资方股东进行必要补偿的约定。此类估值调整协议的效力及履行，对上市公司股权稳定以及金融交易安全的影响较小。而本案系争回购条款是针对目标公司上市后的回购约定，对该条款效力的认定，不仅涉及公司内部关系的调整，还涉及证券监管要求以及证券市场交易秩序和公共利益、公序良俗的考量。

第二，证券交易所制定的证券市场主体准入规则，对参与证券发行上市的各方投资主体均具有约束力。根据《中华人民共和国证券法》第十二条第二款的规定，上市公司发行新股，应当符合经国务院批准的国务院证券监督管理机构规定的条件，具体管理办法由国务院证券监督管理机构规定。证券法第十二条第二款系授权性条款，即授权国务院证券监督管理机构对上市公司发行新股制定具体办法。中国证券监督管理委员会制定的《科创板首次公开发行股票注册管理办法（试行）》（以下简称《科创板首发办法》）第四条规定，首次公开发行股票并在科创板上市，应当符合发行条件、上市条件以及相关信息披露要求，依法经上海证券交易所发行上市审核并报经中国证券监督管理委员会履行发行注册程序。根据《科创板首发办法》，目标公司在科创板上市必须符合上海证券交易所发行上市审核的具体要求。因此，《上海证券交易所科创板股票发行上市审核规则》以及《审核问答（二）》均是针对目标公司在科创板首次发行审核的细化规则，是针对证券市场主体准入资格的要件规则，对参与证券发行上市的各方投资主体均具有约束力。

第三，与股票市值挂钩的对赌条款，严重影响股票市场交易秩序和金融安全，损害社会公共利益，应属无效。上海证券交易所作出的通报批评决定已明确，系争回购条款属于江苏某公司股票发行上市前应当披露，且应在申报前予以清理的对赌协议。更为重要的是，本案系争回购条款第4.2条（e）款所约定回售价格的计算方式，直接与江苏某公司二级市场短期内的股票交易市值挂钩，涉及金融市场交易秩序和国家金融安全。上海证券交易所将此类对赌条款纳入上市前必须清理的规制范围，旨在防止投资人为追求自身投资利益而故意在行权期内操纵二级市场的股票交易价格，致使二级市场的股票交易价格背离目标公司的正常市场交易估值，造成股票交易市场的其他公众投资者因参与该股票的买卖交易而不当致损，进而对股票市场的交易秩序、公众投资者的财产性权益等公共利益造成损害。因此，系争回购条款所约定的价格计算方式，破坏证券市场秩序，损害社会公共利益，违反公序良俗，属于1999年《中华人民共和国合同法》第五十二条第四项所规定的合同无效的情形，应属无效条款。鉴于价格条款是系争回购条款的核心要件，南京某合伙企业据此诉请房某某、梁某某承担回购义务，不予支持。

第四，当事人依据应在上市前被清理的回购条款主张权利的，不予支持。南京某合伙企业作为一家专业投资机构，其增资投资目的在于间接持有江苏某公司的股份权益，各方投资人对江苏某公司未来上市的预期是合作投资的重要内容，故南京某合伙企业应当知道江苏某公司上市的审核要求。结合各方在《修订合伙人协议》《修订认购协议》封面上所注“严格保密”、在《补充协议》中约定保密条款、在用于登记和公开的其他协议中均未披露回购事项，以及南京某合伙企业在江苏某公司招股说明期间明知系争回购条款未予公示披露但未提出任何异议的行为，足以证明隐瞒系争回购条款、获取江苏某公司上市发行资格，是各方投资人协商一致的共同安排。在系争回购条款被隐瞒、未披露，江苏某公司已获取上市发行资格的情况下，南京某合伙企业依据应当被清理的系争回购条款来主张权利，不予支持。虽然上海证券交易所《审核问答（二）》出台在2019年，但其规制的应予清理的行为发生在江苏某公司上市前，该规则所规制的并非2016年的签约行为，而是系争回购条款应在2019年江苏某公司上市前予以清理的行为，故南京某合伙企业关于《审核问答（二）》不应溯及2016年《修订合伙人协议》效力的上诉理由，不能成立。

裁判要旨

1. 回购条款违反“同股同权”原则，在公司股票发行上市前即应依法予以清理，且本案回购条款与二级市场股票市值直接挂钩，扰乱证券市场正常交易秩序，依法应当认定无效。

2. 对故意规避监管的资本市场违法违规行为，司法裁判应与金融监管同频共振，给予否定评价，避免违法者因违法而不当获益，依法维护“三公两同”的资本市场秩序，提升资本市场的治理实效。

关联索引

《最高人民法院关于适用〈中华人民共和国民法典〉时间效力的若干规定》第1条第2款

《中华人民共和国民法典》第 8 条（本案适用的是 2017 年 10 月 1 日施行的《中华人民共和国民法总则》第 8 条）

《中华人民共和国民法典》第 146 条、第 153 条、第 154 条、第 505 条、第 508 条（本案适用的是 1999 年 10 月 1 日施行的《中华人民共和国合同法》第 52 条第 4、5 项）

一审：上海市第二中级人民法院（2020）沪 02 民初 234 号民事判决（2021 年 8 月 27 日）

二审：上海市高级人民法院（2021）沪民终 745 号民事判决（2022 年 9 月 30 日）

2024-08-2-314-003

23. 柯某程等诉安徽某国际控股股份有限公司、上海某国际集团有限公司等证券虚假陈述责任纠纷案

——虚假陈述重大性的认定

关键词：民事　证券虚假陈述责任　交易因果关系　重大性　价格影响标准

基本案情

原告柯某程等诉称：其基于对安徽某国际控股股份有限公司（以下简称安徽某公司）披露信息的信任投资该公司股票。柯某程等在虚假陈述实施日至揭露日期间因购买安徽某公司股票所产生的损失，应当由安徽某公司依法予以赔偿。上海某国际集团有限公司（以下简称上海某公司）作为安徽某公司的控股股东应当承担连带责任。

被告安徽某公司、上海某公司辩称：案涉虚假陈述不具有重大性，交易行为受到了虚假陈述实施后发生的重大资产重组等其他重大事件的影响，故交易因果关系不成立。

法院经审理查明：2013 年 5 月 20 日，上海某公司系安徽某公司控股股东。2013 年 11 月 18 日，安徽某公司发布重组停牌公告。嗣后，安徽某公司多次公告重组进展。2015 年 6 月 15 日起，因安徽某公司拟筹划重大事项且该事项存在不确定性，安徽某公司股票开市起停牌直至 2016 年 4 月 15 日。2013 年 5 月 20 日起至 2015 年 6 月 15 日期间，深证综指同期上涨 206.5%。2013 年 5 月 20 日起至 2016 年 4 月 15 日期间，安徽某公司股价上涨 390.90%。在此期间，安徽某公司于 2016 年 3 月 1 日发布《2015 年年度报告》。2016 年 4 月 15 日，安徽某公司发布公告，载明：终止本次重大资产重组并复牌，未来择机尽快重启重大资产重组事宜。同日，安徽某公司股票收盘价较前一交易日下降 10.03%，并连续三个交易日跌停。同时期，深证综指收盘价下跌分别为 0.20%、1.32%、0.30%。嗣后，安徽某公司股价缓慢下跌至 2018 年 3 月 20 日。其间，安徽某公司多次表示未来择机重启重组事宜。2017 年 3 月 18 日，安徽某公司发布《2016 年年度报告》。嗣后，安徽某公司股价连续多个交易日下跌至 2017 年 3 月 30 日。2018 年 3 月 19 日，安徽某公司股票临时停牌。嗣后，上海某公司所持安徽某公司股份过半数被质押、司法查封，并收到深交所问询函。2018 年 4 月 25 日，安徽某公司股票复牌，并宣布上海某公司决定暂时终止筹划重大事项。同日，安徽某公司股票收盘价，较前一交易日下降 10.02%。2018 年 4 月 26 日，安徽某公司发布公告，载明上海某公司及安徽某公司未及时披露股权质押、冻结等事项。同日，安徽某公司股票收盘价较前一交易日下降 9.90%。2018 年 4 月 27 日，安徽某公司发布《2017 年年度报告》。嗣后，安徽某公司股价连续多个交易日下跌至 2018 年 5 月 18 日。另，2018 年上半年，上海某公司评级被下调，其发行的到期债券存在兑付压力，安徽某公司逾期债务总金额达 3.7 亿元。

2018 年 8 月 23 日，安徽某公司发布《关于收到中国证券监督管理委员会调查通知书的公告》，披露安徽某公司于 2018 年 8 月 22 日收到《调查通知书》，具体内容为“公司披露的 2017 年年度报告涉嫌虚假记载，……我会决定对你公司进行立案调查”。2018 年 8 月 23 日，安徽某公司股票收盘价较前一交易日下跌 2.31%，2018 年 8 月 24 日上涨 0.79%，2018 年 8 月 27 日上涨 1.56%。同时期，深证综指收盘价较前一交易日分别上涨 0.63%、下降 0.23%、上涨 2.49%。2018 年 8 月 23 日至第 30 个交易日 2018 年 10 月 11 日，累计成交量达到可流通部分的 15.93%。在此期间内，每个交易日收盘价的平均价为 1.30 元，安徽某公司股价跌幅 8.46%，深证综指跌幅 11.04%。同时期，石油行业指数跌幅 1.03%。

2020 年 2 月 18 日，安徽证监局作出《行政处罚决定书》，认定安徽某公司存在违法事实如下：一、安徽某公司未按规定披露关联交易事项，导致 2015 年至 2017 年年度报告存在重大遗漏。二、安徽某公司虚增 2016 年度、2017 年度营业收入和利润，导致 2016 年、2017 年年度报告存在虚假记载。三、安徽某公司未按规定及时披露其 2018 年 2 月为控股股东及其关联方提供担保事项。

上海金融法院于 2022 年 5 月 13 日作出（2021）沪 74 民初 1895 号民事判决：驳回原告柯某程等的诉讼请求。宣判后，双方当事人均未提起上诉，判决已发生法律效力。

裁判理由

法院生效裁判认为：本案的争议焦点是虚假陈述的内容是否具有重大性，从而导致安徽某公司是否需要承担民事赔偿责任。

《中华人民共和国证券法》第八十条第二款规定的重大事件包括上市公司订立重要合同、提供重大担保或者从事关联交易，可能对公司的资产、负债、权益和经营成果产生重要影响等情形。本案中，安徽某公司虚假陈述的内容涉及未按规定披露关联交易事项，导致 2015 年至 2017 年年度报告存在重大遗漏，虚增 2016 年度、2017 年度营业收入和利润，导致 2016 年、2017 年年度报告存在虚假记载，2018 年 2 月未按规定及时披露为控股股东及其关联方提供担保事项。虽然上述诱多型虚假陈述的内容符合证券法以及证券监管部门制定的规章及规范性文件所列的重大事件，但是从该虚假陈述行为对股价及交易量的影响来看，当时安徽某公司的股价受其他诸多因素的主导，安徽某公司的虚假陈述行为并未导致股价或交易量产生明显的变化。

具体分析如下：首先，安徽某公司首次实施虚假陈述行为是在2016年3月1日，其在发布的《2015年年度报告》中未按规定披露关联交易事项。这一虚假陈述行为属于隐瞒利空消息的诱多型虚假陈述。但隐瞒利空消息的行为通常无法被外界感知，一般不会导致股价发生变动。同时，年度报告的发布正处于证券停牌期间，更无法对股价造成直接影响。2016年4月15日复牌后，安徽某公司股价并未明显上涨或维持不动，而是连续3个交易日跌停。这说明虚假陈述未体现出诱多的效果。安徽某公司第二次虚假陈述行为系其在发布的《2016年年度报告》中未按规定披露关联交易、虚增2016年度营业收入和利润。上述虚假陈述亦属于诱多型虚假陈述，特别是虚增营业收入和利润，通常会导致股价明显上涨。但安徽某公司公布《2016年年度报告》后，公司股价连续8个交易日下跌。安徽某公司的第三次虚假陈述行为系其在发布的《2017年年度报告》中未按规定披露关联交易、虚增2017年度营业收入和利润以及未及时披露对外担保，虚假陈述类型同2016年，但安徽某公司公布《2017年年度报告》后，公司股价连续13个交易日下跌。由此可见，安徽某公司在上述诱多型虚假陈述行为实施后并未导致股价明显上涨，市场对其的反应是相反的。其次，诱多型虚假陈述行为揭露后，股价通常受此影响会明显下跌。本案中，虽然揭露日当天安徽某公司股价下跌2.31%，同期大盘上涨0.63%，但嗣后两日，安徽某公司股价连续上涨，其中第一日上涨超过同期大盘。总体而言，揭露日以及后续两日，安徽某公司股价并未出现高于大盘的明显下跌。在揭露日至基准日期间，安徽某公司虽然股价下跌，但跌幅小于同期大盘。故而，安徽某公司诱多型虚假陈述行为的揭露，并未导致股价明显下降。纵观安徽某公司从2016年3月1日至2018年10月11日期间的整体走势，安徽某公司的股价主要受到证券市场系统风险和其自身资产重组失败的重大影响，虚假陈述行为并未导致其股价明显变化。上述期间，安徽某公司股价存在两次大幅度下降。第一次股价大幅度下降发生于安徽某公司宣布重组失败于2016年4月15日复牌后。此次停牌开始于2015年6月15日，至复牌长达近10个月。停牌期间发生的2015年、2016年股市大盘风险，安徽某公司自身的资产重组失败等因素，造成了复牌后的第一次股价大幅度下降。第二次大幅度下降发生于安徽某公司再次宣布重组失败并于 2018 年 4 月 25 日复牌后、揭露日 2018 年 8 月 23 日之前。此次股价大幅度下降是安徽某公司资产重组失败，控股股东上海某公司所持股票质押、被司法冻结，以及被告上海某公司出现资金问题等因素所造成。整体而言，安徽某公司提供证据证明其虚假陈述行为并未导致股价或交易量明显变化，其有关虚假陈述的内容不具有重大性的抗辩成立。虚假陈述内容的重大性是投资者对虚假陈述产生信赖，从而认定交易因果关系的前提，在虚假陈述内容不具有重大性的情况下，相关民事责任不应由安徽某公司、上海某公司承担。故法院依法作出如上裁判。

裁判要旨

1. 虽然上市公司因信息披露违法违规被行政处罚，且前述信息披露违法违规符合《最高人民法院关于审理证券市场虚假陈述侵权民事赔偿案件的若干规定》重大性法定推定情形，但上市公司提供的反证足以证明虚假陈述未导致交易价格或交易量发生明显变化的，人民法院宜认定虚假陈述不具有重大性。

2. 在适用价格影响标准认定重大性时，人民法院可以根据虚假陈述的类型确定交易价格的通常走势，将案涉各个虚假陈述行为实施日、揭露日至基准日期间的交易价格走势与通常走势相比较，并将其与同期大盘指数、行业指数同步对比，全面、系统分析虚假陈述对交易价格的影响。同时，人民法院也可以根据个案事实全面考量个股股价长期走势以及期间的证券市场风险、个股因素等其他因素对股价的影响，以辅佐价格影响标准的适用。

关联索引

《中华人民共和国证券法》（2019 年修订）第 80 条

《最高人民法院关于审理证券市场虚假陈述侵权民事赔偿案件的若干规定》（法释〔2022〕2 号）第 10 条

一审：上海金融法院（2021）沪 74 民初 1895 号民事判决（2022 年 5 月 13 日）

2024-08-2-333-012

24. 上海某建筑工程有限公司诉某财产保险股份有限公司上海分公司等财产保险合同纠纷案

——用于起重的特种车辆在作业时发生责任事故，可以比照适用《机动车交通事故责任强制保险条例》予以赔付

关键词：民事　财产保险合同　特种车辆　施工作业　机动车交通事故责任强制险

基本案情

原告上海某建筑工程有限公司（以下简称上海某建筑公司）诉称：2020年4月13日，上海某建筑公司为案涉重型非载货专项作业车向某财产保险股份有限公司上海分公司（以下简称某保险上海分公司）投保了机动车交通事故责任强制保险，向某财产保险股份有限公司沈阳市经济技术开发区支公司（以下简称某保险沈阳经开区支公司）投保了机动车第三者责任保险。在保险期间，案涉特种车辆在工程作业时造成他人受伤。上海某建筑公司向某保险上海分公司、某保险沈阳经开区支公司申请理赔后遭拒。遂诉至法院，请求判令：某保险上海分公司、某保险沈阳经开区支公司在各自保险责任范围内向上海某建筑公司赔付保险金。

被告某保险上海分公司、某保险沈阳经开区支公司辩称：对事发经过及投保情况均无异议，但本次事故并非交通事故，不同意赔付保险金。并且，对上海某建筑公司主张赔付的各项费用，亦持有异议。

法院经审理查明：上海某建筑公司为案涉重型非载货专项作业车在某保险上海分公司处投保了交强险、在某保险沈阳经开区支公司处投保了商业第三者责任保险（限额为200万元，含不计免赔），保险期间均为2020年4月

14日至2021年4月13日。交强险保单中注明机动车种类为“特种车二”，商业险保单中注明机动车种类为“起重车”。《某财产保险股份有限公司机动车第三者责任保险条款》第四条“保险责任”约定：“保险期间内，被保险人或其允许的合法驾驶人在使用被保险机动车过程中发生意外事故，致使第三者遭受人身伤亡或财产直接损毁，依法应当由被保险人承担的损害赔偿责任，保险人依照本保险合同的约定，对于超过机动车交通事故责任强制保险各分项赔偿限额以上的部分负责赔偿。”第七条约定：“下列损失和费用，保险人不负责赔偿：……（七）仲裁或者诉讼费用以及其他相关费用。”

2020年5月27日，上海某建筑公司工作人员在操作案涉重型专项作业吊车的过程中，吊机吊链不慎碰撞到现场施工人员肖某，致使肖某受伤并支出医疗费55121.15元。2020年9月4日，上海某司法鉴定所出具司法鉴定意见书，认定肖某因意外致残，该损伤评定为十级伤残；给予治疗休息期150日，营养期75日，护理期105日。2020年8月9日，上海某建筑公司向肖某支付了赔偿款。

上海市浦东新区人民法院于2021年11月30日作出（2021）沪0115民初72055号民事判决：一、某保险上海分公司赔付上海某建筑公司保险金120200元；二、某保险沈阳经开区支公司赔付上海某建筑公司保险金105324.15元；三、驳回上海某建筑公司的其余诉讼请求。宣判后，双方当事人均未提起上诉，判决已发生法律效力。

裁判理由

法院生效裁判认为：被保险车辆为兼具交通工具和起重机械两种功能的特种车辆，主要用途在于施工作业而非道路行驶。为特种车辆投保的目的是分散在行驶往返作业路途中或是从事作业过程中发生事故的风险。保险人应明知保险标的的特殊性以及存在的特殊风险。原中国保险监督管理委员会办公厅印发的《关于交强险条例适用问题的复函》（保监厅函〔2008〕345号）就特种车辆发生的事故保险公司应否承担交强险赔付责任答复：“根据《机动车交通事故责任强制保险条例》第四十三条的立法精神，用于起重的特种机动车辆在进行作业时发生的责任事故，可以比照适用该条例。”参考上述规定，因特种车辆进行作业为其常态，结合投保人投保意图和交强险的社会保障功能，不宜将此类车辆交强险的适用限缩解释为车辆行驶状态。对于案涉车辆在作业时发生的事故，亦应属于保险公司理赔的范围，故某保险上海分公司应当比照适用交强险的规定就本次事故所造成的损失予以赔偿。

另外，案涉特种车辆在某保险沈阳经开区支公司投保了商业三者险，根据《某财产保险股份有限公司机动车第三者责任保险条款》第四条约定，机动车第三者责任险责任的承担是以“使用”被保险车辆而非构成道路交通事故为前提。在投保该险种时，某保险沈阳经开区支公司并未告知在工程作业时发生的责任事故不属于承保范围。本次事故发生在车辆使用过程中，故某保险沈阳经开区支公司理应在商业三者险范围内承担赔偿责任。

对于上海某建筑公司主张赔付金额的合理性，结合伤者治疗损伤所支出的实际费用、伤情以及相关国家标准，认定因本起事故造成的损失合计225524.15元。

裁判要旨

被保险车辆作为兼具交通工具和起重机械两种功能的特种车辆，在工作场所作业时发生责任事故，虽不是通常意义上的交通事故，但基于交强险设立的初衷，可以比照适用《机动车交通事故责任强制保险条例》的规定予以保险赔付。

关联索引

《中华人民共和国民法典》第509条（本案适用的是1999年10月1日施行的《中华人民共和国合同法》第60条第1款）

《中华人民共和国保险法》（2015年修正）第2条、第23条、第65条第4款

《最高人民法院关于适用〈中华人民共和国民法典〉时间效力的若干规定》（法释〔2020〕15号）第1条第2款

一审：上海市浦东新区人民法院（2021）沪0115民初72055号民事判决（2021年11月30日）

2023-07-2-369-001

25. 天津市某消防安全检测服务有限公司诉赵某霖、尹某瑞等网络侵权责任纠纷案

——自媒体出于对公共安全的关心而发表批评性言论，不构成侵犯名誉权

关键词：民事　网络侵权责任　名誉权　涉公共安全评论　网络自媒体

基本案情

原告天津市某消防安全检测服务有限公司（以下简称天津某公司）诉称：该公司是合法注册成立的企业，具有安装消防安全设施的资质，在每一个工程中都是使用合格产品严格按照国家标准进行安装作业。该公司在新浪网页面上发现被告赵某霖发帖，对原告在天津市南开区某小区改造项目进行了违背事实的负面评论。同时，大V号"奏耐天津"（被告尹某瑞）、"哏儿都微博（被告李某）"等进行了转发，此帖下面有很多对天津某公司的负面评论，严重侵犯了公司的名誉权。故起诉要求：（1）三被告立即对原告公开赔礼道歉；（2）三被告给付原告公证费540元；（3）三被告给付原告因此侵权行为造成的损失10000元；（4）三被告给付原告律师费3000元。

被告赵某霖辩称：赵某霖发现天津某公司完工现场的消防栓出水口面向墙，与墙的距离很小，如果发生火灾，消防水袋无法接上消防栓的注水口，就进行了拍照，并出于公共安全考虑将照片发布。相关照片和信息是事实，且小区公告牌上的信息是公开的，不属于隐私。

被告尹某瑞辩称：转发赵某霖微博是出于对消防公共安全的考虑，没有损害天津某公司利益的主观动机。其对赵某霖的微博内容没有进行编辑和

更改，没有夸大贬损该公司的行为。此帖下面的评论没有对该公司的负面评论，均是对此次消防问题的评论。

被告李某未作答辩。

法院经审理查明：2017 年，天津某公司受托对天津市某公寓消防设施进行改造，于 2017 年 12 月竣工。本案所涉消防栓栓口系面向左侧墙面，背对水袋。庭审过程中，天津某公司提供了消防栓栓口可由左侧旋转至正面的视频，以证明案涉消防栓可与水袋相连接。

2018 年 1 月 19 日，赵某霖在新浪网页面上发布微博，内容为“活儿干完了，钱也花了，真到火苗窜起时，这个水龙头只能瞪眼看着”的文字并配发施工现场和被告企业信息的图片，尹某瑞及李某均对该微博内容予以转发。

天津市和平区人民法院于 2019 年 8 月 11 日作出（2019）津 0101 民初 3456 号民事判决：驳回天津市某消防安全检测服务有限公司全部诉讼请求。宣判后，双方当事人未提出上诉，判决已发生法律效力。

裁判理由

法院生效裁判认为：本案的争议焦点为三被告发布及转发微博的行为是否构成侵犯原告名誉权。原告主张三被告发布及转发的微博内容违背事实，给原告造成了社会负面评价，侵犯了原告的名誉权。但经查，案涉消防栓栓口确系面向左侧墙面，背对水袋。二被告因缺乏专业认知，作出该消防栓栓口无法与水袋直接相连，且栓口与墙面间距空间小无法接入水袋的判断，符合日常生活经验。天津某公司虽主张案涉消防栓可旋转，但并未在消防栓安装处的显著位置对此予以提示说明，易使社会公众误解。消防设施涉及公共安全，二被告发布及转发微博的行为，亦出于公共利益考虑，系对公共安全予以监督的批评性意见，其行为与恶意隐瞒真相、捏造事实并加以传播的诽谤行为之间具有本质区别。天津某公司主张三被告侵犯其名誉权，缺乏事实和法律依据，不予支持。

裁判要旨

行为人因缺乏专业认知，对消防安全设施的安装有效性作出错误判断，但其系出于对公共安全的忧虑在自媒体平台发表批评性意见，不属于以侮辱、诽谤等方式损害法人名誉，不构成名誉权侵权。

关联索引

《中华人民共和国民法典》第1024条（本案适用的是2009年8月27日施行的《中华人民共和国民法通则》第101条）

一审：天津市和平区人民法院（2019）津0101民初3456号民事判决（2019年8月11日）

2024-18-2-369-003

26.杭州市滨江区人民检察院诉杨某鹏等网络侵权责任纠纷民事公益诉讼案

——组织、操纵“网络水军”实施“流量造假”等行为的定性

关键词：民事　网络侵权责任　民事公益诉讼　传播网络虚假信息　社会公共利益　损害赔偿

基本案情

2019年9月至2022年5月间，杨某鹏利用其注册的某固传媒公司、某意科技公司、某固科技公司等公司研发的平台，招募数量庞大的兼职人员充当“网络水军”，并通过组织、操纵“网络水军”“养号”等方式，开展有偿“转评赞”“直发”“投诉举报”等业务，即在未核实信息真实性的情况下，

实施包括对客户指定的影视作品、网络视频、游戏作品、商品的宣发等正面点赞、转发、评论，按客户要求在相关网络平台发布关于特定作品、商品的具体内容等提升热度的业务，以及通过在信息发布平台进行投诉举报等方式删帖以降低针对特定作品、商品的负面信息热度的业务。经调查，杨某鹏等共“养号”1294个，完成“转评赞”“直发”任务24万余条，任务金额合计896万余元；完成“投诉举报”任务1200余条，任务金额合计19万余元。另，杨某鹏、某固传媒公司等以营利为目的，有偿提供删帖服务的行为已被生效刑事判决认定构成犯罪。杭州市滨江区人民检察院在履行公益诉讼公告程序后依法向人民法院提起民事公益诉讼，请求法院判令：杨某鹏、某固传媒公司、某意科技公司、某固科技公司等四被告共同承担公益损害赔偿金100万元，删除已发布的虚假信息并注销相关网络账号，以及在国家级新闻媒体上公开赔礼道歉。

杭州互联网法院于2024年7月4日作出（2024）浙0192民初3671号民事判决：一、杨某鹏等四被告于本判决生效之日起十日内支付公益损害赔偿金100万元；二、杨某鹏等四被告于本判决生效之日起十日内删除已发布的虚假信息并注销相关网络账号1294个；三、杨某鹏等四被告在国家级媒体上向社会公众刊发赔礼道歉声明。宣判后，双方均没有上诉，判决已发生法律效力。

裁判理由

法院生效裁判认为，《中华人民共和国网络安全法》第十二条第二款规定：“任何个人和组织……不得利用网络……编造、传播虚假信息扰乱经济秩序和社会秩序……”杨某鹏等四被告以营利为目的，组织、操纵“网络水军”有偿提供“转评赞”“直发”“投诉举报删帖”“养号”等行为违法，扰乱了网络舆论环境和互联网信用管理秩序，破坏了相关行业、市场的正常经营秩序，损害了社会公众的知情权和选择权，应当承担民事侵权责任。

第一，案涉行为属于破坏网络信息生态环境的违法行为。杨某鹏等在未核实信息真实性的情况下，通过招募兼职人员或自养网络账号充当“网络水军”，以操纵“网络水军”的方式对指定的作品、商品进行有偿“转评赞”“直发”“投诉举报删帖”，其宣发或删除的信息均非网络用户的真实体验，却达到虚增客户指定作品或产品的影响力、曝光度、好评度，随意控制正当差评的负面影响等效果，破坏了健康、良性的网络信息内容生态环境。该行为违反了网络安全法、《网络信息内容生态治理规定》等法律法规，属于破坏网络信息生态环境的违法行为。

第二，案涉行为损害社会公共利益。首先，案涉行为破坏了网络信息内容生态秩序，降低了社会公众对网络信息的整体信任度，加重了行政机关、平台、社会组织等各方社会主体的监管、治理的负担，耗费了大量社会公共资源。其次，案涉行为扰乱了市场正常经营秩序，违背了诚信经营原则，使诚实经营的市场参与者在不公平的网络信息环境中处于劣势，催生“劣币驱逐良币”的恶性循环，扭曲了市场竞争的公正性，使得市场规则形同虚设，更会影响行业的创新与发展动力。最后，案涉行为侵害了社会公众的知情权、选择权。针对社会公众而言，虚假信息扰乱其基于真实、全面信息作出合理判断的前提条件。社会公众因虚假信息误导而形成的认知、决策，还影响其价值判断和生活、工作的抉择，虽单个损失看似较小，但累积起来的社会公益损失巨大。

第三，杨某鹏等具有为牟利实施流量造假、传播虚假信息行为的故意。杨某鹏等对客户指定的信息真实性不予甄别，组织、操纵的“网络水军”对接单的宣发或删除信息亦不核对其真实性，主观上具有流量造假、传播虚假信息的故意，且杨某鹏等通过专业化的商业模式设计，形成分工合作的“组织架构”模式，在认识到案涉行为已被列为整治对象的情况下，仍为谋求不法利益从事网络虚假信息的黑灰产。

综上，杭州市滨江区人民检察院主张侵权行为人删除虚假信息、注销相关网络账号，赔礼道歉，并赔偿公益损害赔偿金，于法有据，应予支持。其中，针对损害赔偿部分，由于行为人造成的损失和获益金额难以直接量化计算，经综合考虑侵权行为特点、侵权持续时间、社会影响、获利情况、主观过错和恶意程度、治理和修复费用等因素，以及部分行为已被追究刑事责任等具体情况，酌情确定赔偿金额 100 万元。故法院依法作出如上裁判。

裁判要旨

网络安全法第十二条第二款规定："任何个人和组织……不得利用网络……编造、传播虚假信息扰乱经济秩序和社会秩序……"行为人以营利为目的，组织、操纵"网络水军"进行"转评赞""直发""投诉举报删帖"等活动，属于流量造假和干预信息呈现的行为，应当认定为利用网络传播虚假信息的违法行为。针对侵害包括众多消费者合法权益在内的社会公共利益的上述行为，检察机关依照法定程序提起民事公益诉讼并请求判令行为人承担相应民事责任的，人民法院依法予以支持。

关联索引

《中华人民共和国民法典》第 1165 条、第 1182 条

《中华人民共和国网络安全法》第 12 条第 2 款

《中华人民共和国民事诉讼法》（2023 年修正）第 58 条第 2 款

《最高人民法院、最高人民检察院关于检察公益诉讼案件适用法律若干问题的解释》（法释〔2018〕6 号，2020 年修正）第 13 条

一审：杭州互联网法院（2024）浙 0192 民初 3671 号民事判决（2024 年 7 月 4 日）

2024-07-2-380-004

27. 徐某某诉刘某华饲养动物损害责任纠纷案

——禁止饲养的大型犬致人损害，饲养人、管理人承担全部赔偿责任

关键词：民事　饲养动物损害责任　禁止饲养　危险动物
赔偿责任

基本案情

原告徐某某诉称：刘某华饲养了一只阿拉斯加犬，按照其所在城市《城区养犬管理条例》规定，该犬属于市区内禁止饲养的大型犬。2019 年 8 月，7 岁的徐某某跟随祖母王某云在该市某小区内玩耍，偶遇刘某华牵领该犬出行。王某云和徐某某逗犬时，该犬突然抓伤徐某某面部。徐某某被家人送至医院就诊并住院治疗。徐某某家人与刘某华就赔偿事宜协商未果。徐某某遂提起诉讼，请求判令：刘某华赔偿医疗费、住院期间伙食补助费、交通费、护理费、精神损害抚慰金等各项费用合计 33010.18 元。

被告刘某华辩称：徐某某被犬只抓伤，主要是由王某云和徐某某挑逗狗所导致，两人存在重大过错。根据《中华人民共和国侵权责任法》第八十三条规定，王某云作为完全民事行为能力人存在重大过错，应承担赔偿责任，并应当依法减轻刘某华的责任。

第三人王某云述称：徐某某的损失，主要系由刘某华违规饲养大型犬所导致。同时，王某云在徐某某被大型犬抓伤的过程中不存在过错。因此，依法应由刘某华承担赔偿徐某某的责任。

法院经审理查明：王某云与徐某某系祖孙关系。2019 年 8 月 10 日，徐某某跟随王某云在某小区内玩耍，偶遇刘某华及其饲养并牵引的阿拉斯加犬，王某云和徐某某主动挑逗狗，致徐某某被狗抓伤面部，先后在吉林市某

医院和吉林市某第二医院门诊就医。8月11日至9月6日，徐某某在吉林省某医院住院治疗26天（其中一级护理1天，二级护理25天）。根据徐某某的申请，一审法院委托吉林某司法鉴定所对其伤残等级、出院后的营养期及后续治疗费进行鉴定，鉴定结论为："1.右面部瘢痕不构成伤残；2.出院后的营养期为15日；3.后续治疗费4800元"。徐某某支付鉴定费1900元（其中伤残等级鉴定费700元）。徐某某在吉林省某医院支付的住院医疗费合计30885.47元（含刘某华支付的部分住院押金17000元）。刘某华垫付费用合计18459元。

另查明，刘某华饲养的阿拉斯加犬于2017年5月2日出生，事故发生前已进行了免疫接种。2019年7月14日，刘某华向吉林省吉林市丰满区犬证办理处申请办理养犬证，但未通过审核，刘某华被告知携犬到现场审核、办理犬证，而事故发生时，该犬尚未取得证件；事故发生后，刘某华将该犬转移至他处。

吉林省吉林市吉林高新技术产业开发区人民法院于2020年8月10日作出（2020）吉0291民初476号民事判决：刘某华对徐某某的损失承担80%赔偿责任，王某云承担20%的责任。宣判后，徐某某不服，提起上诉。吉林省吉林市中级人民法院于2020年11月18日作出（2020）吉02民终2351号民事判决：刘某华承担70%责任，王某云承担30%的责任。刘某华不服生效判决，申请再审。吉林省高级人民法院于2021年10月8日作出（2021）吉民申3152号民事裁定提审本案。吉林省高级人民法院于2022年6月29日作出（2022）吉民再18号民事判决：一、撤销吉林省吉林市中级人民法院（2020）吉02民终2351号民事判决和吉林高新技术产业开发区人民法院（2020）吉0291民初476号民事判决；二、刘某华于本判决生效之日起十日内赔偿徐某某损失30197.65元。三、驳回徐某某的其他诉讼请求。

裁判理由

法院生效裁判认为：动物饲养人在享受饲养动物乐趣的同时应承担较高的管理义务，严格遵守相关管理规定，避免动物给他人健康和人身安全带来的危险，营造安全的居住环境，维护社会公共秩序。侵权责任法第八十条规定，禁止饲养的烈性犬等危险动物造成他人损害的，动物饲养人或者管理人应当承担侵权责任。该条规定表明，禁止饲养的烈性犬等危险动物的饲养人或者管理人应当承担严格的无过错责任，无权抗辩减少或者免除责任。饲养人或者管理人违反规定饲养烈性犬等危险动物，具有严重的主观过错，饲养人或者管理人应承担侵权责任。该市《城区养犬管理条例》第四条规定，"本市城市建成区内允许饲养小型犬，限制饲养中型犬，禁止饲养烈性犬、大型犬"。本案中刘某华饲养的阿拉斯加犬属于该市禁止饲养的大型犬。该犬将徐某某抓伤，徐某某由此产生的合理费用刘某华均应予以赔偿。虽然徐某某逗犬有过错，但也不能因此减轻刘某华的赔偿责任，刘某华应当就徐某某的全部损失承担损害赔偿责任。

裁判要旨

禁止饲养的烈性犬、大型犬等危险动物造成他人损害，动物饲养人或者管理人以被侵权人、第三人存在故意或者重大过失为由，主张不承担责任或者减轻责任的，人民法院不予支持。

关联索引

《中华人民共和国民法典》第 1247 条（本案适用的是 2010 年 7 月 1 日施行的《中华人民共和国侵权责任法》第 80 条）

一审：吉林省吉林市吉林高新技术产业开发区人民法院（2020）吉 0291 民初 476 号民事判决（2020 年 8 月 10 日）

二审：吉林省吉林市中级人民法院（2020）吉 02 民终 2351 号民事判决（2020 年 11 月 18 日）

再审审查：吉林省高级人民法院（2021）吉民申 3152 号民事裁定（2021 年 10 月 8 日）

再审判决：吉林省高级人民法院（2022）吉民再 18 号民事判决（2022 年 6 月 29 日）

2023-07-2-406-001

28. 顾某芳、顾某元、顾某其申请指定遗产管理人案

——可以分得适当遗产的人有权作为利害关系人向人民法院申请指定遗产管理人

关键词：民事　申请指定遗产管理人　遗产管理人　利害关系人

基本案情

顾某芳、顾某元、顾某其申请人民法院指定江苏省太仓市民政局为杨某本的遗产管理人。

法院经审理查明：杨某本系聋哑孤寡老人。政府相关单位协调安排杨某本生活时，杨某本选择由顾某芳、顾某元、顾某其照顾其晚年生活。因杨某本生活不能自理，顾某元、顾某芳对其进行日常照顾，并帮其雇用护工照料。杨某本生病住院及康复治疗期间，顾某芳、顾某元、顾某其定期对其进行探望，护工费、伙食费、医疗费等费用由顾某芳负责。顾某芳、顾某元、顾某其在杨某本死亡后，负责处理了丧葬事宜，并将杨某本与其父母一并安葬，按照当地风俗进行祭拜。杨某本死亡后遗留房屋一处，没有继承人。

江苏省太仓市人民法院于2022年12月7日作出（2022）苏0585民特32号民事判决：指定太仓市民政局作为杨某本的遗产管理人。

裁判理由

法院生效裁判认为：杨某本于2021年1月30日死亡，其无继承人，符合《中华人民共和国民法典》第一千一百四十五条、第一千一百四十六条所界定的申请指定遗产管理人的情形。因申请人顾某芳、顾某元、顾某其在杨某本生前对其扶养较多，符合民法典第一千一百三十一条规定的“可以分给

适当的遗产”的条件，故三申请人有权作为利害关系人，申请人民法院指定遗产管理人。

第一，根据民法典第一千一百三十一条的规定，继承人以外的对被继承人扶养较多的人，可以分给适当的遗产。该条基于权利义务相一致的原则，赋予继承人以外的对被继承人扶养较多的人酌情分得遗产的权利。本案中，申请人顾某芳、顾某元、顾某其并非杨某本的继承人，但对杨某本生前的饮食、医疗等极尽照顾，生活上扶助较多。因三申请人对杨某本进行了事实上的扶养，故依据上述法律规定，三申请人符合民法典第一千一百三十一条规定的“可以分给适当的遗产”情形，有权作为利害关系人申请指定遗产管理人。

第二，本案中，申请人顾某芳、顾某元、顾某其虽然与杨某本无血亲和姻亲关系，没有赡养杨某本的法定义务，但基于祖辈与杨某本的特定关系，三申请人与杨某本在生活中联系紧密。尤为重要的是，杨某本选择三申请人照顾其晚年生活，三申请人亦尽心照料、陪伴杨某本多年，给予其精神上的慰藉，直至杨某本病故，使其得以安享晚年。在杨某本去世后，三申请人负责其全部丧葬事宜，并按照风俗祭祖，符合中华民族赡养老人、扶残救济的传统美德，这也是社会主义良好道德风尚的具体体现，应予鼓励。因此，准予三申请人作为利害关系人申请指定遗产管理人，有利于弘扬文明、和谐、诚信、友善的社会主义核心价值观。

第三，在无法确定遗产管理人的情况下，遗产存在毁损、灭失、侵占等风险，继承人、受遗赠人、遗产债权人等利害关系人的权益可能受到损害。为避免损害发生，民法典设定遗产管理人制度，以保障遗产的安全性和相关民事主体的合法利益。本案中，杨某本无法定继承人、受遗赠人和遗产债权人，如不允许申请人顾某芳、顾某元、顾某其申请指定遗产管理人，不利于遗产的保存、管理和处理。

鉴于民政部门承担社会救济、社会福利事业、社区服务等工作，比较了解辖区内公民的家庭关系、财产状况等，有能力担任遗产管理人，故对申请人顾某芳、顾某元、顾某其申请指定杨某本生前住所地的民政部门即太仓市民政局作为遗产管理人的请求，依法予以支持。

裁判要旨

根据民法典第一千一百三十一条规定，对继承人以外的对被继承人扶养较多的人，可以分给适当的遗产。可以分得适当遗产的人属于《民法典》第一千一百四十六条规定的利害关系人，有权申请指定遗产管理人。

关联索引

《中华人民共和国民法典》第 1131 条、第 1146 条

特别程序：江苏省太仓市人民法院（2022）苏 0585 民特 32 号民事判决（2022 年 12 月 7 日）

2024-18-2-409-001

29. 某银行（亚洲）股份有限公司与赵某光申请司法确认调解协议案

——内地法院首次诉前委派香港特邀调解组织主持香港当事人之间的调解并适用香港法律进行司法确认

关键词：民事　申请司法确认调解协议　合同纠纷　特邀调解组织　香港调解组织　司法确认

基本案情

原告为注册地在香港特别行政区的某银行（亚洲）股份有限公司（以下简称某银行），被告为香港特别行政区居民赵某光，双方共同确认的无争议事实为：2014 年 12 月 9 日，某银行与赵某光签署《亲启保密函》《客户一般协议一个人客户》等相关借款合同与文件。2014 年 12 月 15 日，某银行向

赵某光发放贷款共计2000万港元。2014年12月23日，双方再次签署《亲启保密函》，明确约定：贷款额为2000万港元，贷款年利率为某银行规定的港元最优惠利率-0.8%（计息期为三个月），贷款期限为一年（可展期）。如赵某光逾期还款，需向某银行支付逾期利息，逾期利率为某银行规定的港元最优惠利率+3%，逾期手续费为逾期还款额的2%。赵某光自2015年起每年申请贷款展期，该笔贷款最终于2023年10月15日到期。截至2024年2月6日，赵某光按照合同约定还款利息6581123.27港元，尚欠某银行本金2000万港元，正常利息12668.47港元，逾期费用412286.29港元，利息罚息356164.38港元，本金罚息570000港元。后双方当事人以书面协议形式变更约定本案纠纷由广东省深圳前海合作区人民法院（以下简称前海法院）管辖，故某银行向该院起诉，要求赵某光归还上述款项并承担律师费、翻译费、公证转递费及诉讼费用。

裁判理由

双方当事人约定本案适用香港特别行政区法律。在诉前调解阶段，经前海法院委派的特邀调解组织香港调解会主持调解，某银行与赵某光就其分期偿还款项事宜达成调解协议，并共同向前海法院申请司法确认。经参考类案的中立第三方评估报告，前海法院依职权查明并适用香港特别行政区法律，认为调解协议为两申请人的真实意思表示，不违反内地法律规定和香港特别行政区相关法律规定，亦不损害中国内地的社会公共利益，遂于2024年6月26日作出（2024）粤0391诉前调确25号民事裁定：某银行与赵某光经前海法院特邀调解组织香港调解会主持调解达成的调解协议有效。

裁判要旨

1. 根据《最高人民法院关于在粤港澳大湾区内地人民法院开展吸纳港澳调解组织为特邀调解组织试点工作的复函》，广东省高级人民法院在广州知识产权法院和深圳前海合作区人民法院开展试点，吸纳在香港特别行政区、澳门特别行政区设立的调解组织为人民法院特邀调解组织。按照试点方案明确的规则，深圳前海合作区人民法院可以在诉前阶段委派作为人民法院特邀调解组织的港澳调解机构负责调解涉港澳民商事案件，为有关域内外主体选择调解方式解决跨域争议拓宽空间、提供示范。

2. 作为人民法院特邀调解组织的港澳调解机构接受委派开展诉前调解，当事人就达成的调解协议向委派法院申请司法确认的，人民法院可以依据《中华人民共和国民事诉讼法》第二百零六条的规定进行审查。经审查符合法律规定的，可依法确认调解协议效力，实现诉讼与跨域调解的有效衔接。

关联索引

《中华人民共和国民事诉讼法》（2023年修正）第205条、第206条、第277条

《中华人民共和国涉外民事关系法律适用法》第3条

《最高人民法院关于适用〈中华人民共和国涉外民事关系法律适用法〉若干问题的解释（一）》（法释〔2012〕24号，2020年修正）第17条

《最高人民法院关于适用〈中华人民共和国民事诉讼法〉的解释》（法释〔2015〕5号，2022年修正）第549条

特别程序：广东省深圳前海合作区人民法院（2024）粤0391诉前调确25号民事裁定（2024年6月26日）

2024-14-2-416-002

30. 黑龙江鹤岗市流浪乞讨人员救助站申请撤销监护人资格案

——社会救助机关申请撤销未成年人父母监护权的认定

关键词：民事　申请撤销监护人资格　特别程序　父母监护权
社会救助机构　未成年人

基本案情

申请人黑龙江省鹤岗市流浪乞讨人员救助站申请称：被监护人耿某乙的父亲耿某甲长期对耿某乙实施家庭暴力。其母亲马某离家出走，经查找至今无果。耿某乙所在辖区派出所和辖区居民委员会通过鹤岗市团市委、兴山区团市委的协助，将耿某乙送往鹤岗市流浪乞讨人员救助站暂时安置。耿某乙的祖父、祖母均已去世；外祖父、外祖母已经离婚，外祖母已无法联系，外祖父无固定工作，体弱多病。为了保护未成年人耿某乙的合法权益，鹤岗市流浪乞讨人员救助站向人民法院申请撤销耿某甲、马某对耿某乙的监护权，并指定鹤岗市民政局下属的鹤岗市儿童福利院作为耿某乙的监护人。

法院经审理查明：耿某乙于2007年出生，耿某甲、马某是耿某乙的父母。马某有精神残疾，生活不能自理，于2015年5月离家出走。耿某甲无固定工作，无固定经济收入，租房居住。马某离家出走后，耿某甲经常因为琐事殴打耿某乙，给耿某乙造成了严重的生理和精神伤害。耿某乙的祖父、祖母均已去世。耿某乙的外祖父、外祖母已经离婚多年，外祖母下落不明，外祖父无固定工作、体弱多病。另查，鹤岗市流浪乞讨人员救助站也是鹤岗市未成年人社会保护中心。

黑龙江省鹤岗市兴山区人民法院于2016年3月1日作出民事判决：

一、自 2016 年 3 月 1 日起，撤销被申请人耿某甲、马某对耿某乙的监护人资格；二、指定鹤岗市民政局作为耿某乙的监护人，由鹤岗市民政局所属的鹤岗市儿童福利院承担抚养耿某乙的职责。

裁判理由

法院生效裁判认为，保护孩子就是保护国家的未来，任何人包括父母在内都不能对孩子实施家庭暴力或遗弃。《中华人民共和国民法通则》第十八条规定："监护人不履行监护职责或者侵害被监护人的合法权益的，应当承担责任；给被监护人造成财产损失的，应当赔偿损失。人民法院可以根据有关人员或者有关单位的申请，撤销监护人的资格。"对于监护人存在严重损害未成年人身心健康等行为的，社区居委会、未成年人社会保护组织、民政部门等都有权作为申请人，请求撤销现有监护人的监护资格。本案中，耿某甲经常殴打耿某乙，给耿某乙造成了严重的身体及精神伤害，已经不能继续承担监护责任。马某虽是耿某乙的母亲，但是其作为限制民事行为能力人，无独立生活能力，也无力继续承担监护责任。耿某乙的近亲属均无力作为耿某乙的监护人。遂依法判决撤销被申请人耿某甲、马某的监护人资格，指定鹤岗市民政局作为耿某乙的监护人，由鹤岗市民政局所属的鹤岗市儿童福利院承担抚养耿某乙的监护职责。

裁判要旨

为实现未成年人利益最大化，人民法院在依法指定民政部门担任未成年人的监护人时，可以由民政部门所属的儿童福利院承担监护职责，并同时解决未成年人的生活和教育问题，促进未成年人健康成长。

2024-10-2-445-001

31. 新星市某游乐场、朱某渊与白某文申请撤销仲裁裁决案

——仲裁委托代理人不受近亲属、社团单位推荐人员身份的限制

关键词：民事　申请撤销仲裁裁决　仲裁程序违法　委托代理人

基本案情

申请人新星市某游乐场、朱某渊请求依法撤销哈密仲裁委员会作出的（2023）哈仲裁字第21号裁决书。理由为：（1）本案仲裁主体不适格，朱某渊与白某文之间没有仲裁协议，朱某渊作为当时新星市某游乐场的经营者，在合同上签署个人姓名是代表新星市某游乐场的职务行为。（2）白某文的代理人马某璞不是律师、法律工作者，不是白某文的直系亲属，也不是相关社会团体或者其所在单位推荐的人，马某璞没有代理资格，参加仲裁审理违反代理人参与仲裁活动以及仲裁不公开的规定。（3）本案的裁决书中记载哈密仲裁委员会以邮递方式向新星市某游乐场、朱某渊送达文书，新星市某游乐场、朱某渊拒绝签收，在此种情况下哈密仲裁委员会没有采取其他方式送达直接缺席审理，违反仲裁程序。

白某文称：（1）新星市某游乐场与白某文签订的装饰装修工程施工合同中明确约定争议双方同意由哈密仲裁委员会仲裁。在该施工过程中，朱某渊本人与白某文签订补充合同，补充合同中亦明确约定争议由哈密仲裁委员会仲裁。《中华人民共和国民法典》第五十六条第一款规定："个体工商户的债务，个人经营的，以个人财产承担；家庭经营的，以家庭财产承担；无法区分的，以家庭财产承担。"个体工商户不属于法人，或国家另有规定承担独立责任，或作为登记人承担有限责任。（2）《中华人民共和国仲裁法》对仲

裁代理人身份没有明确规定，亦没有禁止其他公民作为代理人的规定，故马某璞作为代理人是允许的。（3）哈密仲裁委员会通过邮递方式向新星市某游乐场送达相关文书，受送达人本人拒收应视为送达成功。综上，请求驳回新星市某游乐场、朱某渊的申请。

法院经审查查明：2020年7月14日，白某文与新星市某游乐场签订《建筑装饰工程施工合同》，该合同甲方为新星市某游乐场，合同落款处由朱某渊签字。11月23日，白某文与朱某渊再次签订《建筑装饰工程施工合同》，该合同甲方为朱某渊，合同落款处由朱某渊签字。上述两份合同工程质量要求、解决争议方式相同。马某璞系白某文合伙人。后双方产生争议，白某文向哈密仲裁委员会申请仲裁。2023年7月10日，哈密仲裁委员会作出（2023）哈仲裁字第21号裁决："朱某渊欠白某文施工费250000元应当给付（付款计息，利息按照中国人民银行同期贷款市场报价利率计算，自2021年6月1日至实际付款之日止）"。12月1日，新星市某游乐场、朱某渊向新疆维吾尔自治区哈密市中级人民法院提出申请，请求撤销哈密仲裁委员会作出的（2023）哈仲裁字第21号裁决书。

新疆维吾尔自治区哈密市中级人民法院于2023年12月11日作出（2023）新22民特6号民事裁定：驳回新星市某游乐场、朱某渊的申请。

裁判理由

法院生效裁定认为：仲裁法第五十八条第一款规定："当事人提出证据证明裁决有下列情形之一的，可以向仲裁委员会所在地的中级人民法院申请撤销裁决：（一）没有仲裁协议的；（二）裁决的事项不属于仲裁协议的范围或者仲裁委员会无权仲裁的；（三）仲裁庭的组成或者仲裁的程序违反法定程序的；（四）裁决所根据的证据是伪造的；（五）对方当事人隐瞒了足以影响公正裁决的证据的；（六）仲裁员在仲裁该案时有索贿受贿，徇私舞弊，枉法裁决行为的。"本案中，新星市某游乐场、朱某渊以本案存在上述规定第一项、第三项的情形为由，申请撤销本案仲裁裁决。首先，关于本案仲裁委是否有管辖权的问题。朱某渊作为甲方与白某文签订的第二份《建筑装饰工程施工合同》，该合同工程、质量要求均与新星市某游乐场与白某文签订的《建筑装饰工程施工合同》相同。现白某文依据两份合同申请仲裁，朱某渊作为合同当事人，主体适格，且该两份合同均约定如发生争议，由哈密市仲裁委员会仲裁。其次，关于本案仲裁程序是否违反法定程序的问题。《最高人民法院关于适用〈中华人民共和国仲裁法〉若干问题的解释》第二十条规定，仲裁法第五十八条规定的“违反法定程序”，是指违反仲裁法规定的仲裁程序和当事人选择的仲裁规则可能影响案件正确裁决的情形。关于新星市某游乐场、朱某渊认为仲裁庭送达程序违法的问题，哈密仲裁委员会以邮寄方式向新星市某游乐场、朱某渊送达受理仲裁通知书、仲裁申请书副本、仲裁规则、权利义务告知书、仲裁员名册、合同复印件、开庭通知书，新星市某游乐场、朱某渊本人拒收，应视为有效送达。新星市某游乐场、朱某渊关于仲裁庭送达程序违法的主张于法无据，法院不予支持。关于白某文委托马某璞作为代理人进行仲裁活动是否违反法定程序的问题，仲裁法第二十九条规定：“当事人、法定代理人可以委托律师和其他代理人进行仲裁活动。委托律师和其他代理人进行仲裁活动的，应当向仲裁委员会提交授权委托书。”上述规定并未限制代理人身份。具体到本案而言，白某文出具授权委托书，委托马某璞作为其代理人参加仲裁，该委予以同意，故马某璞参加仲裁并未违反规定。

裁判要旨

仲裁法与民事诉讼法分别对委托仲裁代理人和委托诉讼代理人作出不同规定。仲裁法明确规定当事人、法定代理人可以委托律师和其他代理人进行仲裁活动。仲裁委托代理人身份问题应当适用仲裁法的有关规定，不受民事诉讼法第六十一条第二款规定的限制。

关联索引

《中华人民共和国仲裁法》第26条、第58条、第60条

《最高人民法院关于适用〈中华人民共和国仲裁法〉若干问题的解释》（法释〔2006〕7号）第20条

其他审理程序：新疆维吾尔自治区哈密市中级人民法院（2023）新22民特6号民事裁定（2023年12月11日）

2024-18-2-462-001

32. 指导性案例 235 号：S 航运有限公司申请承认外国法院民事判决案

关键词：民事　申请承认外国法院民事判决　互惠关系　个案审查　事实互惠　法律互惠

裁判要点

人民法院对申请或者请求承认和执行外国法院民事判决、裁定进行审查，认定是否存在互惠关系时，不以相关外国法院对人民法院民事判决、裁定先行给予承认和执行为必要条件。如果根据相关国家的法律，人民法院作出的民事判决、裁定可以得到该国法院承认和执行，且该国没有以不存在互惠关系为由拒绝承认和执行人民法院判决、裁定先例的，可以认定我国与该国存在承认和执行民事判决、裁定的互惠关系。

基本案情

2010 年 3 月 5 日，S 航运有限公司与某华（香港）轮船公司签订 3 份定期租船合同，将 3 艘船舶出租给某华（香港）轮船公司。2010 年 3 月 25 日，某华物流控股（集团）有限公司（以下简称某华物流公司）向 S 航运有限公司出具 3 份保函，为某华（香港）轮船公司履行上述租船合同提供担保。3 份保函均约定适用英国法，诉讼提交位于伦敦的英国高等法院审理。因某华（香港）轮船公司迟延支付租金，S 航运有限公司依据保函约定向英国高等法院对某华物流公司提起诉讼。某华物流公司到庭应诉。2015 年 3 月 18 日，英国高等法院作出〔2015〕EWHC 718（Comm）号判决，支持 S 航运有限公司的诉求。此后英国高等法院又对债权数额和诉讼费用等作出核定，分别于2015年4月27日和2016年10月3日作出命令、2016年11月1日作出最终费用证书、2018年5月17日作出修正命令。某华物流公司不服，向英国上诉法院提出上诉。2016年10月7日，英国上诉法院作出〔2016〕EWCA Civ 982号判决，对某华物流公司的上诉予以驳回。此后英国上诉法院又于2016年10月7日和2017年5月8日作出命令。某华物流公司未履行生效裁判确定的义务。S航运有限公司遂请求我国法院裁定承认英国高等法院、英国上诉法院的上述判决，以及相关一系列法院命令。某华物流公司辩称：我国与英国未缔结或参加相互承认和执行法院判决、裁定的国际条约，也未建立相应的互惠关系。

裁判结果

上海海事法院于2022年3月17日作出（2018）沪72协外认1号民事裁定：承认英国高等法院于2015年3月18日作出的〔2015〕EWHC 718（Comm）号判决及其在该案下于2015年4月27日、2016年10月3日作出的命令，2016年11月1日作出的最终费用证书和2018年5月17日作出的修正命令；承认英国上诉法院于2016年10月7日作出的〔2016〕EWCA Civ 982号判决及其在该案下于2016年10月7日、2017年5月8日作出的命令。

裁判理由

本案系申请承认外国法院民事判决案。根据《中华人民共和国民事诉讼法》（2021年修正）第二百八十九条的规定，人民法院对申请或者请求承认和执行的外国法院作出的发生法律效力的判决、裁定，依照中华人民共和国缔结或者参加的国际条约，或者按照互惠原则进行审查。由于我国与英国之间尚没有缔结或者参加相互承认和执行法院民事判决、裁定的国际条约，故应当以互惠原则作为是否承认英国法院判决的审查依据。

互惠原则是国际私法中平等互利原则的具体体现。我国民事诉讼法并未将互惠原则限定为必须是相关外国法院对我国法院民事判决、裁定先行承认和执行。当然，如果相关外国法院已有对我国法院民事判决、裁定予以承认和执行的先例，自然可以认定我国与该国存在承认和执行民事判决、裁定的事实互惠关系。然而，即便没有承认和执行我国民事判决、裁定的先例，但如果根据作出判决的外国法院所在国的法律，其承认和执行他国法院判决、裁定的条件与我国法律规定的条件实质相同或者更为宽松，则可以认定我国法院作出的民事判决、裁定在同等情形下可以得到该国法院的承认和执行。在此前提下，如果该国法院没有以不存在互惠关系为由拒绝承认和执行我国法院民事判决、裁定先例的，可以认定我国与该国存在法律上的互惠关系。

就本案而言，申请人S航运有限公司未举证英国法院有承认和执行我国法院民事判决、裁定的先例，不能证明我国与英国存在承认和执行民事判决、裁定的事实互惠关系。但是，从英国法院具体操作来看，外国法院的判决、裁定在英国寻求承认和执行时，需按英国的普通法规则，以外国法院的判决、裁定为依据，在英国法院重新提起诉讼；如果符合承认和执行的条件，英国法院将作出一个与原判决基本一致的判决，再按英国法规定的执行程序予以执行。这也是英美法系国家的惯常做法。根据英国法律，其并不以存在相关条约作为承认和执行外国法院判决、裁定的必要条件，并无证据证明我国法院判决、裁定在英国法院承认和执行存在法律障碍，亦未发现英国法院曾以不存在互惠关系为由不予承认和执行我国法院判决、裁定，故可以认定我国与英国存在法律上的互惠关系。案涉英国法院判决并不存在违反我国法律基本原则或者损害我国国家主权、安全、社会公共利益的情形。

综上，尽管我国与英国没有缔结或者参加相互承认和执行法院民事判决、裁定的国际条约，但本案可以根据互惠原则对案涉英国法院判决予以承认。

本案裁定承认英国法院判决后，英国高等法院于2022年12月对我国浙江杭州法院的两起判决予以承认。

相关法条

《中华人民共和国民事诉讼法》第299条（本案适用的是2021年修正的《中华人民共和国民事诉讼法》第289条）

2024-11-2-466-002

33. 杭州市人民检察院诉王某清生态破坏民事公益诉讼案

——碳汇认购替代修复生态环境损害的适用

关键词：民事　生态环境保护民事公益诉讼　滥伐林木　碳汇认购　替代修复　等量修复　生态价值损失确定

基本案情

2018年8月至10月期间，王某清从浙江省建德市下涯镇某村生产队十余名农户处受让位于该村北坞“池堰堪”山上林木的采伐经营权，并于2018年11月1日获得编号为021323×号林木采伐许可证。2018年11月上旬，王某清明知从农户处受让的林木不在采伐证范围之内，且未申请过采伐许可证，仍雇工将上述林木采伐。2020年8月4日，浙江省建德市人民法院作出（2020）浙0182刑初156号刑事判决，被告王某清因滥伐林木罪被判处有期徒刑二年六个月，缓刑三年，并处罚金人民币15000元。2022年4月10日，浙江省森林生态系统碳循环与固碳减排重点实验室作出《滥伐造成杉木林生态系统生态价值损失核算鉴定报告》（以下简称《报告》），认定“在只考虑滥伐20.76亩杉木林固碳量、水源涵养、水土保持三部分的价值损失情况下，经过核算，采伐的20.76亩杉木林造成的生态价值损失总额为35187.096元”。

浙江省杭州市人民检察院提起民事公益诉讼，请求判令：（1）王某清赔偿生态损失共计人民币35187元（款项用于购买碳汇）；（2）王某清在省级以上新闻媒体公开赔礼道歉。

浙江省杭州市中级人民法院于2022年6月9日作出（2022）浙01民初

638 号民事判决，判决：一、王某清赔偿生态损失费用共计人民币 35187 元（款项用于购买碳汇）；二、王某清于本判决生效之日起十五日内在媒体上刊登声明，公开赔礼道歉（声明内容需经本院审核，逾期未履行的，本院将选择媒体刊登本案判决主要内容，费用由被告王复清负担）。宣判后，公益诉讼起诉人、王某清均未提起上诉，判决已发生法律效力。

裁判理由

法院生效判决认为：被告王某清超出林木采伐许可证范围砍伐杉木林，造成生态公益林大量减损。王某清虽然主张未超范围砍伐，但对在先刑事判决并未提起上诉，而是对其认定的事实予以认可，该刑事判决现已生效，故对王某清未超范围砍伐的抗辩主张不予采信。王某清的行为已对案涉地域的生态环境造成破坏，损害了社会公共利益。依据《中华人民共和国森林法》第七十一条、《最高人民法院关于审理环境民事公益诉讼案件适用法律若干问题的解释》第十八条等规定，王某清应当承担破坏生态环境的侵权责任，赔偿生态损失费用，并公开赔礼道歉。

公益诉讼起诉人提交的《报告》中，根据案涉地域生态环境破坏的实际情况，主要围绕杉木林固碳量、水源涵养、水土保持三项生态指标的服务功能价值损失予以核算。《报告》所采用的计算方法科学合理，计算结果亦符合生态环境实际损害情况。公益诉讼起诉人关于请求判令被告王某清赔偿生态损失费用 35187 元的诉讼请求，具有事实和法律依据，依法予以支持。经查，我国已有依法设立的网上碳交易平台，通过该平台可以实现碳汇购买需求，故公益诉讼起诉人通过直接支付赔偿款购买碳汇的方式进行替代性修复，具有可操作性。对于公益诉讼起诉人的该项诉讼请求，依法予以支持。

裁判要旨

在审理环境公益诉讼案件中，当存在“原位同质”直接修复可能时，应当优先采取直接修复措施。对于难以采取直接修复措施的，可以根据当事人诉请，采用认购碳汇的方式替代修复生态环境，以实现生态环境服务功能的等量恢复。

关联索引

《中华人民共和国森林法》(2019 年修正)第 71 条

《中华人民共和国民事诉讼法》(2023 年修正)第 58 条(本案适用的是 2021 年修正的《中华人民共和国民事诉讼法》第 58 条)

《最高人民法院关于审理环境民事公益诉讼案件适用法律若干问题的解释》(法释〔2015〕1 号,2020 年修正)第 18 条、第 21 条、第 24 条

一审:浙江省杭州市中级人民法院(2022)浙 01 民初 638 号民事判决(2022 年 6 月 9 日)

2023-11-2-466-013

34. 贵州省江口县人民检察院诉陈某平生态破坏民事公益诉讼案

——文物及自然文化遗产保护中恢复性司法理念的运用及惩罚性赔偿责任的适用

关键词:民事 生态破坏民事公益诉讼 检察公益诉讼 文物 自然文化遗产 恢复性司法 惩罚性赔偿

基本案情

梵净山系世界自然遗产,属于国家 5A 级景区,被告刻划位置“金顶摩崖”属省级文物保护单位,是具有美学价值的人文景观,是自然遗产的组成部分。2021 年 7 月 11 日,陈某平在贵州省梵净山景区排队前往梵净山金顶时,使用登山手杖在省级文物保护单位——梵净山“金顶摩崖”上进行刻划。虽经其他游客提醒、劝阻,陈某平仍执意在该摩崖石壁上刻留“丽水陈

某”字样。检察机关通过民事公益诉讼立案调查，经鉴定，被告的刻划行为造成上述文物不可逆损害，其美学价值受到贬损，经济损失在 50000 元以上。经委托专业机构制定修复方案，修复费用需 60952.08 元、勘察设计费 38000 元。该案经依法指定管辖，由贵州省江口县人民检察院向江口县人民法院提起民事公益诉讼，请求判令陈某平承担文物修复费、修复方案设计费以及惩罚性赔偿金，并向社会公众赔礼道歉。

被告陈某平辩称，自己的刻划行为并没有对文物造成不可逆的损害后果，“金顶摩崖”上的刻划痕迹，时间久了就看不清楚了，游客不注意看根本看不到；自己的上述刻划行为已经受到了相应的行政处罚，检察机关起诉的修复费用、勘察设计费用及惩罚性赔偿金额过高，不予认可。

贵州省江口县人民法院于 2022 年 3 月 25 日作出（2022）黔 0621 民初 367 号民事判决：一、被告陈某平于判决生效后三十日内向贵州省江口县人民检察院支付文物修复费 60952.08 元、勘察设计费 38000 元，由贵州省江口县人民检察院转付修复单位及设计单位；二、被告陈某平于判决生效后三十日内向法院指定账户支付生态环境损害惩罚性赔偿金 25000 元，由法院上缴国库；三、被告陈某平于判决生效后三十日内，就其违法行为在国家级新闻媒体上向社会公众赔礼道歉；四、驳回公益诉讼起诉人的其他诉讼请求。宣判后，陈某平以没有造成严重后果、判决确定的金额过高为由，提起上诉。贵州省铜仁市中级人民法院 2022 年 5 月 18 日作出（2022）黔 06 民终 1151 号民事判决：驳回上诉，维持原判。

裁判理由

法院生效裁判认为，本案争议焦点有二：一是被告陈某平是否应当承担侵权责任；二是承担侵权责任的方式。

其一，梵净山“金顶摩崖”是贵州省级文物保护单位，系梵净山世界自然遗产保护范围。被告陈某平在“金顶摩崖”刻划留字的行为对该处文物造成了损害，破坏了文物的原始状态，侵害了梵净山世界自然遗产保护区的生态环境，应承担民事侵权责任。关于被告陈某平提出自己的行为未对梵净山“金顶摩崖”造成不可逆的损害、没有产生严重后果的抗辩意见。经查，被告的违法行为导致的损害结果，经文物鉴定部门出具专业认定意见，且仍处于被破坏状态，被告的抗辩意见与法院查明事实不符，依法不予采纳。

其二，被告陈某平的行为对文物及自然文化遗产造成不可逆的损害，国家规定的机关或者法律规定的组织有权请求侵权人在合理期限内承担修复责任。侵权人在期限内未修复的，国家规定的机关或者法律规定的组织可以自行或者委托他人进行修复，所需费用由侵权人负担。有权请求侵权人赔偿生态环境受到损害至修复完成期间服务功能丧失导致的损失，生态环境功能永久性损害造成的损失，生态环境损害调查、鉴定评估等合理费用。同时，对文物保护单位进行修缮，应当根据文物保护单位的级别报相应的文物行政部门批准，被告陈某平对文物所造成的损害，其自身不具备修复能力，应当报相应的文物行政部门批准，由具备资质的单位修复。综上，公益诉讼起诉人诉请由被告陈某平承担修复费用 60952.08 元、方案勘察设计费 38000 元，由主管部门委托第三方专业机构进行修复，于法有据，予以支持。

关于公益诉讼起诉人要求被告陈某平承担惩罚性赔偿的诉请。被告陈某平用登山手杖在梵净山“金顶摩崖”上刻划，在其他游客劝阻提醒的情形下，仍执意刻下“丽水陈某”字样，故意破坏生态环境，不仅违反了法律规定，也违背了文明、法治和诚信的社会主义核心价值观，且造成了文物损害的严重后果。依照《中华人民共和国民法典》第一千二百三十二条“侵权人违反法律规定故意污染环境、破坏生态造成严重后果的，被侵权人有权请求相应的惩罚性赔偿”之规定，被告陈某平依法应当承担惩罚性赔偿。根据专家意见，综合考虑被告陈某平对自己的行为当庭道歉，已经接受了行政处罚，且不存在因破坏生态环境获利等情形，确定其承担支付生态环境损害惩罚性赔偿金 25000 元；并对其违法行为在国家级新闻媒体上向社会公众赔礼道歉。

裁判要旨

1. 案涉不可移动文物属于世界自然遗产保护范围，游客的刻划行为造成了文物不可逆损害，贬损了该文物的艺术价值及科学研究价值，破坏了景区的整体生态环境，应当承担相应责任。

2. 根据民法典、《最高人民法院关于审理生态环境侵权纠纷案件适用惩罚性赔偿的解释》等相关法律的规定，对于违反法律规定故意污染环境、破坏生态造成严重后果的，应当坚持损害担责、全面赔偿原则，正确适用惩罚性赔偿。

关联索引

《中华人民共和国民法典》第179条、第1229条、第1232条、第1234条、第1235条

《最高人民法院关于审理环境民事公益诉讼案件适用法律若干问题的解释》（法释〔2015〕1号，2020年修正）第20条、第22条

《最高人民法院关于审理生态环境侵权纠纷案件适用惩罚性赔偿的解释》（法释〔2022〕1号）第9条、第10条、第12条

一审：贵州省江口县人民法院（2022）黔0621民初367号民事判决（2022年3月25日）

二审：贵州省铜仁市中级人民法院（2022）黔06民终1151号民事判决（2022年5月18日）

2023-11-2-466-024

35. 山东省济南市人民检察院诉济南某肿瘤医院有限公司、济南市某人民医院、中国人民解放军某部队医院环境污染民事公益诉讼案

——侵权行为对环境公共安全造成损害危险的，国家规定的机关或者法律规定的组织可以提起预防性环境污染民事公益诉讼

关键词：民事　环境污染民事公益诉讼　预防性　损害危险　不作为侵权　禁止令　先予执行　连带责任

基本案情

济南市某人民医院（以下简称某人民医院）与亿某集团有限公司合作经营济南市 1×6 医院。在此基础上，设立济南某肿瘤医院（现济南某肿瘤医院有限公司，以下简称济南某肿瘤医院）。

2008 年 12 月 17 日，济南某肿瘤医院引进瑞典医某达公司伽马刀设备一套，内含 201 枚 Co–60 Ⅱ类放射源。2010 年 7 月 19 日取得原山东省环境保护局颁发的辐射安全许可证，系涉案放射源的法律上的使用人。2013 年，某人民医院与中国人民解放军某军区总医院（现中国人民解放军某部队医院，以下简称某部队医院）签订《医疗设备租借协议书》，约定将伽马刀设备租借给某部队医院，双方按项目毛收入提取收益。由此，某人民医院和某部队医院成为涉案放射源的实际使用人。

2016 年 7 月，医疗设备租借协议终止，涉案放射源一直闲置于某部队医院处，对环境公共安全造成了潜在严重危险。2021 年 3 月 12 日，山东省生态环境厅指定北京核某源科技发展有限公司代为处置涉案放射源，由济南某肿瘤医院承担处置费用。济南某肿瘤医院对涉案放射源处置存在异议，认

为应当由实际使用人承担处置费用。某人民医院、某部队医院和济南某肿瘤医院就处置责任承担产生纷争，行政处理受阻，导致涉案放射源一直未能得到处置，带来放射性污染严重危险。山东省济南市人民检察院（以下简称济南市检察院）依法提起本案诉讼，请求依法判令济南某肿瘤医院、某人民医院、某部队医院承担放射源处置费用 290 万元，济南某肿瘤医院履行协助办理处置手续义务。

为防止涉案放射源处置不当，产生污染，经济南市检察院申请，济南铁路运输中级法院于 2022 年 8 月 10 日依法作出（2022）鲁 71 民初 64 号民事裁定和禁止令，责令济南某肿瘤医院、某人民医院、某部队医院自裁定生效之日起至裁定解除之日止，未经法院或生态环境主管机关准许，不得擅自处置涉案伽玛刀医疗设备及内含 Co-60 放射源。

二审中，济南市检察院申请先予执行济南某肿瘤医院、某人民医院、某部队医院消除涉案放射源危险费用 290 万元。山东省高级人民法院于 2023 年 3 月 13 日作出（2023）鲁民终 143 号民事裁定，准予对济南某肿瘤医院、某人民医院、某部队医院先予执行消除放射源危险费用 290 万元。2023 年 5 月 9 日，济南铁路运输中级法院依法执行某人民医院 290 万元。2023 年 7 月 10 日，在相关部门、单位的监督下，由具有处置资质的北京核某源科技发展有限公司将涉案放射源搬离某部队医院，放射性污染风险消除。

济南铁路运输中级法院于 2022 年 12 月 30 日作出（2022）鲁 71 民初 64 号民事判决：一、某人民医院、济南某肿瘤医院、某部队医院共同支付放射源处置费用 290 万元，该款项在本判决生效之日起十日内缴纳至法院指定账户；二、济南某肿瘤医院于本判决生效之日起十日内履行协助办理处置手续义务。宣判后，济南某肿瘤医院、某部队医院提起上诉。山东省高级人民法院于 2023 年 6 月 30 日作出（2023）鲁民终 143 号民事判决：一、维持济南铁路运输中级法院（2022）鲁 71 民初 64 号民事判决第二项：济南某肿瘤医院于本判决生效之日起十日内履行协助办理处置手续义务。二、变更济南铁路运输中级法院（2022）鲁 71 民初 64 号民事判决第一项为：济南某肿瘤医院、某人民医院、某部队医院连带支付放射源处置费用 290 万元。

裁判理由

法院生效裁判认为：

一、本案能否提起环境污染民事公益诉讼

《中华人民共和国民法典》第一千一百六十七条规定：“侵权行为危及他人人身、财产安全的，被侵权人有权请求侵权人承担停止侵害、排除妨碍、消除危险等侵权责任。”《最高人民法院关于审理环境民事公益诉讼案件适用法律若干问题的解释（2020修正）》第一条规定：“法律规定的机关和有关组织依据民事诉讼法第五十五条、环境保护法第五十八条等法律的规定，对已经损害社会公共利益或者具有损害社会公共利益重大风险的污染环境、破坏生态的行为提起诉讼，符合民事诉讼法第一百一十九条第二项、第三项、第四项规定的，人民法院应予受理。”损害必担责，损害既包括现实的损害，也包括潜在的危险。

本案中，涉案伽马刀内含201枚Co-60放射源，具有极高危险性，应当严格依照规定进行管理、使用。但是，该设备自2016年8月起便一直处于闲置状态，未得到处置。该放射源的违规闲置已经对环境公共安全造成了潜在严重危险，一旦泄漏将造成严重的环境污染，给人民群众生命健康带来严重损害。在相关行政执法手段未能起到消除危险作用时，及时将造成污染危险的线索移交检察机关提起环境民事公益诉讼，通过司法程序防止危险发生，可以很好地弥补行政执法手段的不足，有利于保护生态环境。针对涉案放射源闲置问题，生态环境部门履行了相应的行政管理职责，但因消除危险责任主体确定难、责任承担分歧大以及行政执法的非终局性，影响了涉案放射源的及时有效处置。在此情形下，济南市检察院提起预防性环境民事公益诉讼，诉请法院判令济南某肿瘤医院、某部队医院和某人民医院承担消除危险处置费用以及由济南某肿瘤医院协助办理处置手续，具有事实根据，符合法律规定。

二、关于涉案放射源的处置责任主体问题

关于济南某肿瘤医院的处置责任问题。济南某肿瘤医院引进涉案放射源后，向生态环境部门申请办理了辐射安全行政许可等使用手续，是涉案放射源的法律上的使用人。后期某人民医院、某部队医院实际使用涉案放射源，但未依法办理变更许可使用手续，济南某肿瘤医院仍为法律上的使用权人。因此，济南某肿瘤医院对涉案放射源具有安全防护和闲置处置的法定义务。济南某肿瘤医院作为法律上的使用权人未尽到处置义务，应当对涉案放射源闲置造成的严重危险承担消除责任。

关于某人民医院的处置责任问题。2013年，某人民医院与某部队医院签订《医疗设备租借协议书》，2013年5月1日至2016年7月31日期间，在未经生态环境部门许可的情形下，合作使用涉案伽马刀放射源，某人民医院由此获取收益，某人民医院与某部队医院同为涉案放射源的实际使用者。法律规定的放射源使用者，既包括依法取得行政许可的使用者，也包括未取得合法使用资格但实际使用放射源的使用者，都应当依法承担放射源处置责任。作为专业医疗机构，实际使用放射源单位，某人民医院知晓涉案放射源处置不当会对生态环境造成严重损害，其不履行处置义务，亦应当对涉案放射源闲置造成的严重危险承担消除责任。

关于某部队医院的处置责任问题。某部队医院与某人民医院通过签订租借协议，占有、使用涉案放射源，某部队医院同为涉案放射源的实际使用人。同理，其亦应当依法承担涉案放射源处置责任。虽然租借协议终止后，某部队医院一直督促某人民医院将涉案放射源搬离，向卫生主管部门进行了汇报，并通电维护。但是，某部队医院采取的措施不符合《放射性同位素与射线装置安全和防护条例》及安全防护管理办法的规定，并未尽到处置责任。作为医疗专业机构和涉案放射源的实际使用人，不依法履行处置义务，亦应当对涉案放射源闲置造成的严重危险承担消除责任。

三、关于消除危险所需290万元处置费用的性质以及如何承担问题

关于290万元处置费用的性质。济南市检察院的诉讼请求形式上是承担放射源处置费用，实际为消除放射性危险。某人民医院、济南某肿瘤医院、某部队医院不履行处置责任，因其没有处置资格，故由山东省生态环境厅指定具有资格的核某源公司代为处置，所需290万元费用是某人民医院、济南某肿瘤医院、某部队医院不履行处置涉案放射源责任转化而来，系消除涉案放射源潜在危险的费用。

关于消除危险处置费用的承担。民法典第一千一百七十一条规定："二人以上分别实施侵权行为造成同一损害，每个人的侵权行为都足以造成全部损害的，行为人承担连带责任。"首先，从侵权行为主体分析，侵权主体有三人：济南某肿瘤医院作为涉案放射源法律上的使用权人，将放射源交由他人使用，致使放射源长期脱离其管理控制，在涉案放射源闲置时，不履行处置责任，造成了放射性污染危险；某人民医院、某部队医院作为涉案放射源的实际使用者，在涉案放射源闲置时，各自不履行处置涉案放射源的责任，也造成放射性污染危险。济南某肿瘤医院、某人民医院和某部队医院不处置涉案放射源的侵权行为，相互独立，不存在主观上的共同故意，也不存在共同过失，属于分别实施了不履行处置责任的侵权行为。其次，从损害后果分析，济南某肿瘤医院、某人民医院、某部队医院不处置涉案放射源的侵权行为，导致了涉案放射源产生严重放射性污染危险的损害后果，损害的性质和内容相同，具有同一性，属于造成同一损害事实的情形。最后，从因果关系分析，济南某肿瘤医院、某人民医院、某部队医院不处置涉案放射源的侵权行为，对放射性污染风险后果的发生都有全部的原因力，各自的行为均足以导致污染风险后果的发生。也就是说，济南某肿瘤医院、某人民医院、某部队医院中的任何一个侵权者若能积极履行处置责任，都足以避免放射性污染危险的发生。反过来讲，济南某肿瘤医院、某人民医院、某部队医院三家单位，每个节点的不依法处置侵权行为，都足以导致涉案放射源产生污染危险，都与危险发生具有因果关系。综上，济南某肿瘤医院、某人民医院、某部队医院分别实施的侵权行为，导致了放射性污染危险同一后果，每一个侵权行为都足以导致放射性污染危险的发生，应当连带承担涉案放射源处置所需的290万元费用。

裁判要旨

1. 侵权行为虽未造成现实损害，但对环境公共安全造成损害危险的，国家规定的机关或者法律规定的组织可以提起预防性环境污染民事公益诉讼。人民法院可以采取禁止令保全措施给予救济，及时制止损害的发生或继续扩大。对于具有严重危害环境公共安全危险情形的，人民法院可以裁定先予执行。

2. 不作为侵权是侵权行为的一种特殊形式。侵权人分别实施不作为侵权行为，造成同一危险，且每一个人实施的不作为侵权行为都足以造成危险发生的，各侵权人应当对消除危险承担连带责任。

关联索引

《中华人民共和国民事诉讼法》第 58 条

《中华人民共和国民法典》第 1167 条、第 1168 条、第 1171 条

《中华人民共和国放射性污染防治法》第 32 条第 2 款

《最高人民法院关于审理环境民事公益诉讼案件适用法律若干问题的解释》（法释〔2015〕1 号，2020 年修正）第 1 条、第 18 条

一审：济南铁路运输中级法院（2022）鲁 71 民初 64 号民事判决（2022 年 12 月 30 日）

二审：山东省高级人民法院（2023）鲁民终 143 号民事判决（2023 年 6 月 30 日）

2024-18-2-467-001

36. 沈阳市人民检察院诉曾某鑫英雄烈士保护民事公益诉讼案

——在网络社交平台发表贬损、丑化英烈形象的言论应当承担法律责任

关键词：民事　英雄烈士保护民事公益诉讼　网络社交平台
社会公共利益　法律责任

基本案情

2021 年 2 月 19 日，中央军委对中国人民解放军某边防团官兵在中印加勒万河谷边境誓死捍卫祖国领土的事迹进行表彰。当日晚，曾某鑫在二百多人的微信群聊中多次就该事件发布带有侮辱性的不实、不当言论。有群众向公安机关进行举报，检察机关发现上述案件线索。某边防团团长祁某宝本人及四位烈士的近亲属均同意由检察机关开展公益诉讼。检察机关在履行公益诉讼公告程序后依法向人民法院提起民事公益诉讼，要求曾某鑫在省级以上媒体公开赔礼道歉、消除影响。

辽宁省沈阳市中级人民法院于 2021 年 9 月 22 日作出（2021）辽 01 民初 3024 号民事判决：被告曾某鑫于本判决生效之日起十日内在辽宁省省级以上媒体公开赔礼道歉、消除影响，内容需经法院审查。如曾某鑫拒不履行，法院将在辽宁省省级报纸上公布判决的主要内容，相关费用由曾某鑫负担。宣判后，曾某鑫主动履行了生效判决确定的义务。一审判决已发生法律效力。

裁判理由

法院生效裁判认为：检察机关履行法定程序，有权作为公益诉讼起诉人向法院提起英雄烈士保护民事公益诉讼。英雄烈士的事迹和精神受国家所褒扬，承载着民族的共同记忆和共同情感，是民族精神的重要体现，也是社会主义核心价值观的重要内容。英雄烈士的名誉和荣誉是社会公共利益的一部分，依法受法律保护。卫国戍边英雄践行使命、忠诚担当、不畏牺牲、矢志不渝，誓死保卫祖国和人民，用生命和鲜血捍卫了祖国的领土完整。全社会都应当尊重英雄、缅怀烈士、弘扬英雄烈士精神，自觉维护英雄烈士的名誉和荣誉。

本案中，被告曾某鑫在人数众多的微信群中多次针对中印边境冲突事件发布不实和不当言论，歪曲卫国戍边官兵的英雄事迹，诋毁卫国戍边官兵的英雄精神，降低英雄烈士的英勇形象和精神价值。曾某鑫的行为方式符合以贬损、丑化的方式损害英雄烈士名誉和荣誉权益的特征。曾某鑫所发布的言论被群内多人所见，造成恶劣社会影响，不但损害了英雄烈士个人的人格权益，而且侵害了社会公共利益。根据《中华人民共和国民法典》和《中华人民共和国英雄烈士保护法》的相关规定，曾某鑫应当承担在省级以上媒体公开赔礼道歉、消除影响的民事侵权责任。

裁判要旨

在人数众多的网络社交平台发表侮辱、诽谤英雄烈士的言论的行为，属于英雄烈士保护法第二十五条规定的“侵害英雄烈士的名誉、荣誉，损害社会公共利益的行为”。对于所涉行为，英雄烈士没有近亲属或者近亲属不提起诉讼，检察机关提起民事公益诉讼的，人民法院依法判令行为人承担赔礼道歉、消除影响等民事责任。

关联索引

《中华人民共和国民法典》第 185 条

《中华人民共和国英雄烈士保护法》第 22 条、第 25 条、第 26 条

一审：辽宁省沈阳市中级人民法院（2021）辽 01 民初 3024 号民事判决（2021 年 9 月 22 日）

2024-18-2-468-001

37. 江苏省宿迁市人民检察院诉章某未成年人保护民事公益诉讼案

——对向未成年人提供文身服务的行为可以依法提起公益诉讼

关键词：民事　未成年人保护民事公益诉讼　文身　最有利于未成年人原则　损害公共利益

基本案情

被告章某自 2017 年 6 月 1 日开始从事文身经营，但未办理营业执照，未取得卫生许可证、健康证，同时文身服务的消费者中包括未成年人。其间，章某累计提供文身服务的消费者有数百人，未成年人占比约 70%。2018 年至 2019 年，曾有未成年人家长反对章某为子女文身并发生纠纷，后由公安机关介入处理。此后，章某仍然向未成年人提供文身服务。本案中，章某确认为案涉 40 余名未成年人提供文身服务，并为 7 名未成年人清除文身，分别收取数十元至数百元不等的费用。案涉文身未成年人陈述，章某在提供文身服务时不核实年龄及身份；部分未成年人及其法定代理人陈述，因文身导致就学、就业受阻。经检测，章某文身时使用的颜料中游离甲醛超标 1.2 倍，证明其使用的文身颜料中含有毒有害成分。

2020 年 12 月 25 日，江苏省沭阳县人民检察院立案调查章某向不特定多数未成年人提供有偿文身服务的行为，同日履行公告程序。公告期满后，无法律规定的机关和有关组织提起公益诉讼。江苏省宿迁市人民检察院认为，章某的行为侵害不特定未成年人的合法权益，损害社会公共利益，遂提起公益诉讼。

江苏省宿迁市中级人民法院于2021年6月1日作出民事判决：一、被告章某立即停止向未成年人提供文身服务的行为；二、被告章某在国家级公开媒体向社会公众书面赔礼道歉。宣判后，公益诉讼起诉人及被告均未提起上诉，判决已发生法律效力。2021年6月3日，章某在《中国青年报》发表《公开道歉书》，向文身的未成年人、家人以及社会各界公开赔礼道歉，并表示今后不再为未成年人文身。

裁判理由

法院生效判决认为，本案的争议焦点是：章某向未成年人提供文身服务是否侵害未成年人合法权益，以及是否损害社会公共利益。

第一，章某向未成年人提供文身服务侵害未成年人合法权益。文身属于有创行为，通过用针刺破皮肤后将颜料渗入的方式形成永久性色素沉着，产生长期留存的图案，可能导致未成年人皮肤发炎，并伴随感染风险。文身在一定程度上具有不可逆的特征，文身未成年人一旦后悔，悔恨感将长期伴随，造成持久的精神伤害。未成年人文身易遭受社会公众负面评价，并在入学、参军、就业等过程中受阻，影响其成长和发展。章某向未成年人提供文身服务，对未成年人身心健康、社会交往、就学就业产生了不利影响，违反了未成年人保护法对未成年人予以特殊、优先保护的规定，侵害了未成年人合法权益，属于《中华人民共和国消费者权益保护法》第四十八条规定的"法律、法规规定的其他损害消费者权益的情形"。

第二，章某向不特定未成年人提供文身服务的行为损害社会公共利益。未成年人的发展与国家命运、民族命运紧密关联，未成年人的健康成长是至关重要的国家利益和社会公共利益。《中华人民共和国未成年人保护法》第六条规定未成年人保护是全社会的共同责任，突出了国家、社会、学校、家庭等对未成年人的多层次保护。章某虽未办理经营执照但实际从事文身经营服务，且已具备一定规模。作为实际运行的市场主体，章某在经营活动中未尽到审核筛选义务，其主要服务对象是未成年消费者，且侵害不特定未成年人利益的因素始终存在，属于损害社会公共利益的行为。为防止损害行为的持续与反复，使损害结果和范围不再继续扩大，应当承担停止侵害、赔礼道歉等民事责任。

裁判要旨

经营者在经营活动中应充分考虑未成年人的利益，不得从事危害未成年人身心健康的经营行为。经营者向不特定未成年人提供文身消费服务，对未成年人身心健康、社会交往、就学就业产生不利影响，不仅侵害未成年人的合法权益，也损害社会公共利益。检察机关依法提起公益诉讼，请求经营者承担停止侵害、赔礼道歉等民事责任的，人民法院依法应予支持。

2024-01-2-470-002

38. 包头某商务信息咨询中心等诉石河子某股权投资有限合伙企业、包头市某稀土电磁材料股份有限公司第三人撤销之诉案

——股东对公司法人参加诉讼的民事裁判不具备提起第三人撤销之诉的主体资格

关键词：民事诉讼　第三人撤销之诉　公司法人　股东
原告主体资格　不予受理

基本案情

原告石河子某股权投资有限合伙企业诉包头市某稀土电磁材料股份有限公司（以下简称包头市某稀土公司）公司决议撤销纠纷一案，内蒙古自治区包头市稀土高新技术产业开发区人民法院于2022年9月21日作出（2021）

内 0291 民初 2147 号民事判决，撤销包头市某稀土公司于 2021 年 9 月 2 日作出的《2021 年第二次临时股东大会决议》及 2021 年 10 月 25 日作出的《2021 年第三次临时股东大会决议》。包头市某稀土公司不服，提起上诉。内蒙古自治区包头市中级人民法院二审作出（2023）内 02 民终 254 号民事判决：驳回上诉，维持原判。包头某商务信息咨询中心、包头市乐某管理中心、包头市威某管理中心、李某等系包头市某稀土公司的股东，认为上述判决侵害了股东的合法权益，提起第三人撤销之诉。

内蒙古自治区包头市中级人民法院于 2023 年 9 月 22 日作出（2023）内 02 民撤 4 号民事裁定：对包头某商务信息咨询中心、包头市乐某管理中心、包头市威某管理中心、李某提起的第三人撤销之诉，不予受理。宣判后，包头某商务信息咨询中心等不服，提起上诉。内蒙古自治区高级人民法院于 2023 年 11 月 16 日作出（2023）内民终 731 号民事裁定：驳回上诉，维持原裁定。

裁判理由

法院生效裁判认为：本案系包头某商务信息咨询中心等包头市某稀土公司的股东针对已经生效的包头市中级人民法院（2023）内 02 民终 254 号民事判决及包头市稀土高新技术产业开发区人民法院（2021）内 0291 民初 2147 号民事判决而提起的第三人撤销之诉。《中华人民共和国民事诉讼法》第五十九条规定："对当事人双方的诉讼标的，第三人认为有独立请求权的，有权提起诉讼。对当事人双方的诉讼标的，第三人虽然没有独立请求权，但案件处理结果同他有法律上的利害关系的，可以申请参加诉讼，或者由人民法院通知他参加诉讼。人民法院判决承担民事责任的第三人，有当事人的诉讼权利义务。前两款规定的第三人，因不能归责于本人的事由未参加诉讼，但有证据证明发生法律效力的判决、裁定、调解书的部分或者全部内容错误，损害其民事权益的，可以自知道或者应当知道其民事权益受到损害之日起六个月内，向作出该判决、裁定、调解书的人民法院提起诉讼。人民法院经审理，诉讼请求成立的，应当改变或者撤销原判决、裁定、调解书；诉讼请求不成立的，驳回诉讼请求。"第三人撤销之诉制度的功能主要是保护受错误生效裁判损害的未参加原诉的第三人的合法权益，因此，提起第三人撤销之诉的主体必须符合本应作为第三人参加原诉的身份条件。

本案中，（2021）内0291民初2147号民事判决、（2023）内02民终254号民事判决撤销了包头市某稀土公司于2021年9月2日作出的《包头市某稀土公司2021年第二次临时股东大会决议》及2021年10月25日作出的《包头市某稀土公司2021年第三次临时股东大会决议》。被撤销的股东大会决议属于包头市某稀土公司的公司行为，包头某商务信息咨询中心、包头市乐某管理中心（有限合伙）、包头市威某管理中心（有限合伙）、李某作为该公司股东，对公司法人和他人之间的诉讼案件标的不具有独立请求权，不属于该案有独立请求权的第三人；（2021）内0291民初2147号、（2023）内02民终254号民事判决亦未判决包头某商务信息咨询中心、包头市乐某管理中心（有限合伙）、包头市威某管理中心（有限合伙）、李某承担民事责任，其与该案处理结果不存在法律上的利害关系，不属于该案无独立请求权的第三人。同时，包头某商务信息咨询中心、包头市乐某管理中心（有限合伙）、包头市威某管理中心（有限合伙）、李某作为包头市某稀土公司的股东，在（2021）内0291民初2147号、（2023）内02民终254号案件的诉讼过程中，其股东利益和意志已由包头市某稀土公司所代表和表达，则其不应再以第三人身份参加该案诉讼。因此，包头某商务信息咨询中心、包头市乐某管理中心（有限合伙）、包头市威某管理中心（有限合伙）、李某不符合以第三人身份提起本案撤销之诉的条件。

裁判要旨

股东与公司之间系利益共同体。公司参加民事诉讼的裁判结果一般都会影响公司的资产、利益，从而间接影响股东的利益。基于公司利益和股东利益具有一致性，公司对外活动应推定为股东整体意志的体现，公司在诉讼活动中的主张也应认定为代表股东的整体利益。因此，虽然公司诉讼的处理结果会间接影响股东的利益，但股东的利益和意见已经在诉讼过程中由公司所代表，公司股东不能再作为第三人参加公司对外进行的诉讼。对于公司对外诉讼的生效裁判，股东不具有提起第三人撤销之诉的主体资格。

关联索引

《中华人民共和国民事诉讼法》（2023年修正）第59条（本案适用的是2021年修正的《中华人民共和国民事诉讼法》第59条）

一审：内蒙古自治区包头市中级人民法院（2023）内02民撤4号民事裁定（2023年9月22日）

二审：内蒙古自治区高级人民法院（2023）内民终731号民事裁定（2023年11月16日）

2024-07-2-471-010

39. 蒋某诉郑某飞、庄某辉等案外人执行异议之诉案

——“买受人名下无其他用于居住的房屋”的具体认定

关键词：民事　案外人执行异议之诉　消费者　商品房　抵押　家庭合理居住需求　排除执行

基本案情

蒋某诉称，自己对案涉房产享有物权期待权，其购买两套房产均系用于居住，符合《最高人民法院关于人民法院办理执行异议和复议案件若干问题的规定》（以下简称《执行异议和复议规定》）第二十九条的规定，故请求不得执行案涉房产。

郑某飞、庄某辉、海口某担保有限公司（以下简称海口某担保公司）、王某共同辩称，蒋某购买案涉房产并非用于居住，故其对案涉房产提起的执行异议不符合《执行异议和复议规定》第二十九条关于“买受人名下无其他用于居住的房屋”的规定，应驳回蒋某的诉讼请求。

法院经审理查明：2014年3月8日，蒋某与海南某投资咨询有限公司（以下简称海口某投资公司）签订两份《澄迈商品房买卖合同》，由蒋某分别购买案涉项目18号楼5层502房及501房。根据该两份《澄迈商品房买卖合同》的内容，蒋某所购案涉项目18号楼5层502房及501房的建筑面积分别为89.02平方米、86.67平方米，总房款分别为327594元、318946元。同日，蒋某向海南某投资公司支付完房款，海南某投资公司向蒋某出具两份收据。

另查明，2014年9月29日，海南省海口市中级人民法院（以下简称海口中院）依据海口某担保公司、王某、郑某飞、庄某辉提出的诉前财产保全的申请，裁定查封了海南某投资公司名下案涉项目住宅价值6800万元的房产。2015年12月22日，海口中院就海口某担保公司、王某、郑某飞、庄某辉诉海南某投资公司借款合同纠纷一案作出（2014）海中法民一初字第78号民事判决：海南某投资公司于该判决生效之日起十日内向海口某担保公司、郑某飞、庄某辉、王某偿还借款本金5750万元并支付利息和违约金（利息和违约金计算：以5750万元为本金，按年利率24%计算，自2014年5月28日起计付至款项付清之日止）。宣判后，海南某投资公司不服，提起上诉。2016年8月31日，海南省高级人民法院作出（2016）琼民终128号民事判决：驳回上诉，维持原判。

在（2016）琼民终128号案件执行过程中，海口中院于2017年1月9日作出（2016）琼01执441号执行裁定及（2016）琼01执441号之一公告，查封海南某投资公司名下的案涉项目的199套房产。已查封的上述房产包括蒋某购买的502房及501房。蒋某以其已购买上述两套房产为由，向海口中院提出执行异议，要求对上述两套房产停止执行并解除查封。

海口中院作出（2017）琼01执异129号执行裁定：一、中止对502房产的执行；二、驳回蒋某对501房中止执行的异议请求。蒋某不服该裁定书第二项裁定内容，遂提起案外人执行异议之诉。

再查明，2018年3月9日，澄迈县不动产登记中心出具澄不动产说明函〔2018〕17422号《情况说明》，其中载明蒋某在该中心房屋产权档案管理目录登记信息中无产权登记记录。蒋某家共有五口人，分别为蒋某、蒋某的丈夫、孩子以及公公、婆婆。经实地勘察，501 房所在案涉项目 18 号楼外墙面仍未完工，尚未安装电梯。501 房和 502 房紧挨着，共用一个入户门。

海南省海口市中级人民法院于 2018 年 5 月 4 日作出（2017）琼 01 民初 540 号民事判决：一、确认蒋某与海南某投资公司于 2014 年 3 月 8 日签订的购买涉案房产的《澄迈商品房买卖合同》合法有效；二、驳回蒋某的其他诉讼请求。宣判后，蒋某不服，提起上诉。海南省高级人民法院于 2018 年 12 月 23 日作出（2018）琼民终 873 号民事判决：一、撤销一审判决；二、不得执行案涉 501 房；三、驳回蒋某的其他诉讼请求。

裁判理由

法院生效裁判认为：根据《执行异议和复议规定》第二十九条的规定，在金钱债权执行中，买受人对登记在被执行的房地产开发企业名下的商品房提出执行异议时，获得人民法院支持应当同时满足三个要件，即在人民法院查封之前已签订合法有效的书面买卖合同，所购商品房系用于居住且买受人名下无其他用于居住的房屋，以及支付的价款超过合同约定总价款的百分之五十。

首先，虽然海口某担保公司就案涉 501 房所在的土地使用权及地上建筑物办理了抵押登记，但海口某担保公司并未在房产管理部门办理 501 房的抵押登记手续，且蒋某购买 501 房时海南某投资公司已取得 501 房的预售许可证，因此 501 房符合商品房销售条件。501 房所在的土地使用权及地上建筑物已办理抵押登记并不影响该合同的效力。蒋某在一审法院查封 501 房之前与海南某投资公司签订的《澄迈商品房买卖合同》合法有效。

其次，本案现有证据表明，蒋某已支付全部房款。法院经审理查明，蒋某已在合同签订当日向海南某投资公司支付购房款 318946 元，该金额和《澄迈县商品房买卖合同》约定的房款一致，且海南某投资公司据此开具了收据，故本案可以认定蒋某在 501 房被查封之前已向海南某投资公司支付全部房款。

最后，本案证据能够证明，蒋某购买 501 房系用于居住，其目的属于满足家庭生活的合理消费。经查看核实，501 房与 502 房紧邻，共用一个入户门。上述两套房产面积均不大且仅一墙之隔，蒋某称购房时计划将两套房产打通为一套房使用的陈述符合常理，是为了在原有住房不能满足现有家庭成员的居住要求下赢得必要的居住环境及空间。上述两套房产实际上可视为一个整体，属满足生存权的合理消费范畴之内，并非用于商业投资。蒋某在澄迈县境内无其他房产，故蒋某购买 501 房符合《执行异议和复议规定》第二十九条第二项关于“所购商品房系用于居住且买受人名下无其他用于居住的房屋”的规定。蒋某对案涉房产享有足以排除强制执行的民事权益，对其请求停止对案涉房产强制执行的诉讼请求，应予支持。

裁判要旨

人民法院依据《最高人民法院关于人民法院办理执行异议和复议案件若干问题的规定》第二十九条的规定审查案外人对被执行的房产是否享有足以排除执行的民事权益时，不应机械理解该条第三项“买受人名下无其他用于居住的房屋”的规定。案外人购买的房产是用于必要的居住需求，且并非用于商业性投资的，仍属满足生存权的合理消费范畴，可以适用该条规定排除执行。

关联索引

《最高人民法院关于人民法院办理执行异议和复议案件若干问题的规定》（法释〔2015〕10 号）第 29 条

一审：海南省海口市中级人民法院（2017）琼 01 民初 540 号民事判决（2018 年 5 月 4 日）

二审：海南省高级人民法院（2018）琼民终 873 号民事判决（2018 年 12 月 23 日）

2024-07-2-472-001

40. 某资产管理公司河北分公司与张某、刘某科、胡某林等追加、变更被执行人异议之诉案

——股东以不动产实物出资时，因客观原因未办理权属变更手续但已实际交付使用的视为出资到位

关键词：民事 追加、变更被执行人异议之诉 股东非货币出资交付 注册资本金

基本案情

某资产管理公司河北省分公司（以下简称某资产管理河北分公司）诉河北某实业集团有限公司（以下简称河北某实业公司）、河北某科技公司、李某甲、李某乙借款合同纠纷一案，河北省石家庄市中级人民法院（以下简称石家庄中院）于2019年4月25日作出（2018）冀01民初1953号民事判决：一、河北某实业公司自判决生效之日起十日内向某资产管理河北分公司偿还垫款本金59204658.75元，截至2018年9月13日的垫款利息21953297.77元，并支付自2018年9月14日至垫款偿还完毕之日以59204658.75元为基数，按照日0.5‰计算的利息；二、河北某实业公司自判决生效之日起十日内向某资产管理河北分公司支付实现债权的费用900元；三、……六、河北某科技公司对本判决第一、二项确定的债务承担连带清偿责任；河北某科技公司承担责任后，有权向河北某实业公司追偿。在执行过程中，某资产管理河北分公司仅就部分抵押物实现小部分债权，大部分债权无法实现，并且河北某科技公司名下无可供执行的财产，某资产管理河北分公司提出书面申请，请求追加河北某科技公司的原股东张某、刘某科、胡某林及现股东侯某平、曹某香为被执行人，石家庄中院于2020年9月10日作

出（2020）冀01执异151号执行裁定，驳回某资产管理河北分公司追加被执行人的申请。某资产管理河北分公司对该执行异议裁定不服，提起诉讼，形成本案。

某资产管理河北分公司诉称，河北某科技公司股东张某、刘某科、胡某林在该公司增资时，以实物财产出资但未办理权属转移手续，属于出资不到位；而继受股东侯某平、曹某香等在受让原股东股权时也未履行实缴出资义务。故请求依法判令追加被告张某、刘某科、胡某林、侯某平、曹某香等为强制执行河北某实业公司、河北某科技公司、李某甲、李某乙借款合同纠纷一案的被执行人，并责令被告张某、刘某科等在其未实缴的出资范围内向原告某资产管理河北分公司履行给付义务。

法院经审理查明：河北某科技公司于2013年3月6日成立，注册资本1000万元，其中股东张某认缴实缴600万元、刘某科认缴实缴200万元、胡某甲认缴实缴200万元。2014年7月30日，胡某甲将持有的河北某科技公司200万元股份一次性等价转让给胡某林，胡某甲退出河北某科技公司，胡某林成为河北某科技公司的股东。2014年11月，河北某科技公司决定增资8000万元，并在此之前委托邢台某资产评估事务所对所涉及的股东张某、刘某科、胡某林投入资产进行评估。邢台某资产评估事务所接受委托后，经过对资产的实地勘察、评定估算、分析确定，于2014年10月16日作出某评报字（2014）第044号资产评估报告书，报告书载明河北某科技公司于2013年3月6日成立，原注册资本1000万元，由于企业的发展以及规模的扩大，股东另外出资购建了大量设备及房产等固定资产，资产占有方为张某、刘某科、胡某林，评估结论以2014年9月22日为评估基准日，确定资产总价值为8019.80万元。2014年12月16日，沙河某会计师事务所有限责任公司（以下简称沙河某会计师公司）对河北某科技公司增资依法进行验资，并出具某会验字（2014）第151号验资报告，由注册会计师姚某、张某甲签署，验资报告载明河北某科技公司增加注册资本8000万元，截至2014年12月16日，河北某科技公司已经收到张某、刘某科、胡某林缴纳的新增注册资本8000万元，股东均以实物资产出资，其中张某新增出资4800万元、刘某科新增出资1600万元、胡某林新增出资1600万元，并明确说明变更后的累计注册资本 9000 万元，实收资本 9000 万元。对于股东实物出资部分，股东没有办理原始产权登记，也没有办理权属变更登记，在评估报告及验资报告中有股东将出资财产交付河北某科技公司的相关记载。2016 年 1 月 12 日，胡某林将持有的河北某科技公司 1800 万元股份一次性等价转让给张某，胡某林退出河北某科技公司，张某持有河北某科技公司 7200 万元股份。2017 年 1 月 6 日，张某将持有的河北某科技公司 7200 万元股份一次性等价转让给侯某平，张某退出河北某科技公司，侯某平成为河北某科技公司新股东。2017 年 6 月 16 日，刘某科将持有的河北某科技公司 1800 万元股份一次性等价转让给曹某香，刘某科退出河北某科技公司，曹某香成为河北某科技公司的新股东。

另查明，国家企业信用信息公示系统对于河北某科技公司股东实缴出资时间及金额均有记载，载明股东侯某平认缴实缴出资 7200 万元，认缴实缴日期为 2017 年 1 月 6 日，公示日期为 2020 年 7 月 22 日；曹某香认缴实缴出资 1800 万元，认缴实缴日期为 2018 年 12 月 21 日，公示日期为 2020 年 7 月 22 日。企查查、天眼查平台也有相关记载内容。对于河北某科技公司股东实缴出资情况网络查询结果，沙河市行政审批局企业设立股加盖印章予以确认。2020 年 8 月 25 日，河北某科技公司出具情况说明，说明公司增资 8000 万元，股东张某、刘某科、胡某林以实物出资，经过邢台某资产评估事务所评估、沙河某会计师公司验资，各股东实际完成出资，河北某科技公司已收到出资财产。

再查明，自 2014 年 6 月至 2018 年 5 月期间，张某通过本人账户向河北某科技公司转账合计 2912.02 万元，张某通过周某甲（周某甲与张某为婆媳关系）的账户向河北某科技公司转账 5178.5 万元。自 2017 年 9 月至 2018 年 1 月，刘某科通过本人账户向河北某科技公司转账合计 2507.05 万元。

另，注册会计师姚某因提供虚假证明文件犯罪，被河北省邯郸市广宗县人民法院（2019）冀 0531 刑初 71 号刑事判决判处拘役六个月，缓刑一年，并处罚金人民币一万元，该刑事判决未显示涉及本案河北某科技公司增资验资情况。河北省注册会计师协会对姚某撤销注册会计师注册，收回注册会计师证书。

二审查明，邢台某资产评估事务所出具的资产评估报告书载明，……三、此次评估对象和评估范围是股东拟投入河北某科技公司的资产：1.机器设备类，共计30项218台套，……设备均购于2013年到2014年间，大部分安装在公司车间内，于2014年3月投入使用。2.房产类资产，（1）厂房，公司的主要生产车间，……2013年9月竣工。（2）宿舍，地下一层地上六层，框架结构，2014年9月竣工。3.构筑物类资产：场地硬化，公司对厂区内地面和道路硬化……，围墙长、高……上述资产均建在或安装在河北某科技公司内，正常使用。……八、评估程序实施过程及情况：（一）接受委托（二）现场调查……评估人员对待评资产进行了现场勘察，落实评估对象，察看实物资产的保管、使用维修情况及环境状况，记录工作底稿。……十、评估结论：经过对资产的实地勘察、评定估算、分析确定评估结果为资产总价值为8019.80万元（其中房屋建筑物2415.91万元；构筑物及其他辅助设施282.66万元；机器设备5321.23万元）。后附评估资产明细表。

河北省石家庄市中级人民法院于2021年10月26日作出（2020）冀01民初503号民事判决：驳回原告某资产管理河北分公司的诉讼请求。宣判后，某资产管理河北分公司以河北某科技公司股东实物出资未办理产权变更登记不应认定出资到位等为由，提起上诉。河北省高级人民法院于2022年12月30日作出（2022）冀民终336号民事判决：驳回上诉，维持原判。

裁判理由

法院生效裁判认为：某资产管理河北分公司与张某、刘某科等双方当事人对河北某科技公司成立时1000万元注册资金出资到位不存在分歧。本案争议焦点为：张某、刘某科、胡某林三位原股东以实物增加公司注册资本金8000万元是否到位，应否追加张某、刘某科、胡某林三位原股东及侯某平、曹某香等继受股东为被执行人。

首先，关于张某、刘某科提交的评估报告、验资报告，以及沙河市行政审批局的证明等证据能否证明张某、刘某科、胡某林三位股东实物增资8000万元的事实。

本案中，综合张某、刘某科所提交的证据可以看出，邢台某资产评估事务所出具资产评估报告书载明，因河北某科技公司的发展以及规模的扩大，股东另外出资购建了大量设备及房产等固定资产，该资产建构于河北某科技公司厂区或安装公司车间内，均已投入生产使用。评估人员对该资产进行实地勘察、评定估算、分析评估确定，该部分资产总价值为8019.80万元。沙河某会计师公司依据相关程序进行出资审验，出具了关于河北某科技公司已经收到张某、刘某科、胡某林实物出资缴纳新增注册资本8000万元，公司变更后的累计注册资本、实收资本共为9000万元的验资报告。再结合加盖公章的沙河市行政审批局企业设立股对该增资确认的证明，以及河北某科技公司工商登记档案材料中《公司章程》载明的各股东认缴出资情况，国家企业信用信息公示系统、企查查、天眼查平台显示的数据信息等证据，能够确信张某、刘某科、胡某林三位股东以价值8000万元的实物出资，且河北某科技公司已经实际接收、占有、使用的事实具有高度可能性或高度盖然性，足以形成对三位股东完成实物出资的内心确信，应当认定张某、刘某科、胡某林三位股东实物增资8000万元的事实。从张某、刘某科为证明其实物增资进行的举证来看，其所提供的证据已经完成了对实物增资待证事实的证明责任，达到了认定该事实的证明标准。相反，某资产管理河北分公司未能提交足以反驳该事实的反证，对其称验资报告、评估报告等不能反映真实的出资，不能充分证明张某、刘某科实际履行了出资义务的观点，不予采信。

其次，张某、刘某科、胡某林三位股东实物增资部分没有办理原始产权登记，也没有向河北某科技公司办理产权变更登记和交付占有手续，能否否定其已实缴增资到位的事实。

第一，从实物出资的财产价值和使用等事实情况看，通过前面分析，本案证据能够证明河北某科技公司已经实际接收、占有、使用了张某、刘某科、胡某林三位股东实物增资资产，该实物资产包括厂房及宿舍、硬化地面及道路等不动产类资产和机器设备动产类资产两部分。其中，对于已经安装在河北某科技公司车间内投入使用的机器设备类动产资产，根据《中华人民共和国物权法》第二十三条“动产物权的设立和转让，自交付时发生效力”的规定，该部分动产类机器设备已经完成了向河北某科技公司交付和转移，也就产生了该部分动产物权的公示效力和公信力，无须出具交付手续。为此，某资产管理河北分公司所提机器设备也没有办理向河北某科技公司交付的手续、权属未发生转移的观点，不予采信。

对于河北某科技公司股东增资建造的厂房、宿舍及构筑物等不动产类资产，虽建造在租赁他人的土地上，但也不能如某资产管理河北分公司所称是当然的非法建筑，相反因系建造在自己厂区内且以生产经营为目的，也未见违反城市规划用地等相关法律规定的情形，该类不动产应属于合法建造；其虽不能办理初始产权登记，进而也不可能办理产权转移登记手续，但该不动产确具有交换价值（评估报告显示估价为2415.91万元＋282.66万元）和使用价值。在执行实务中，无产权登记的房产也具有财产价值，将其以责任财产作为执行标的进行现状处置的案例也时有发生，本案该部分财产同样也可以此方式执行处置。另外，本案无法办理增资的不动产权属转移，有别于能够办理过户登记而故意不办理的情况，对此，张某、刘某科、胡某林三位股东并不存在主观过错，造成权属转移不能的局面并不能归责于三位股东；同时，实务中在租赁土地上建造厂房、添置设备而注册、经营公司的情况也不鲜见，如果将在合法占用他人土地上建造的无法登记产权的厂房等公司财产一律视为未出资或虚假、不实出资，在资产负债等财务会计报表中也不计入公司资产，必然损害公司所有者权益，既不公正也不符合常理；所以，本案股东增资建造厂房等不动产具有财产价值，而且事实上已经投入河北某科技公司的生产和使用中。从公司运行的效果上看，也实质上达到了出资的目的。

第二，从规则适用上看，本案中虽然存在增资的不动产已经交付公司使用但无法办理产权过户登记的情形，这在形式上与《中华人民共和国公司法》（2018年修正）第二十八条的要求不符，但实质上并未违反第二十八条旨在避免虚假出资而损害公司、他人利益之立法目的。而且从法律规范的内涵和外延上来看，本案增资不动产无法办理权属转移手续的情形，第二十八条是否包括和涉及并不明确。而从最高人民法院针对适用第二十八条的司法解释《最高人民法院关于适用〈中华人民共和国公司法〉若干问题的规定（三）》（2020年修正，以下简称《公司法解释三》）第十条的内容来看，该条主要是对实际交付了出资的财产但未办理权属变更登记，或者虽然办理了权属变更登记但未实际交付财产这两种情况进行的规范。而对于用无法或不能办理权属转移手续的不动产出资的,《公司法解释三》第十条也并未进行漏洞补充和规制。另外,该解释第十条关于人民法院对因出资人以房屋等财产出资且已经交付公司使用但未办理权属变更手续,而要求认定出资人未履行出资义务的主张,并非直接支持,而是责令出资人在指定的合理期间内办理权属变更手续,对按要求补办了手续的,应当认定其已经履行了出资义务的裁判规则,表明了对于虽未办理权属变更手续但已经实际交付公司使用的财产,其已为公司发挥资产效用,则公司收益中也就包含了该财产的贡献,实质上也就达到了出资的目的这一理念的肯定。鉴于此,考虑到本案增资的不动产已实际交付给公司使用,但财产权属的初始登记及权属转移均无法办理也不能补办,且该局面的形成又不能归责于张某、刘某科、胡某林三位股东的实际情况,本着尊重事实、公平公正的原则,不宜苛求本案股东完成事实上无法完成的事情,即对其增资的不动产必须在形式上完成办理权属转移手续。所以,一审判决对张某、刘某科、胡某林股东实缴出资已经到位的事实认定,并无不当,应予确认;某资产管理河北分公司所提评估报告等只能反映股东出资的过程,股东实物出资的房产没有房本,没法办理产权过户,就无法确定是股东的财产,也就无法作为股东合法有效资产进行增资的观点和理由,不予支持。

最后,本案是追加、变更被执行人异议之诉,追加、变更被执行人必须严格遵守法定原则,即必须以法律或司法解释中规定的可以变更、追加的情形为依据,既不能依据其他规范性文件追加、变更,也不能直接依据实体法追加、变更。本案中张某、刘某科有证据证明三位股东在转让股权前已经依法履行了出资义务,某资产管理河北分公司请求追加、变更张某、刘某科为被执行人的主张,不符合《最高人民法院关于民事执行中变更、追加当事人若干问题的规定》(2020年修正)第十七条、第十九条的规定。

裁判要旨

公司法(2018年修正)第二十八条规定以非货币出资的,应依法办理财产权转移手续。对于实物出资到位并投入使用且客观上无法办理过户手续的，符合《最高人民法院关于适用〈中华人民共和国公司法〉若干问题的规定（三）》第十条“虽未办理权属变更手续但已实际交付使用的财产，其已为公司发挥资产效用，实质上也就达到了出资的目的”所规定的情形，应当认定公司股东完成了出资义务。

关联索引

《中华人民共和国公司法》（2023 年修订）第 49 条（本案适用的是 2018 年修正的《中华人民共和国公司法》第 28 条）

《最高人民法院关于适用〈中华人民共和国公司法〉若干问题的规定（三）》（法释〔2011〕3 号，2020 年修正）第 10 条

《最高人民法院关于民事执行中变更、追加当事人若干问题的规定》（法释〔2016〕21 号，2020 年修正）第 17 条

一审：河北省石家庄市中级人民法院（2020）冀 01 民初 503 号民事判决（2021 年 10 月 26 日）

二审：河北省高级人民法院（2022）冀民终 336 号民事判决（2022 年 12 月 30 日）

2024-08-2-483-011

41. 重庆市某电缆有限公司诉重庆某房地产开发有限公司、西南某房地产开发（集团）有限公司合同纠纷案

——非上市公司为其间接持股100%的公司提供担保无需决议

关键词：民事　合同　公司对外担保　全资子公司　间接持股100%　决议程序

基本案情

2021年6月30日，重庆某房地产开发有限公司（以下简称重庆某房地产公司）签发了票据金额为人民币100万元（币种下同）的电子商业承兑汇票1张，票面记载出票人和承兑人为重庆某房地产公司，收票人为重庆某机电设备安装有限公司，汇票到期日2021年12月29日，承兑人承诺：本汇票已经承兑，到期无条件付款。2021年11月19日，重庆某机电设备安装有限公司将案涉票据背书转让给重庆市某电缆有限公司（以下简称重庆某电缆公司）。重庆某电缆公司于2022年1月18日提示付款，当日遭到拒付。

2022年3月9日，持票人重庆某电缆公司（甲方）与承兑人重庆某房地产公司（乙方）、保证人西南某房地产开发（集团）有限公司（以下简称西南某房地产集团公司）（丙方）达成《商票兑付延期协议》。该协议主要约定：三方一致同意将前述商票的兑付时间延期至2022年3月22日，乙方向甲方完成线下兑付，同时乙方于2022年3月22日向甲方支付资金占用费17054.79元；乙方应于兑付当日将应承兑的商票票面金额及对应的资金占用费转入甲方指定账户；若乙方未按本协议约定完成线下兑付商票及支付资金占用费，则自逾期之日起，乙方向甲方以应付未付款金额为基数计算按

日万分之五支付违约金；甲方为实现债权而实际支出的诉讼费、差旅费、律师费等费用，全部由乙方承担；丙方对本协议项下乙方所付全部商票兑付义务、资金占用费支付义务、违约金或损失支付义务（若有）提供连带责任担保。甲、乙、丙三方分别在协议上加盖公章。约定付款到期后，重庆某房地产公司未能按约履行上述义务。故重庆某电缆公司提起诉讼，请求法院判令：（1）重庆某房地产公司向重庆某电缆公司支付商票兑付款100万元、资金占用费17054.79元及按照约定计算的迟延支付违约金、律师费5万元；（2）西南某房地产集团公司对重庆某房地产公司前述债务承担连带清偿责任；（3）诉讼费、保全费、担保费由重庆某房地产公司、西南某房地产集团公司承担。

另查明，《商票兑付延期协议》签订时，西南某房地产集团公司并未提供董事会或股东会决议。此外，西南某房地产集团公司持有某霖公司100%股权，某霖公司持有某申公司100%股权，某申公司持有某麒公司100%股权，某麒公司持有重庆某房地产公司70%股权；西南某房地产集团公司持有某地公司100%股权，某地公司持有重庆某房地产公司30%股权，即西南某房地产集团公司间接持有重庆某房地产公司100%股权。重庆某电缆公司委托律师处理本案诉讼事宜，支出律师费5万元。

重庆市江津区人民法院于2022年5月19日作出（2022）渝0116民初5555号民事判决：一、重庆某房地产公司自本判决生效之日起五日内向重庆某电缆公司支付100万元；二、重庆某房地产公司自本判决生效之日起五日内向重庆某电缆公司支付前期资金占用损失费17054.79元；三、重庆某房地产公司自本判决生效之日起五日内向重庆某电缆公司支付违约金（以100万元基数，从2022年3月23日起直至清偿完毕之日止，按全国银行间同业拆借中心公布的一年期贷款市场报价利率3倍计付）；四、重庆某房地产公司自本判决生效之日起五日内向重庆某电缆公司支付律师费5万元；五、西南某房地产集团公司对重庆某房地产公司上述支付义务承担连带清偿责任；六、驳回重庆某电缆公司的其他诉讼请求。宣判后，重庆某房地产公司不服，提起上诉。重庆市第五中级人民法院于2022年7月27日作出（2022）渝05民终5682号民事判决：驳回上诉，维持原判。

裁判理由

法院生效裁判认为，本案争议焦点是：西南某房地产集团公司未经公司决议订立案涉《商票兑付延期协议》，为重庆某房地产公司债务提供担保，应否按照约定承担担保责任。

根据《最高人民法院关于适用〈中华人民共和国民法典〉有关担保制度的解释》（法释〔2020〕28号，以下简称《担保解释》）第八条第一款第二项的规定，非上市公司为其全资子公司开展经营活动提供担保，公司以其未依照公司法关于公司对外担保的规定作出决议为由主张不承担担保责任的，人民法院不予支持。本案中，西南某房地产集团公司并非上市公司。《商票兑付延期协议》签订时，重庆某房地产公司不是西南某房地产集团公司的全资子公司。西南某房地产集团公司系间接持有重庆某房地产公司100%股权的实际控制人。西南某房地产集团公司为重庆某房地产公司提供担保是否需要公司决议，应当根据《中华人民共和国公司法》（2018年修正）第十六条和《担保解释》第八条的规定及立法目的予以判定。

根据公司法第十六条的规定，公司对外担保需要公司决议。公司法如此规定，是考虑到，公司对外担保可能会承担相应的责任，对公司和股东利益带来影响，故以公司决议作为切入点来规制公司对外担保行为，以确保公司担保符合公司真实意思，防止法定代表人或公司其他人员为他人利益而损害公司及股东的合法利益。公司法第十六条是以公司决议来证明公司对外担保符合公司的真实意思表示。《担保解释》第八条第一款第二项关于非上市公司为其全资子公司开展经营活动提供担保无需公司决议的规定，则是考虑到公司持有子公司全部股权，而全资子公司利益全部归属于公司，与其他主体无关。公司为全资子公司经营活动提供担保是为自身利益提供担保，也不存在向子公司其他股东不当输送利益的情形，可以认定公司具有对外担保的真实意思表示。前述规定，既可以避免扰乱安定的公司交易秩序，又能防范公司恶意逃避担保责任的道德风险。同理，在担保人公司为其实际控制、间接持有100%股权的公司提供担保时，也是为了自己的利益，亦不存在为其他股东输送利益的情形。此种情形下，即使公司对外担保未经公司决议，也不违背公司法第十六条的立法目的和《担保解释》第八条第一款第二项的规范目的，不能因此认定该担保对公司不发生效力。本案中，西南某房地产集团公司未经公司决议通过订立《商票兑付延期协议》为重庆某房地产公司提供担保，该协议仍应对其发生效力，西南某房地产集团公司应当承担相应担保责任。

裁判要旨

非上市公司为其采用多层股权架构间接持股 100% 的公司提供担保，实质系为其自己利益进行担保，并无损害中小股东或其他股东权益之虞，可以认定属于《最高人民法院关于适用〈中华人民共和国民法典〉有关担保制度的解释》第八条第一款第二项规定的公司对外担保无需决议的情形。

关联索引

《中华人民共和国公司法》（2023 年修订）第 15 条（本案适用的是 2018 年 10 月 26 日修正的《中华人民共和国公司法》第 16 条）

《最高人民法院关于适用〈中华人民共和国民法典〉有关担保制度的解释》（法释〔2020〕28 号）第 8 条

一审：重庆市江津区人民法院（2022）渝 0116 民初 5555 号民事判决（2022 年 5 月 19 日）

二审：重庆市第五中级人民法院（2022）渝 05 民终 5682 号民事判决（2022 年 7 月 27 日）

2024-18-2-490-004

（社会推荐案例）

42. 李某艳诉北京某科技有限公司劳动争议案

——劳动者利用社交媒体“隐形加班”的认定

关键词：民事　劳动争议　隐形加班　社交媒体　提供实质工作

基本案情

李某艳于2019年4月1日入职北京某科技有限公司（以下简称北京某科技公司）担任产品运营，双方签订了期限至2022年3月31日的劳动合同。李某艳诉至法院，请求判令：北京某科技公司应向其支付2019年12月21日至2020年12月11日的加班费、2020年2月1日至12月11日的工资差额、未休年休假工资、违法解除劳动关系经济赔偿金。

法院经审理查明：关于加班情况，劳动合同中约定执行不定时工作制，北京某科技公司认可未进行不定时工作制审批。李某艳主张其下班后延时加班共计140.6小时、未调休的休息日加班397.9小时、法定节假日加班57.3小时，北京某科技公司未向其支付加班费。李某艳就此提交了微信聊天记录、《假期社群官方账号值班表》等证据。

经查，李某艳主张的加班系在微信、钉钉等软件中与客户或者同事的沟通交流，李某艳表示自己系运营岗位，岗位职责是搭建运营组织构架、程序整体运营、管理内容团队、投放计划制定和实施、研究产品优劣并做跟踪、商务拓展等。北京某科技公司表示，李某艳是运营部门负责人，在下班之后，如果公司有事，其他员工给李某艳打电话咨询不应属于加班。对于李某艳主张的周末及法定节假日值班的情况，北京某科技公司表示，微信群里有客户也有公司其他员工，客户会在群里发问，只是需要员工回复客户信息，这不属于加班的范畴。

北京市朝阳区人民法院于2022年3月17日作出（2021）京0105民初67920号民事判决：驳回李某艳的全部诉讼请求。宣判后，李某艳提起上诉。北京市第三中级人民法院于2022年10月17日作出（2022）京03民终9602号民事判决：一、撤销北京市朝阳区人民法院（2021）京0105民初67920号民事判决；二、北京某科技公司支付李某艳2020年1月21日至2020年12月11日期间加班费3万元；三、驳回李某艳的其他诉讼请求。

裁判理由

法院生效裁判认为：虽然双方在合同中约定实行“不定时工作制”，但北京某科技公司未进行“不定时工作制”审批。李某艳的工作岗位为“产品运营”，李某艳主张的加班为利用微信、钉钉等社交媒体与客户及员工的沟通，从在案证据来看，李某艳往往以微信等作为工作媒介进行沟通，从李某艳提供的微信记录等证据特别是李某艳提交的《假期社群官方账号值班表》分析，北京某科技公司在部分工作日下班时间及休息日安排李某艳工作。

随着经济发展及互联网技术的进步，劳动者工作模式越来越灵活，可以通过电脑、手机随时随地提供劳动，不再拘束于用人单位提供的工作地点、办公工位，特别是劳动者在非工作时间、工作场所以外利用微信等社交媒体开展工作等情况并不少见，对于此类劳动者“隐形加班”问题，不能仅因劳动者未在用人单位工作场所进行工作来否定加班，而应虚化工作场所概念，综合考虑劳动者是否提供了实质工作内容认定加班情况。对于利用微信等社交媒体开展工作的情形，如果劳动者在非工作时间使用社交媒体开展工作已经超出一般简单沟通的范畴，劳动者付出了实质性劳动内容或者使用社交媒体工作具有周期性和固定性特点，明显占用了劳动者休息时间的，应当认定为加班。本案中，虽然北京某科技公司称值班内容就是负责休息日客户群中客户偶尔提出问题的回复，并非加班，但根据聊天记录内容及李某艳的工作职责可知，李某艳在部分工作日下班时间、休息日等利用社交媒体工作已经超出了简单沟通的范畴，且《假期社群官方账号值班表》能够证明北京某科技公司在休息日安排李某艳利用社交媒体工作的事实。该工作内容具有周期性和固定性的特点，有别于临时性、偶发性的一般沟通，体现了用人单位管理用工的特点，应当认定为加班，北京某科技公司应支付加班费。

对于加班费数额，综合考虑李某艳加班的频率、时长、内容及其薪资标准，酌定北京某科技公司支付李某艳加班费 3 万元。

裁判要旨

1. 关于“隐形加班”的认定标准。对于用人单位安排劳动者在非工作时间、工作场所以外利用微信等社交媒体开展工作，劳动者能够证明自己付出了实质性劳动且明显占用休息时间，并请求用人单位支付加班费的，人民法院应予支持。

2. 关于加班费数额。利用社交媒体加班的工作时长、工作状态等难以客观量化，用人单位亦无法客观掌握，若以全部时长作为加班时长，对用人单位而言有失公平。在无法准确衡量劳动者“隐形加班”时长与集中度的情况下，对于加班费数额，可根据证据体现的加班频率、工作内容、在线工作时间等予以酌定，以平衡好劳动者与用人单位之间的利益。

关联索引

《中华人民共和国劳动法》（2018 年修正）第 39 条、第 44 条

一审：北京市朝阳区人民法院（2021）京 0105 民初 67920 号民事判决（2022 年 3 月 17 日）

二审：北京市第三中级人民法院（2022）京 03 民终 9602 号民事判决（2022 年 10 月 17 日）

2024-07-2-490-002

（社会推荐案例）

43. 某途教育有限公司诉王某华劳动争议案

——在法定最长试用期内延长试用期的，属于二次约定试用期

关键词：民事　劳动争议　延长试用期　法定最长试用期　二次约定试用期

基本案情

原告某途教育有限公司（以下简称某途教育公司）诉称：某途教育公司与王某华在劳动合同中约定了3个月的试用期，在此期间王某华的销售业绩为零，与简历中自我介绍的优秀销售能力严重不符，故某途教育公司延长3个月的试用期，王某华也予以认可。延长后总计为6个月的试用期，符合法律规定。故诉至法院，请求判令：某途教育公司无须支付王某华2018年6月26日至2018年9月30日期间违法约定试用期的赔偿金和相应期间的工资差额。

被告王某华辩称：其与某途教育公司订立劳动合同，约定试用期自2018年3月26日至2018年6月25日止，但再次约定的试用期至2018年9月30日才结束。某途教育公司违法约定试用期，应当支付违法约定试用期的赔偿金及工资差额。

法院经审理查明：王某华于2018年3月26日入职某途教育公司，任渠道总监一职，双方订立期限自2018年3月26日起至2021年3月25日止的三年期固定期限劳动合同，约定试用期至2018年6月25日，试用期月基本工资2400元、岗位工资4800元，转正后月基本工资3000元、岗位工资

5000元、绩效工资可至4000元、通联费200元及交通费1000元。2018年6月25日，某途教育公司向王某华发出延期考察通知书，其内容显示："王先生……在三个月试用期间没有签单，按照公司《营销人员绩效激励办法》，不予转正……现经公司决议，将王某华的考察期延长三个月，日期为2018年6月26日至2018年9月25日……"某途教育公司人事部门工作人员赵某发给王某华的微信聊天记录显示："早！你的转正还是想等你有了第一份合同回来再说哈，觉得你快了！加油！合同签了就第一时间告诉我。"王某华回复："嗯嗯，好！谢谢！"落款时间为2018年9月30日的《试用期转正通知书》载有："王某华……经过试用期的综合考评，您已经顺利地通过了公司的转正审核，自2018年10月1日起成为公司的一名正式员工。"王某华正常工作至2018年12月27日。某途教育公司于2018年12月28日向王某华送达解除劳动合同通知书。

王某华向北京市海淀区劳动人事争议仲裁委员会提出申请，要求某途教育公司支付2018年6月26日至2018年9月30日期间违法约定试用期的赔偿金、工资差额等。该仲裁委员会作出裁决支持王某华请求。某途教育公司不服，遂提起诉讼。

北京市海淀区人民法院于2020年4月27日作出（2019）京0108民初44374号民事判决：某途教育公司于判决生效之日起七日内支付王某华2018年6月26日至2018年9月30日期间的违法约定试用期的赔偿金42027.59元、工资差额6480.04元等。宣判后，某途教育公司提起上诉。北京市第一中级人民法院于2020年7月27日作出（2020）京01民终5195号民事判决：驳回上诉，维持原判。

裁判理由

法院生效裁判认为：根据《中华人民共和国劳动合同法》第十九条第一款、第二款的规定，三年以上固定期限和无固定期限的劳动合同，试用期不得超过六个月，同一用人单位与同一劳动者只能约定一次试用期。本案中，某途教育公司与王某华订立自2018年3月26日起至2021年3月25日止的三年期固定期限劳动合同，其中约定试用期为2018年3月26日至2018

年6月25日。后某途教育公司以王某华在三个月试用期间没有签单为由将试用期延长至2018年9月25日，属于二次约定试用期。某途教育公司虽主张王某华对延长试用期表示认可，但二次约定试用期的行为已违反法律强制性规定。而且，某途教育公司出具的《试用期转正通知书》显示，王某华自2018年10月1日成为正式员工。结合2018年9月26日至2018年10月25日期间的工资发放情况及其他在案证据，可以认定某途教育公司将王某华的试用期实际延长至2018年9月30日，亦实际违反了试用期最长期限的规定。

劳动合同法第八十三条规定："用人单位违反本法规定与劳动者约定试用期的，由劳动行政部门责令改正；违法约定的试用期已经履行的，由用人单位以劳动者试用期满月工资为标准，按已经履行的超过法定试用期的期间向劳动者支付赔偿金。"据此，判决某途教育公司支付王某华2018年6月26日至2018年9月30日期间违法约定试用期的赔偿金及相应期间的工资差额。

裁判要旨

用人单位在法定最长试用期内延长试用期的，违反同一用人单位与同一劳动者只能约定一次试用期的法律规定，属于二次约定试用期。对此，用人单位应当按照劳动合同法第八十三条的规定向劳动者支付违法约定试用期的赔偿金。

关联索引

《中华人民共和国劳动合同法》（2012年修正）第19条、第83条

一审：北京市海淀区人民法院（2019）京0108民初44374号民事判决（2020年4月27日）

二审：北京市第一中级人民法院（2020）京01民终5195号民事判决（2020年7月27日）

2024-18-2-490-003

44. 王某仙诉某幼儿园、陈某劳动争议案

——对幼儿园教师接受幼儿表达喜爱和敬意的小额零食行为的定性

关键词：民事　劳动争议　廉洁从教　小额零食　过罚相当
违法解除劳动合同

基本案情

原告王某仙自2009年5月18日起到被告某幼儿园上班。2023年9月8日上午8时许，王某仙及其他教师在某幼儿园门口晨检时，一名小朋友手提塑料食品袋（巧克力，价值6.16元）送给王某仙并主动与王某仙拥抱。当天，王某仙将该巧克力分享给其他小朋友和教师。2023年9月15日，某幼儿园作出《关于王某仙同志处分公告》，载明：王某仙作为某幼儿园管理人员在2023年教师节前夕收受家长和幼儿的礼品，违反相关规定，导致某幼儿园在2023年度幼儿园督导评估中关键指标被否决。某幼儿园举办者陈某向王某仙表达了理事会将其调岗到分园担任园长职务或者继续留在某幼儿园担任小班教师职务的处理意见，但遭到王某仙拒绝。此后，理事会开会决定：（1）根据《劳动合同》第8.7条对王某仙予以开除处理；（2）某幼儿园对王某仙在全国教师系统2023年度考核中，评定为不合格，理由为收受家长幼儿礼品。

2023年9月21日，王某仙以某幼儿园、陈某为被申请人，就解除劳动关系、工资提成、二倍工资差额及赔偿金争议向当地劳动人事争议仲裁委员会申请仲裁。该委在法定期限内未受理，王某仙遂诉至法院，请求判令：（1）确认王某仙与某幼儿园之间的劳动关系于2023年9月15日解除；（2）某幼儿园向王某仙支付违法解除劳动合同的赔偿金等；（3）某幼儿园举

办者陈某对前述某幼儿园赔付款项承担连带责任。

另查明，某幼儿园是经核准登记依法取得法人资格的民办非企业单位，性质为从事非营利性社会服务活动的社会组织，举办者为陈某，设立了 5 人理事会。事发时，王某仙为某幼儿园园长。王某仙（乙方）与某幼儿园（甲方）签订的《劳动合同》第 8.7 条约定：“乙方严重失职，营私舞弊，给甲方造成重大损害的，甲方可以解除劳动合同。乙方有下列情形之一的，视为给甲方造成了重大损害：（1）乙方行为导致甲方被客户投诉或被媒体曝光；（2）乙方行为过错、过失导致甲方被行政机关处罚或被上级单位处罚的；（3）乙方个人原因造成甲方的客户信息外露或丢失；（4）使甲方失去商业机会或使甲方的声誉、行业地位、社会评价等无形财产受到损失等；（5）造成价值达人民币 5000 元及以上金额的设备、产品报废或维修损失；（6）直接经济损失满 5000 元及以上的。”某幼儿园分别于 2014 年 3 月至 2016 年 3 月、2017 年 4 月至 2023 年 9 月期间为王某仙参保失业保险、养老保险及工伤保险。

重庆市九龙坡区人民法院于 2024 年 3 月 28 日作出（2023）渝 0107 民初 29151 号民事判决：一、王某仙与某幼儿园之间的劳动合同于 2023 年 9 月 15 日解除；二、某幼儿园于本判决生效之日起十日内支付王某仙工资差额 5626 元、招生提成 5000 元及违法解除劳动合同的赔偿金 71500 元；三、驳回王某仙的其他诉讼请求。一审宣判后，王某仙与某幼儿园均提起上诉。重庆市第五中级人民法院于 2024 年 8 月 26 日作出（2024）渝 05 民终 5515 号民事判决：驳回上诉，维持原判。

裁判理由

法院生效裁判认为：本案争议焦点是某幼儿园解除与王某仙的劳动合同是否系违法解除行为。某幼儿园向王某仙出具的处分公告载明，其解除劳动合同是因王某仙存在收受学生礼品行为，违反《劳动合同》第 8.7 条约定，即严重失职，营私舞弊，给用人单位造成重大损害，且经过某幼儿园理事会讨论决定。因此，判断某幼儿园是否构成违法解除劳动合同，应当从以下三个方面进行评判：一是王某仙是否存在严重失职或营私舞弊的行为；二是王某仙的严重失职或营私舞弊是否给单位造成重大损害；三是某幼儿园的解除程序是否合法。

首先，王某仙不存在严重失职、营私舞弊的行为。本案中，王某仙作为某幼儿园园长，负有管理职责。教育部印发的《严禁教师违规收受学生及家长礼品礼金等行为的规定》（教监〔2014〕4号）明确要求："严禁以任何方式索要或接受学生及家长赠送的礼品礼金、有价证券和支付凭证等财物……情节严重的，依法依规给予开除处分，并撤销其教师资格。"该规定旨在对教师利用职务便利违规收受学生及家长礼品礼金等不正之风进行治理。毋庸置疑，该项规定对于加强师德师风建设，努力办好人民满意的教育具有重要意义。但是，尊师重教也是我们国家和民族的优良传统。经查，本案中，小朋友是在某幼儿园门口这一公共场所将巧克力送给王某仙，随后双方互相拥抱表达感激。可见，该幼儿园小朋友是通过分享零食表达对老师的喜爱和尊敬，也展示了老师与小朋友之间爱的传递。对幼儿园小朋友而言，送一块巧克力的心理是简单而纯真的，并无利益交换的主观意愿，有别于赠送礼品礼金、有价证券或支付凭证等财物，不宜将该行为定性为收受学生及家长礼品礼金，也无法认定王某仙系利用其职务通过不正当手段谋取私利。即使某幼儿园认为王某仙收取小朋友零食存在不当之处，结合零食的价值、王某仙将零食分享给其他小朋友的情况看，其行为并未达到严重失职、营私舞弊的程度，亦未超过公众正常容忍范围。

其次，某幼儿园并未举证证明王某仙给该幼儿园造成重大损害。《最高人民法院关于审理劳动争议案件适用法律问题的解释（一）》（法释〔2020〕26号）第四十四条规定："因用人单位作出的开除、除名、辞退、解除劳动合同、减少劳动报酬、计算劳动者工作年限等决定而发生的劳动争议，用人单位负举证责任。"本案中，某幼儿园向王某仙解除劳动合同，主要依据王某仙违反《劳动合同》第8.7条约定，造成重大损害。而根据《劳动合同》第8.7条，"重大损害"的情形包括：幼儿园被客户投诉或被媒体曝光，被行政机关处罚或被上级单位处罚，客户信息外露或丢失，失去商业机会或使声誉、行业地位、社会评价等无形财产受到损失，造成5000元以上的损失等情形。审理过程中，某幼儿园主张教育部的督导评估中有对近一年保教人员无索取或收受财物等行为进行考核，教育部门对某幼儿园进行了口头警告整改，但某幼儿园并未就前述主张提供相应证据。

最后，某幼儿园解除与王某仙的劳动合同存在程序瑕疵。《中华人民共和国劳动合同法》第四十三条规定："用人单位单方解除劳动合同，应当事先将理由通知工会。"该规定旨在防止用人单位随意解除劳动合同。对于尚未建立基层工会的，用人单位单方解除劳动合同也应当通过告知并听取职工代表意见或向当地总工会征求意见的变通方式来履行告知义务。本案中，某幼儿园虽尚未成立工会，但解除案涉劳动合同仍应采取变通方式履行告知义务，其直接通过公告方式开除王某仙并解除案涉劳动合同的行为违反用人单位单方解除劳动合同的程序规定。

综上，广大教师应当自觉抵制收受学生及家长礼品礼金等不正之风，提高廉洁从教的意识，自觉把清正廉洁的要求内化于心、外化于行，培育和践行社会主义核心价值观。同时，教育机构行使其用工管理权的方式应当善意且合理，在解除合同上应当遵循比例原则，对员工的管理处罚应与其违纪行为程度相当。本案中，某幼儿园仅以王某仙公开接受幼儿表达喜爱和敬意的小额节日赠礼即认定其属于严重失职、营私舞弊的行为，在双方就调岗协商未达一致的情况下，直接公告开除并解除与王某仙的案涉劳动合同，应当认定属于违法解除并应向王某仙支付相应赔偿。故一、二审法院依法作出如上裁判。

裁判要旨

教师应当自觉抵制收受学生及家长礼品礼金等不正之风，提高廉洁从教的意识，同时，教育机构对教师行为管理应当秉持善意理念，遵循比例原则，体现过罚相当。教师公开接受幼儿表达喜爱和敬意的小额零食，不宜认定为违规收受学生及家长礼品；幼儿园仅以此为由开除教师的，构成违法解除劳动合同，依法应当支付赔偿金。

关联索引

《中华人民共和国劳动合同法》（2012 年修正）第 39 条、第 43 条、第 48 条

《最高人民法院关于审理劳动争议案件适用法律问题的解释（一）》（法释〔2020〕26号）第44条

一审：重庆市九龙坡区人民法院（2023）渝0107民初29151号民事判决（2024年3月28日）

二审：重庆市第五中级人民法院（2024）渝05民终5515号民事判决（2024年8月26日）

2023-08-2-516-001

45. 余姚某投资有限公司破产程序案件

——充分尊重债权人意思自治，实现法律效果和社会效果相统一

关键词：民事　破产程序案件　重整计划　优先权　意思自治　社会效果

基本案情

余姚某投资有限公司成立于2014年2月20日，注册资本为10000万元，住所地位于余姚市某街道某路××号，主要从事房地产开发业务。该公司开发的余姚某一期建设工程项目（以下简称某项目）位于余姚市某街道某路××号，占地面积221亩，规划建筑面积20.95万平方米。项目涵盖工业与商业用地，由五大地块构成，其中工业1号、工业2号和商业2号地块（合称已动工地块）已动工建设，主体架构已基本完工，且已对外销售；商业1号和商业3号地块（合称未动工地块）尚未动工开发，尚未对外销售。因项目开发资金周转困难，该项目自2016年年底全面停工，在停工前已对外预售，涉及购房人140余户，涉及债权金额5.3亿元。

2020年12月9日，浙江省余姚市人民法院（以下简称余姚法院）立

案庭立案审查发现余姚某投资有限公司在该院涉诉案件较多，深陷债务困境，明显缺乏清偿能力，在征得部分购房人同意的情况下，决定对余姚某投资有限公司启动诉讼程序转破产程序。余姚法院于 2021 年 1 月 11 日作出（2020）浙 0281 破申 72 号决定书，受理余姚某投资有限公司预重整申请。经余姚某投资有限公司申请，余姚法院于 2021 年 11 月 29 日作出（2020）浙 0281 破申 72 号民事裁定，受理余姚某投资有限公司的破产重整申请。经管理人申请，余姚法院于 2022 年 1 月 17 日作出（2021）浙 0281 破 30 号民事裁定，批准余姚某投资有限公司重整计划，终止余姚某投资有限公司重整程序。

裁判理由

2021 年 1 月 7 日，债权人提出对余姚某投资有限公司进行预重整的申请。余姚法院经审查认为，余姚某投资有限公司的主要资产系某项目土地使用权和在建工程，某项目尚未竣工且已处于停工状态，其明显缺乏清偿能力，已引起众多购房业主和施工单位诉讼维权，涉及区域社会稳定。鉴于余姚某投资有限公司仍具有重整价值、重整可行性，余姚市政府亦已专门成立余姚某投资有限公司清算组以推动、帮扶余姚某投资有限公司预重整工作。余姚法院于 2021 年 1 月 11 日作出（2020）浙 0281 破申 72 号决定书，受理余姚某投资有限公司预重整申请。在法院的监督、指导下，管理人积极推进预重整相关工作，包括债权申报与审查、购房人信息登记与梳理、财产状况调查、资产审计与评估、在建工程质量检测鉴定、与债权人及投资人沟通谈判、论证与制定预重整计划、组织召开债权人会议等。2021 年 11 月 26 日，余姚某投资有限公司向余姚法院提出申请，称余姚某投资有限公司预重整债权人会议按照债权分类对《余姚某投资有限公司预重整计划草案》进行了分组表决，各债权人表决组以及出资人组均高票表决通过了预重整计划，余姚某投资有限公司已具备重整条件，请求法院受理余姚某投资有限公司的破产重整申请。余姚法院经审查于 2021 年 11 月 29 日裁定受理了余姚某投资有限公司的破产重整申请。根据预重整计划的规定，在重整计划草案未作实质性修改的情况下，投票同意的债权人和出资人对预重整计划的表决效力延续至破产重整程序，无需重复投票。除对债权数据进行相应更新外，余姚某投资有限公司管理人依据预重整计划制定了重整计划草案。经管理人申请，余姚法院于 2022 年 1 月 17 日作出裁定，批准余姚某投资有限公司重整计划，终止余姚某投资有限公司重整程序。

余姚某投资有限公司重整计划核心如下：余姚某投资有限公司开发的某项目将由投资人提供 2 亿元共益债务借款以完成续建和销售，鉴于投资人具有相关产业背景，同时由其全面负责已动工地块的工程续建、工程管理和销售。重整投资人提供的续建资金属于共益债务，应优先清偿。鉴于该等共益债务有利于已动工地块在建工程的维护、保值和增值等因素，且在先的有财产担保债权人和建设工程价款优先权人已出具向投资人让渡债权优先性的承诺函，因此重整计划赋予该共益债务借款“超级优先性”。某项目竣工验收后，将优先向 140 余户购房人交付房产。对于共益债务借款本息，将以项目销售回款优先清偿，销售回款不足清偿的，将以待售项目优先抵债给投资人；在共益债务清偿完毕后，以现金或以房抵债的方式清偿有财产担保债权和建设工程价款优先权；职工债权和税款债权，全额现金清偿；在清偿前述优先债权后，有剩余部分将用于清偿普通债权，如剩余部分不足以清偿全部普通债权的，将按债权比例清偿。

裁判要旨

1. 为提高重整效率和成功率，强化预重整与重整程序的衔接，在尊重债权人意思自治的原则下，应允许债权人对预重整计划的表决效力延续至重整程序，避免重复表决。

2. 为推进“保交楼、稳民生”工作，房地产企业破产案件中，可以通过共益债务融资等市场化的方式筹集资金开展烂尾项目续建，为保障共益债务借款资金安全，在在先的有财产担保债权人、建设工程价款优先权人同意，债权人会议表决通过的情况下，可以赋予共益债务借款“超级优先权”，即优先于有财产担保债权和建设工程价款优先权受偿，并可以由具有相关产业背景的共益债务投资人一揽子负责某项目工程续建、工程管理和项目销售。

3. 为保障购房人合法权益，维护社会稳定，在房地产企业破产案件中，对于不符合商品房消费者的真实购房人，管理人可以通过选择继续履行与购房人的商品房买卖合同，或者以交付房产作为清偿方式的措施，在项目续建完工后依法向购房人交房。

关联索引

《中华人民共和国企业破产法》第 2 条第 2 款、第 3 条、第 7 条第 1 款、第 70 条第 1 款、第 71 条

《最高人民法院关于适用〈中华人民共和国企业破产法〉若干问题的规定（一）》（法释〔2011〕22 号）第 1 条第 1 款第 2 项、第 2 条第 1 项

破申：浙江省余姚市人民法院（2020）浙 0281 破申 72 号民事裁定（2021 年 11 月 29 日）

破产：浙江省余姚市人民法院（2021）浙 0281 破 30 号民事裁定（2022 年 1 月 17 日）

2024-10-2-521-001

46. 某亚太控股有限公司等诉新疆某管理咨询有限责任公司等仲裁程序案

——合同仲裁条款的扩张适用

关键词：民事　仲裁程序　合同　仲裁条款　侵权责任
可仲裁性　管辖权　共同诉讼　诉讼标的　可分性

基本案情

原告某亚太控股有限公司（以下简称某亚太控股）、某管理（上海）公司诉称：某管理（上海）公司系某亚太控股的全资子公司，主要负责经营某

亚太控股在中国的共享办公空间业务和服务。为拓展某亚太控股在中国大陆的业务，2017 年 8 月 1 日，新疆某管理咨询有限责任公司、新疆易某管理咨询有限责任公司、新疆峰某管理咨询有限责任公司、新疆德某管理咨询有限责任公司、新疆赐某管理咨询有限责任公司（以下简称新疆五公司）就涉案房屋的租赁和运营签订了《房屋租赁合同》。2017 年 7 月 31 日，某管理（上海）公司与招商局物业公司就涉案房屋的相关物业管理服务订立了物业服务合同。根据《房屋租赁合同》第 1.11 和 4.1.1 条的约定，全体被告应于 2017 年 8 月 1 日向某管理（上海）公司交付涉案房屋，从而使某管理（上海）公司开展相应业务。但 2017 年 8 月 1 日，全体被告拒绝交付房屋并阻止我方进入涉案房屋，违反了《房屋租赁合同》的约定。2017 年 9 月 18 日，某管理（上海）公司向新疆五公司发出《律师函》，要求新疆五公司立即交付涉案房屋。次日，某管理（上海）公司收到新疆五公司的《通知函》，要求解除《房屋租赁合同》，理由是该租赁合同缺乏前海某保险公司的“内部授权”。2017 年 10 月 10 日，二原告向新疆五公司回函拒绝接受其提出的解除租赁合同的要求，并再次要求新疆五公司交付涉案房屋，然而新疆五公司至今未履行相应义务。二原告提出以下诉求：（1）请求判令所有被告向二原告交付位于北京市某某路 112 号 8 层、11 层、12 层、13 层及 14 层的房屋；（2）所有被告向二原告连带赔偿因侵权行为而遭受的经济损失一亿元。

被告新疆五公司在首次开庭前对一审法院受理本案提出异议，辩称：第一，本案不属于侵权责任纠纷，不应当依据侵权法律关系来确定管辖。理由如下：（1）二原告诉请主张其受到损害的权利应属债权，不具有绝对性与公开性，因而不属于《中华人民共和国侵权责任法》的保护范围。（2）二原告主张的权益系合同项下特定当事人所享有的合同之债，故本案不属于《中华人民共和国合同法》第一百二十二条所规定的违约与侵权责任竞合的情况。第二，即使法院认为本案属于侵权责任纠纷，本案也不适用最高人民法院就部分共同侵权案件所确立的仲裁条款管辖的例外。（1）最高人民法院就部分共同侵权案件所确立的仲裁条款管辖的例外仅适用于必要共同诉讼。换言之，非必要共同诉讼的，不适用例外原则，仲裁条款继续约束仲裁协议当事人。（2）本案包含不同当事人之间的不同的法律关系，不属于必要共同诉讼。某亚太控股与某管理（上海）公司针对涉案房屋未交付而提起的案件并非必要共同诉讼，某亚太控股应另案起诉。某管理（上海）公司对前海某保险公司的起诉基于房屋租赁合同，也非必要共同诉讼，不应在一案中审理，某管理（上海）公司应另案起诉。某管理（上海）公司对招商局物业公司的起诉也不应当与新疆五公司及某管理（上海）公司之间的纠纷在一案中处理。某管理（上海）公司要求新疆五公司履行房屋租赁合同约定义务的同时又要求其他主体承担侵权责任，不属于必要共同诉讼，不应合并受理。第三，某管理（上海）公司逃避仲裁条款管辖的行为不应该被支持。无论是现行法律规定还是相关司法实践，均不允许当事人通过选择诉因以逃避仲裁条款。本案中房屋租赁合同及物业服务合同的文本均是某管理（上海）公司提供的模板文件，其中的仲裁条款系某管理（上海）公司拟定并提出，现某管理（上海）公司却企图加入与案件无关的主体来规避其自身制定的仲裁条款，令人深感不解。如果按照某管理（上海）公司的逻辑，只要将合同主体各自的股东或者关联公司一起作为原告或者被告起诉就可以规避仲裁条款。那么，公司法确立公司法人独立人格将无任何意义，公司法人在任何合同中设置仲裁条款也毫无意义。综上所述，根据《中华人民共和国仲裁法》第二十六条的规定，请求法院驳回某管理（上海）公司对于新疆五公司的起诉，并请求驳回某亚太控股的起诉。

被告前海某保险公司在首次开庭前对一审法院受理本案提出异议，认为：第一，就涉案房屋相关事宜，某管理（上海）公司与新疆五公司及招商局物业公司分别订有明确的仲裁条款，故对于某管理（上海）公司与新疆五公司，某管理（上海）公司与招商局物业公司因涉案房屋引起的纠纷，应当提交仲裁解决。某亚太控股与本案无任何关联，法院应当驳回某亚太控股的起诉。第二，因我公司是否为本案适格的被告直接影响法院对本案的管辖权，因此，法院应当在管辖权异议审查阶段对此进行认定。我公司并未参与涉案房屋纠纷，并非本案适格被告，而是原告为规避仲裁条款设定的诉讼连接点，因此法院对本案无管辖权，应该驳回两个原告的起诉。第三，原告基于合同法第一百二十二条之规定选择提起侵权诉讼。《最高人民法院关于适用〈中华人民共和国合同法〉若干问题的解释（一）》第三十条规定：“对方当事人提出管辖异议，经审查异议成立的，人民法院应当驳回起诉。”本案中，根据二原告的起诉状，二原告依据合同法第一百二十二条的规定要求被告承担侵权责任，而本案实际为某管理（上海）公司与新疆五公司及招商局物业公司之间的争议，鉴于某管理（上海）公司与新疆五公司及招商局物业公司就涉案房屋相关事宜签订有明确的仲裁条款，故就涉案房屋相关事宜引起的侵权之诉，应提交仲裁管辖。综上所述，法院应当驳回二原告的起诉。

被告北京某物业管理公司在首次开庭前对一审法院受理本案提出异议，辩称：北京某物业管理公司与某管理（上海）公司就涉案房屋相关事宜签订有《物业服务合同》，该合同中约定有明确的仲裁条款，根据该仲裁条款的约定，某管理（上海）公司与我公司因涉案房屋相关事宜产生的纠纷，应当提交中国国际贸易仲裁委员会仲裁解决，故根据仲裁法第二十六条之规定，请求法院驳回二原告之起诉。

北京市高级人民法院于2018年10月28日作出（2017）京民初151号之三号民事裁定：一、驳回原告某亚太控股有限公司的起诉；二、驳回原告某管理（上海）公司对被告新疆五公司的起诉；三、驳回被告前海某保险公司、北京某物业管理公司对本案管辖权提出的异议。某亚太控股和某管理（上海）公司不服原审裁定，提起上诉。最高人民法院于2019年3月27日作出（2018）最高法民辖终453号民事裁定：驳回上诉，维持原裁定。

裁判理由

法院生效裁判认为：本案二审争议的焦点主要涉及原告诉讼主体资格的确认及当事人之间的侵权纠纷是否仍受仲裁条款约束的问题。

1. 关于某亚太控股的诉讼主体资格问题

本案系某亚太控股、某管理（上海）公司以新疆五公司、前海某保险公司、招商局物业公司以侵害其财产权益为由提起的诉讼，该财产权益是基于某管理（上海）公司与新疆五公司签订的《房屋租赁合同》所产生的权益。尽管某亚太控股是某管理（上海）公司的母公司，但某亚太控股与某管理（上海）公司相互独立，某亚太控股并非涉案合同的签约主体，其对某管理

（上海）公司与新疆五公司之间基于《房屋租赁合同》所产生的法律关系没有直接的利害关系，不符合《中华人民共和国民事诉讼法》（2017 年修正）第一百一十九条第一项关于“原告是与本案有直接利害关系的公民、法人和其他组织”的规定。因此，某亚太控股在本案中不具有诉讼主体资格，原审裁定驳回某亚太控股的起诉是正确的。此外，原告是否适格是法院在立案阶段应当审查的事项，对于不符合民事诉讼法第一百一十九条规定的起诉条件的，本应在立案阶段裁定不予受理；已经受理的，应当裁定驳回起诉。原审法院在管辖权异议阶段作出驳回起诉的裁定并无不妥。某亚太控股关于其是适格原告的上诉理由不能成立。

2. 关于某管理（上海）公司与新疆五公司之间的侵权纠纷是否仍受仲裁条款约束的问题

某管理（上海）公司与新疆五公司在《房屋租赁合同》第二十九条“争议解决”中明确约定了仲裁条款：“若因本合同（包括本合同的违约、终止或无效）产生任何争议、纠纷或索赔，或有有关本合同的任何争议、纠纷或索赔（‘争议’）……若双方未在三十（30）日内达成相互接受的争议解决方案，则争议应由中国国际贸易仲裁委员会（‘贸仲’）仲裁最终解决，仲裁地为北京，仲裁规则为申请仲裁时有效的仲裁规则。”该仲裁条款合法有效。某管理（上海）公司与新疆五公司之间基于《房屋租赁合同》产生的纠纷，无论是以合同纠纷为由还是以侵权纠纷为由提起，均应根据当事人之间的合意提交仲裁解决，人民法院不享有管辖权。某管理（上海）公司在本案中虽然是以侵权为由向新疆五公司提出相应的诉讼请求，但该部分纠纷仍属于涉案《房屋租赁合同》仲裁条款约束的范围，某管理（上海）公司拟通过提起侵权之诉规避合同仲裁条款的约束，法院不予支持。也就是说，某管理（上海）公司在本案中虽然是以侵权为由向新疆五公司提出相应的诉讼请求，但仍落入它们之间《房屋租赁合同》中仲裁条款的效力范围，从而排除了人民法院的管辖权。原审裁定驳回某管理（上海）公司对新疆五公司的起诉正确。

某管理（上海）公司对前海某保险公司提起的侵权之诉与其对新疆五公司提起的侵权之诉并非不可分。某管理（上海）公司主张因《房屋租赁合同》之外的第三人前海某保险公司恶意指使新疆五公司拒绝交付案涉房屋，使其本享有的权益受损，前海某保险公司、新疆五公司共同实施了一个侵权行为，属于必要共同诉讼，缺乏事实和法律依据。此外，某管理（上海）公司通过添加侵权人的方式架空仲裁协议的做法，人民法院亦不能予以支持。某管理（上海）公司关于本案应由人民法院整体受理并予以审查的上诉理由不能成立。综上，某亚太控股、某管理（上海）公司的上诉理由均不能成立，不予支持。原审裁定正确，应予维持。

裁判要旨

1. 侵权责任纠纷具有可仲裁性。当事人在合同中约定的仲裁条款对基于该合同提起的侵权之诉原则上具有约束力。

2. 侵权之诉的当事人超出合同当事人范畴的，如该侵权之诉属于普通共同诉讼，诉讼标的具有可分性，仲裁条款仅约束合同当事人；如该侵权之诉属于必要共同诉讼，诉讼标的具有不可分性，虽然合同当事人之间存在仲裁条款约定，但该仲裁条款不能约束合同当事人与非合同当事人之间的必要共同侵权纠纷，故人民法院对于该侵权之诉整体享有管辖权。

关联索引

《中华人民共和国民事诉讼法》（2023 年修正）第 122 条、第 127 条（本案适用的是 2017 年 7 月 1 日施行的《中华人民共和国民事诉讼法》第 119 条、第 124 条）

《最高人民法院关于适用〈中华人民共和国民事诉讼法〉的解释》（法释〔2015〕5 号）第 208 条第 3 款、第 216 条

一审：北京市高级人民法院（2017）京民初 151 号之三号民事裁定（2018 年 10 月 28 日）

二审：最高人民法院（2018）最高法民辖终 453 号民事裁定（2019 年 3 月 27 日）

行政案例

2023-12-3-001-004

1. 河南某电子科技有限公司诉郑州市某区市场监督管理局行政处罚案

——行政处罚法第三十三条“首违不罚”的适用标准

关键词：行政　行政处罚　首违不罚　广告法　自由裁量
营商环境

基本案情

2022年3月24日郑州市某区市场监督管理局（以下简称某区市场监管局）监测发现河南某电子科技有限公司（以下简称某电子科技公司）在其网站发布的广告，表述“C系列，红外热成像专业检测的最佳选择”的内容，涉嫌违反《中华人民共和国广告法》第九条第三项的规定，遂于2022年6月7日作出行政处罚决定书，依据广告法第五十七条第一项，并参照《河南省市场监督管理局行政处罚裁量基准》，决定对某电子科技公司罚款20万元。某电子科技公司认为行政处罚过重，与违法事实、情节和社会危害性不相适应，应予以撤销，故诉至一审法院。

河南省郑州市金水区人民法院于2022年8月15日作出（2022）豫0105行初117号行政判决：依法变更某区市场监管局行政处罚决定书中“罚款200000元”为“罚款70000元”。宣判后，某电子科技公司提起上诉。河南省郑州市中级人民法院于2022年11月15日作出（2022）豫01行终754号行政判决：一、改判撤销河南省郑州市金水区人民法院（2022）豫0105行初117号行政判决；二、撤销某区市场监管局于2022年6月7日作出的金市监处罚〔2022〕11022号行政处罚决定书。

裁判理由

法院生效裁判认为：2021 年 7 月 15 日新修订的《中华人民共和国行政处罚法》第三十三条新增了“首违不罚”规定，对于“违法行为轻微并及时改正，没有造成危害后果的，不予行政处罚。初次违法且危害后果轻微并及时改正的，可以不予行政处罚”。结合行政处罚法第五条第二款“设定和实施行政处罚必须以事实为依据，与违法行为的事实、性质、情节以及社会危害程度相当”的规定，可以看出新修订的行政处罚法更为看重公平原则。作为直接对公民减损权益或增加义务的惩戒行为，行政处罚必须审慎作出，其惩戒事由应具有公共性。因此，如果行为人实施的违法行为不具有相应的公共危害性，可不予行政处罚，这也符合行政处罚法第六条中“坚持处罚与教育相结合”的原则。依据行政处罚法第三十三条的规定，判断违法行为是否具有公共危害性，即是否可以“首违不罚”，必须符合三个要件：（1）初次违法；（2）危害后果轻微；（3）违法行为人及时改正。

就本案而言，首先，在违法情形方面。某电子科技公司自 2021 年 3 月底公司网站建成后发布广告，上有表述“C 系列，红外热成像专业检测的最佳选择”的内容。该广告使用了被广告法禁止的绝对化用语，违反了广告法第九条第三项之规定，违法事实清楚，某区市场监管局对该事实认定并无不当。某电子科技公司应引以为戒，在以后的经营活动中严格遵守国家法律法规的规定。同时，根据现有证据及案涉行政处罚决定书的内容，某区市场监管局已认定某电子科技公司属于初次违法情形。

其次，在危害后果方面。涉案产品为测温热像仪，主要为抗洪救灾或应急管理时救援所用，主要销售对象是电力维运部门，大众消费群体对此类产品的认知程度及购买概率较低。且涉案广告内容公开发布仅两个月后，该系列产品即已下架，持续时间较短，社会影响范围小。因此，虽然某电子科技公司确已违反广告法相关规定，但综合考虑其产品的性质、用途、受众程度及涉案广告内容的发布时间、范围、载体（网站）性质、对其他同行竞争者的影响以及对一般大众消费者可能产生的认知影响等种种因素，可以认定为其涉案行为的危害后果轻微。

最后，在纠正情形方面。某电子科技公司获知举报信息后，当即对涉案广告作出下架处理，并于4月15日关闭公司网站。处理过程中始终主观态度良好，对某区市场监管局的查处行为积极配合。其行为可认定为符合前述行政处罚法“首违不罚”规定中“违法行为人及时改正”的要件。

综上，涉案行政处罚决定认定事实清楚，但某区市场监管局对本案为何不适用“首违不罚”未作出合理解释，其处罚依据不够充分，涉案行政处罚决定应予撤销。虽然一审法院在原处罚决定的基础上已对处罚数额予以酌减，但综合考虑某电子科技公司的过往经营行为、目前财务人力状况及经济市场整体环境，原审酌定七万元处罚数额仍显过重。某电子科技公司的违法行为符合行政处罚法第三十三条中“首违不罚”的规定，可以不予行政处罚。

裁判要旨

行政处罚具有制止和惩戒违法行为的性质，同时也有预防和减少违法行为的功能。行政处罚法第三十三条对“首违不罚”作出规定，对于“违法行为轻微并及时改正，没有造成危害后果的，不予行政处罚。初次违法且危害后果轻微并及时改正的，可以不予行政处罚”。市场监管部门对市场经济主体作出行政处罚，应结合相对人的过往经营行为、产生危害后果及严重程度、是否及时改正违法行为、目前财务人力状况及经济市场整体环境等综合考量。如行政相对人系初次违法且危害后果轻微并及时改正，可以适用行政处罚法第三十三条“首违不罚”的规定不予行政处罚。如市场监管部门仍决定对此类行为予以行政处罚，应当说明不予适用“首违不罚”的正当理由，否则行政相对人请求人民法院撤销行政处罚决定的，人民法院应予支持。

关联索引

《中华人民共和国行政处罚法》（2021年修订）第5条、第6条、第33条

一审：河南省郑州市金水区人民法院（2022）豫0105行初117号行政判决（2022年8月15日）

二审：河南省郑州市中级人民法院（2022）豫01行终754号行政判决（2022年11月15日）

2023-12-3-001-029

2. 秦某江诉重庆市綦江区公安局交通巡逻警察支队、重庆市綦江区公安局行政处罚及行政复议案

——对于车辆驾驶人因交通标志标线设置不合理而导致交通违法的，相关行政处罚应予撤销

关键词：行政　行政处罚　行政复议　交通违法　交通标志标线　设置目的　明显不当

基本案情

重庆市綦江区公安局交通巡逻警察支队（以下简称綦江交巡警支队）在某丁字路口右转进入某小学的行进路段前方及右侧均未设置“禁止右转”等标志，但在进入该右转道约30米处的道路左侧和地面分别设置了“禁止驶入”交通标志和交通标线。

2018年6月16日，秦某江驾驶小型轿车在该丁字路口右转行驶30米后，道路左侧出现“禁止驶入”交通标志和地上出现“禁止驶入”交通标线，秦某江进退两难，遂驶入了禁行路段。2018年7月5日，綦江交巡警支队作出《公安交通管理简易程序处罚决定书》，认定秦某江驾驶小型轿车在某小学路段实施机动车逆向行驶的违法行为，违反《中华人民共和国道路交通安全法》的规定，决定予以200元罚款、记3分的处理。秦某江不服，向重庆市綦江区公安局（以下简称綦江区公安局）提起行政复议。綦江区公安局于2018年8月21日作出《行政复议决定书》，维持綦江交巡警支队作出的前述处罚决定。

根据公开的政府信息可知：2017年6月21日至2019年5月10日，案涉路段抓拍设备共抓拍5814车次。秦某江遂以綦江交巡警支队未正确设置

道路通行标志，在进入该单行路段前，无法获知该路段的通行信息和交通禁行标志，不可能作出正确判断为由，诉请判决撤销前述处罚决定和行政复议决定。

重庆市綦江区人民法院于2019年9月3日作出（2018）渝0110行初368号行政判决：驳回秦某江的诉讼请求。一审宣判后，秦某江不服，提起上诉。重庆市第五中级人民法院于2020年9月4日作出（2019）渝05行终467号行政判决：一、撤销重庆市綦江区人民法院（2018）渝0110行初368号行政判决；二、撤销綦江交巡警支队于2018年7月5日作出的《公安交通管理简易程序处罚决定书》、綦江区公安局于2018年8月21日作出的《行政复议决定书》。

裁判理由

根据规定，交通标志一般情况下应设置在道路行进方向右侧或车行道上方，也可根据情况设置在左侧，或左右两侧同时设置。因此，綦江交巡警支队将案涉禁行标志设置在道路的左侧，符合规范。但交通标志标线设置除了应当符合相关规范外，还应当考虑相关通行设计的合理性等因素。秦某江驾车行至该丁字路口时，路口前方或其他相应位置并未设置“禁止右转”等相关提示标志。此种情况下，一般人的反应是此处可以右转，既然可以右转，右转后的道路一般情况下均可以通行。本案綦江交巡警支队虽然将禁行标志设置在禁行道路的起点，但没有在起点位置之前的适当位置设置相应的提示标志，致使机动车驾驶人驶入顺行路段后，容易越过禁行道路，造成违章。结合该路段在不到两年时间内发生高达5814车次因同一行为被监控抓拍的事实，法院认定该处的交通标志标线设置存在不合理之处。秦某江请求撤销綦江交巡警支队所作案涉处罚决定书和綦江区公安局所作案涉行政复议决定书的诉讼请求成立。故法院依法作出如上裁判。

裁判要旨

交通标志标线设置区域不合理，导致车辆驾驶人没有足够反应距离而受到行政处罚的，人民法院可以认定该交通标志标线设置明显不当并判决撤销相应的行政处罚。

关联索引

《中华人民共和国行政处罚法》第 33 条第 2 款

一审：重庆市綦江区人民法院（2018）渝 0110 行初 368 号行政判决（2019 年 9 月 3 日）

二审：重庆市第五中级人民法院（2019）渝 05 行终 467 号行政判决（2020 年 9 月 4 日）

2024-12-3-001-021

3. 丁某诉上海铁路公安局上海公安处、上海铁路公安局行政处罚及行政复议案

——强行冲闯火车站检票口行为的性质认定

关键词：行政　行政处罚　行政复议　治安管理处罚　扰乱公共场所秩序

基本案情

2018 年 12 月 6 日，丁某持当日上海南站至嘉兴站列车车票至上海南站候车室，到达检票口时该次列车已停止检票。在铁路工作人员告知列车已停检且应到售票处改签的情况下，丁某不听劝阻强行闯入检票口，在检票通道内对在岗值勤检票员及前来劝阻的铁路工作人员反复纠缠、拉扯。上述行为挤占了进站通道，造成部分旅客未经检票而进站，并引发他人聚集围观，拉扯过程中一名铁路工作人员的手部受伤。上海铁路公安局上海南站派出所接到报警后指派民警到场，传唤丁某到所接受调查。

经调查，上海铁路公安局上海公安处（以下简称上海铁路公安处）于2018年12月6日作出对丁某行政拘留五日的行政处罚决定。丁某不服，向上海铁路公安局申请行政复议。上海铁路公安局经复议审查于2019年3月29日作出行政复议决定，维持上海铁路公安处所作的对丁某行政拘留五日的处罚决定。丁某诉至法院，请求判令撤销上述行政处罚决定和行政复议决定，上海铁路公安处对其进行行政赔偿。

上海市闵行区人民法院于2019年7月24日作出（2019）沪0112行初392号行政判决：驳回原告丁某的全部诉讼请求。丁某不服，提起上诉。上海市第三中级人民法院于2019年12月13日作出（2019）沪03行终558号行政判决：驳回上诉，维持原判。

裁判理由

根据《中华人民共和国治安管理处罚法》第二十三条第一款第二项的规定，扰乱车站、港口、码头、机场、商场、公园、展览馆或者其他公共场所秩序的，处警告或者二百元以下罚款；情节较重的，处五日以上十日以下拘留，可以并处五百元以下罚款。本案中，根据铁路公安机关对丁某及相关在场人员的询问笔录、现场监控视频资料等证据材料，可以证明丁某在明知所乘车次已经停检并被告知应到售票处改签的情况下，强行冲闯上海南站候车室检票口，对在岗值勤和前来劝阻的工作人员反复纠缠、拉扯，以致发生挤占进站通道、检票岗位失控、客运作业漏检等结果，干扰了车站正常作业程序和旅客进站秩序。丁某所称其不具有强闯检票口的主观意图，亦未造成车站秩序混乱的辩解意见，与在案证据证明的事实不符。上海铁路公安处据此认定丁某有扰乱公共场所秩序的违法行为，认定事实清楚、证据充分。综合考量丁某的具体行为及造成的违法后果等因素，上海铁路公安处认定丁某属于违法情节较重的情形，并依照上述法律规定对其处以行政拘留五日的处罚，适用法律正确，处罚适当。故法院依法作出如上裁判。

裁判要旨

1. 火车站候车厅和检票口属于供不特定人群停留、等候的公共场所，进入该场所的人员应当自觉遵守车站管理秩序，听从工作人员指挥和安排。故意违反安检规定，不听从工作人员现场指挥，造成公共秩序混乱的，属于治安管理处罚法第二十三条规定的“扰乱公共场所秩序”的行为。

2. 认定扰乱公共场所秩序“情节较重”，可以从行为方式和危害结果等方面综合考虑。从行为方面看，采用推搡、拉扯等方式试图冲闯关卡，与工作人员发生肢体碰撞，手段和方式较为激烈的；从结果方面来看，引起通道挤占、岗位瘫痪，导致车站秩序失控，社会影响恶劣的，应当认定为扰乱公共场所秩序“情节较重”的情形。

关联索引

《中华人民共和国行政诉讼法》（2017 年修正）第 69 条、第 79 条

《中华人民共和国治安管理处罚法》（2012 年修正）第 23 条第 1 款第 2 项

一审：上海市闵行区人民法院（2019）沪 0112 行初 392 号行政判决（2019 年 7 月 24 日）

二审：上海市第三中级人民法院（2019）沪 03 行终 558 号行政判决（2019 年 12 月 13 日）

2024-12-3-001-023

4. 湖北某品种盐有限责任公司蒙城分公司诉蒙城县市场监督管理局行政处罚案

——营销推广性质的扫码免费赠与商品属于经营行为

关键词：行政　行政处罚　扫码赠与　营销推广　经营行为　配合调查　消除危害　减轻处罚

基本案情

2020年1月8日，湖北某品种盐有限责任公司蒙城分公司（以下简称为湖北某公司蒙城分公司）从湖北某品种盐有限责任公司调拨“厨乐多”牌深井岩盐104件，规格为每件60袋，每袋320克，喷码批号为A20180130AA×，标明生产日期为2018年1月30日，注明保质期36个月，因包装箱破损，另赠送“厨乐多”牌深井岩盐16件，10件生产批号为A20180131AA×，6件生产批号为A20180130AA×。2020年7月湖北某公司蒙城分公司将104件“厨乐多”深井岩盐销售给蒙城某超市。剩余16件食盐，湖北某公司蒙城分公司于2021年4月25日赠送给任某芹、李某荣各1件，4件（240袋）同日在蒙城某博览会以0.33元/袋的价格销售，另有584袋以扫码免费赠送的方式送出，剩余16袋被蒙城县市场监督管理局查获扣押。

2021年4月26日，湖北某公司蒙城分公司发出公告，告知参与2021年4月25日在蒙城某蝶广场赠送食盐的消费者，公司将召回受赠食盐。2021年8月10日蒙城县市场监督管理局作出蒙市监罚〔2021〕285号行政处罚决定，认定湖北某公司蒙城分公司违反了《中华人民共和国食品安全法》第三十四条第一项第十项之规定，构成经营超过保质期食品的行为。依据食品安全法第一百二十四条第一款第五项的规定，决定对湖北某公司蒙城分公司处罚如下：（1）没收超过保质期的厨乐多深井岩盐16袋；（2）没收违法所得79.2元；（3）罚款86000元。湖北某公司蒙城分公司不服，提起行政诉讼，请求撤销上述处罚决定。

安徽省蒙城县人民法院于2022年5月6日作出（2022）皖1622行初18号行政判决：一、变更被告蒙城县市场监督管理局作出的蒙市监罚〔2021〕285号行政处罚决定书第三项中“处86000元罚款”为“罚款30000元”。二、驳回原告湖北某公司蒙城分公司的其他诉讼请求。宣判后，原告、被告未提出上诉，判决已发生法律效力。

裁判理由

湖北某公司蒙城分公司的“扫码免费赠与过期食盐”属于“经营行为”是蒙城县市场监督管理局适用食品安全法处罚的前提。经营行为不只是买卖行为，“扫码免费赠与过期食盐”的行为是否应认定为“经营行为”应以是否具有产生市场有利效果的目的综合判断。在具有推广宣传性质的展销会上设有摊位，以扫码方式赠与食盐，是面向消费者对其商品和品牌的宣传行为，具有推广营销的性质，有利于扩大市场上的商标知名度，能产生增加经济利益的影响。同时免费获赠的人也需扫码关注，推广营销行为所面向的市场客体附加了交换义务，使得经营者扩大知名度、获得目标客户的营销目的得以实现。故赠与行为并非单纯的好意施惠，免费获赠的人实际上仍是消费者身份而非单纯的获益人。综上，“扫码免费赠与过期食盐”应当认定为食品安全法规定的经营行为。

本案中，蒙城县市场监督管理局在接到湖北某公司蒙城分公司销售过期食盐的举报后，对案件进行了立案、现场调查、询问并履行处罚前告知、听证等程序，蒙城县市场监督管理局认定湖北某公司蒙城分公司销售和赠与超过保质期食盐事实清楚，程序合法。湖北某公司蒙城分公司低价销售和赠与的部分食盐超过了保质期，在被查处时，湖北某公司蒙城分公司积极配合，如实陈述违法事实，主动提供进货来源并主动采取召回措施消除危害后果。蒙城县市场监督管理局依据食品安全法第一百二十四条第一款第五项、《安徽省市场监督管理行政处罚自由裁量权适用规则（试行）》第十四条对湖北某公司蒙城分公司处以86000元罚款，在处罚幅度上明显不当。

《中华人民共和国行政处罚法》第五条第二款“设定和实施行政处罚必须以事实为依据，与违法行为的事实、性质、情节以及社会危害程度相当”之规定是合理性原则的体现。行政处罚法是普通法，食品安全法是特别法，二者是普通法和特别法的关系，通常情况下应当优先适用食品安全法，在食品安全法没有明确规定时，可以适用行政处罚法的有关规定。在行政相对人被查处时，如果有积极配合，如实陈述违法事实，提供进货来源并主动采取召回措施有效消除危害后果的行为，行政机关应依据行政处罚法第三十二条的规定，结合违法情节及社会危害后果，予以减轻处罚。故法院依法作出如上裁判。

裁判要旨

1.“扫码免费赠与过期食盐”的行为是否认定为经营行为应当以是否具有产生市场有利效果的目的来综合判断。在具有推广宣传性质的展销会上设有摊位，以扫码方式赠送食盐，是面向消费者对其商品和品牌的宣传行为，具有推广营销的性质，有利于扩大市场上的商标知名度，能产生增加经济利益的影响，应当认定为食品安全法中的经营行为。

2.行政相对人被查处时，有积极配合，如实陈述违法事实，提供进货来源并主动采取召回措施有效消除危害后果等行为的，行政机关应当依据行政处罚法第三十二条的规定，结合违法情节及社会危害后果，予以减轻处罚。

关联索引

《中华人民共和国行政处罚法》第5条、第32条

《中华人民共和国食品安全法》第34条

《中华人民共和国行政诉讼法》第77条

一审：安徽省蒙城县人民法院（2022）皖1622行初18号行政判决（2022年5月6日）

2024-12-3-007-002

5. 王某亮诉嫩江市人力资源和社会保障局行政确认案

——职工下班后回到职工宿舍后，返回家庭住所地的
途中发生事故伤害的，应认定为“上下班途中”

关键词：行政　行政确认　工伤认定　事故伤害　上下班途中

基本案情

第三人多宝山某公司住所地位于黑龙江省嫩江市多宝山镇。王某亮系该公司打包工，其家庭住址位于嫩江市某小区，工作日期间其居住在公司提供的位于多宝山镇某小区的宿舍。2020年10月12日至16日为王某亮轮休5天假期。2020年10月11日，王某亮零时上班至8时下班，下班后王某亮乘坐通勤车回到宿舍，于9时左右乘坐其他休假工友车辆返回嫩江市。10时15分，车辆与案外人王某秋驾驶的重型半挂牵引车相撞，致使王某亮受伤。2020年10月20日嫩江市公安交通警察大队作出《道路交通事故认定书》，认定此次交通事故由王某秋承担全部责任，王某亮无责任。

2021年9月28日，王某亮向嫩江市人力资源和社会保障局（以下简称嫩江市人社局）申请工伤认定。经王某亮补正材料后，嫩江市人社局于2022年7月20日作出《不予认定工伤决定书》，决定不予认定或视同工伤。王某亮不服《不予认定工伤决定书》，提起本案诉讼。

黑龙江省嫩江市人民法院于2022年10月24日作出（2022）黑1183行初25号行政判决：一、撤销嫩江市人社局于2022年7月20日作出的《不予认定工伤决定书》；二、责令嫩江市人社局于本判决生效之日起60日内重新作出行政行为。宣判后，各方均未上诉，判决已发生法律效力。

裁判理由

本案的争议焦点是：王某亮于2020年10月11日9时许回嫩江市区的家中是否属于下班途中。

《工伤保险条例》第十四条第六项规定，职工在上下班途中，受到非本人主要责任的交通事故或者城市轨道交通、客运轮渡、火车事故伤害的，应当认定为工伤。《最高人民法院关于审理工伤保险行政案件若干问题的规定》（法释〔2014〕9号）第六条第一项、第三项规定，在合理时间内往返于工作地与住所地、经常居住地、单位宿舍的合理路线的上下班途中或者从事属于日常工作生活所需要的活动，且在合理时间和合理路线的上下班途中，社会保险行政部门认定的“上下班途中”的，人民法院应予支持。

本案中，对于王某亮主张其于2020年10月11日9时许回嫩江市区的家中属于“下班途中”的问题。对“上下班途中”的判断标准，需考量职工行程的意图是否为“上下班”及其在“上下班”意图之下实施了出行行为，同时兼顾职工的出行时间是否属于“合理时间”，出行路线是否属于“合理路线”。

关于王某亮所受交通事故是否处于“合理时间”的问题。王某亮申请休假时已告知第三人多宝山某公司要回嫩江家中，其于案发当日下班后返回宿舍短暂停留，再从宿舍乘车回嫩江市区家中符合常理。结合王某亮8时下班后乘坐第三人多宝山某公司通勤车回到宿舍需30分钟左右，其与其他休假的工友一起于9时许乘车离开宿舍在时间上具有合理性和连续性，不能将王某亮在宿舍短暂停留视为其下班过程已结束，嫩江市人社局也没有证据证明王某亮在此期间从事了与下班回家无关、足以中断其下班过程的其他事宜。

关于王某亮所受交通事故是否处于“合理路线”的问题。《国务院法制办公室对安徽省人民政府法制办公室的复函》规定：“请示中反映的员工李某从单位宿舍至其父母家的情形，属于《工伤保险条例》第十四条第六项规定的‘在上下班途中’。”首先，参照上述规定，结合第三人多宝山某公司证人边某民、李某金、詹某丽的陈述，其三人与王某亮均在嫩江居住，公休时需回嫩江家中，发生事故当天，轮到其四人公休，四人约定好一起开车回嫩江家中，故王某亮当天下班后所要前往的住所地应为嫩江市某小区，王某亮从宿舍回嫩江市区家的路线是下班的合理路线。其次，从性质上看，公司提供的宿舍并不等同于通常意义上的“家”或“住处”，回家足以导致上下班目的阻断，员工宿舍兼具私人生活与工作场所双重性质，返回员工宿舍并不当然视为下班过程的结束。从本案看，王某亮案发当日下班后就是要返回嫩江市区的住所地，并非回到宿舍后临时起意，因王某亮家较远，其返回宿舍是为返回住所地所作的必要停留和准备，不能视为返回宿舍后其当日下班过程已经结束。因此，王某亮在该行程中受到非本人主要责任的交通事故伤害，应属于工伤。被告嫩江市人社局未考虑王某亮行程的合理性因素，认定王某亮受伤情形不符合工伤保险条例第十四条规定，而作出 2022001 号《不予认定工伤决定书》，不予认定王某亮受伤属于工伤，属认定事实不清，主要证据不足，依法应予撤销。嫩江市人社局及第三人多宝山某公司对“下班途中”的理解限缩于王某亮从工作地点至单位提供的宿舍的范围，不符合工伤保险条例立法宗旨，存在对上述法律条文的狭隘理解。

裁判要旨

工伤认定案件中，对“上下班途中”的判断标准，需考量职工行程的意图是否为“上下班”及其在“上下班”意图之下实施了出行行为，同时兼顾职工的出行时间是否属于“合理时间”，出行路线是否属于“合理路线”。职工的家庭住所地与工作地相隔两地，法定节假日或约定休息日期间，职工为上下班往返于工作场所到职工宿舍再到家庭住所地的合理路线，应当认定为工伤保险条例第十四条规定的“上下班途中”。

关联索引

《工伤保险条例》第 14 条

《最高人民法院关于审理工伤保险行政案件若干问题的规定》（法释〔2014〕9 号）第 6 条

一审：黑龙江省嫩江市人民法院（2022）黑 1183 行初 25 号行政判决（2022 年 10 月 24 日）

2024-12-3-007-003

6. 杨某甲诉北京市朝阳区人力资源和社会保障局行政确认案

——工伤职工积极寻求救济且救济过程符合现实情况、司法实践和生活常理，其未能在法定期限内提起工伤认定申请不能归因于其自身

关键词：行政　行政确认　工伤保险资格认定　工伤认定申请期限　非职工自身原因

基本案情

2021年12月15日，杨某甲向北京市朝阳区人力资源和社会保障局（以下简称朝阳区人社局）提交《工伤认定申请表》等申请材料，申请认定杨某甲于2018年10月26日在北京市朝阳区太阳宫桥十字路口因工作原因受到事故伤害为工伤。2021年12月21日，朝阳区人社局对杨某甲委托代理人进行调查并制作了《调查笔录》。2021年12月22日，朝阳区人社局向杨某甲作出被诉《不予受理决定书》并予以送达。被诉《不予受理决定书》主要内容为：朝阳区人社局收到杨某甲于2021年12月15日提交的工伤认定申请。经审查，杨某甲2018年10月26日受伤，2021年12月15日提出工伤认定申请，根据《工伤保险条例》第十七条，杨某甲的申请已超出工伤认定申请期限，现决定不予受理。

另查明，2019年3月13日，北京市朝阳区人民法院立案受理杨某甲诉王某提供劳动者受害责任纠纷一案。2021年9月29日，法院组织该案双方当事人进行谈话，谈话中王某陈述杨某甲是通过杨某乙带去务工的，王某将工资发给杨某乙，杨某乙再把钱给杨某甲，杨某甲受伤事实存在，王某不清

楚是从谁手里承接的工程。2021 年 10 月 11 日，北京市朝阳区人民法院就该案进行开庭审理，追加某甲公司、某乙公司、某丙公司为该案共同被告，庭审中某乙公司陈述其为太阳宫中路南段大桥大修工程的中标单位，后将该工程劳务分包给了某丙公司，某丙公司也认可其为太阳宫中路南段大桥大修工程劳务承包方，且无再次分包，某丙公司陈述不认识王某和杨某甲，也没有与王某签订施工合同。2021 年 10 月 22 日，北京市朝阳区人民法院作出（2019）京 0105 民初 23824 号民事裁定，准予杨某甲撤诉。

北京市朝阳区人民法院于 2022 年 6 月 29 日作出（2022）京 0105 行初 259 号行政判决：撤销被告北京市朝阳区人力资源和社会保障局于 2021 年 12 月 22 日作出的《工伤认定申请不予受理决定书》，并责令被告北京市朝阳区人力资源和社会保障局于本判决生效之日起六十日内对杨某甲提出的工伤认定申请重新处理。各方均未上诉，现判决已生效。

裁判理由

工伤保险条例第十七条第二款规定了工伤认定申请期限为事故伤害发生之日或者被诊断、鉴定为职业病之日起 1 年内。本案中，现有证据可体现杨某甲于 2018 年 10 月 26 日在工地工作时受伤，工伤保险条例第十八条中规定提出工伤认定申请应当提交与用人单位存在劳动关系（包括事实劳动关系）的证明材料，杨某甲陈述其由于当时不清楚用人单位名称，先找了工地负责人，工地负责人又让杨某甲去找王某，在协商无果的情况下杨某甲向北京市朝阳区人民法院起诉王某提供劳务者受害责任纠纷。在该案中，北京市朝阳区人民法院为查明侵权主体多次追加该案被告，直至 2021 年 10 月 11 日庭审中才确定某丙公司为涉案工程的劳务分包公司，杨某甲至此才具备申请工伤认定的前提条件。法院认为，在建设工程层层转包、分包的情形下，确定责任主体是劳动者维权普遍面临的现实困难。杨某甲陈述其查明用人单位的经过符合现实情况，并未违反常理，且有法院谈话笔录、开庭笔录等予以佐证，予以采信。根据《最高人民法院关于审理工伤保险行政案件若干问题的规定》第七条的规定，由于不属于职工或者其近亲属自身原因超过工伤认定申请期限的，被耽误的时间不计算在工伤认定申请期限内；属于用人单位原因耽误申请时间的，应当认定为不属于职工或者其近亲属自身原因。本案中，杨某甲无法确定用人单位应属用人单位原因，2018 年 10 月 26 日杨某甲在工作时受伤后一直积极主张权利通过相应渠道确定用人单位，自 2019 年 3 月 14 日杨某甲起诉的提供劳务者受害责任纠纷立案至 2021 年 10 月 11 日杨某甲知晓用人单位的时间是杨某甲为取得符合工伤保险条例第十八条规定材料的时间，系不属于杨某甲自身原因而被耽误的时间，不应计算在工伤认定申请期限内。杨某甲于 2021 年 12 月 15 日向朝阳区人社局提出工伤认定申请，未超过工伤保险条例第十七条第二款规定的 1 年申请期限。朝阳区人社局并未就杨某甲确定用人单位的相关情况进行全面、充分的调查核实，朝阳区人社局作出被诉《不予受理决定书》属于认定事实不清、适用法律法规错误，应当予以撤销，对于杨某甲的诉讼请求，予以支持。

裁判要旨

因建筑工程层层转包、分包，工伤职工只能通过提起提供劳务者受害责任纠纷来确定劳务分包公司，从而确定承担工伤保险责任的用工单位，导致耽误了工伤认定申请时间。在此过程中，可以体现工伤职工积极寻求救济的主观状态，在客观上也采取了合法有效的救济途径，其救济过程符合现实情况、司法实践和生活常理，其未能在法定期限提起工伤认定申请不能归因于其自身，其通过提起民事诉讼来确定用工单位的时间不应计算在其工伤认定申请期限内。

关联索引

《工伤保险条例》第 17 条、第 18 条

《最高人民法院关于审理工伤保险行政案件若干问题的规定》（法释〔2014〕9 号）第 7 条

一审：北京市朝阳区人民法院（2022）京 0105 行初 259 号行政判决（2022 年 6 月 29 日）

2024-12-3-007-007

7. 李某贵诉资阳市社会保险事业管理局特殊工种提前退休行政确认案

——特殊工种提前退休行政确认案件的审查

关键词：行政　行政确认　提前退休　特殊工种　调查核实

基本案情

李某贵，1966年5月生，自1982年7月起经原资阳县劳动局批准招工到原资阳县某皮革厂工作，至1994年12月该皮革厂破产止，工作期间工种为准备工。2008年7月1日，原资阳市雁江区劳动和社会保障局对原资阳县某皮革厂职工档案进行详细审查后，将符合提前退休条件和不符合提前退休条件的人员予以公示，李某贵在符合提前退休条件人员名单内。李某贵年满55周岁后，于2021年5月向资阳市雁江区人力资源和社会保障局提交拟办理特殊工种提前退休申请。2021年6月4日，资阳市雁江区人力资源和社会保障局作出2021年01号《行政审批及公共服务事项一次性告知书》，对李某贵的申请作出初审意见，并交资阳市社会保险事业管理局复审。2021年8月31日，资阳市社会保险事业管理局作出《关于李某贵同志拟办理特殊工种提前退休复审的通知》，载明：经复审，李某贵申报的原始档案中记载从事“准备工”的工种和年限资料不充分，不符合特殊工种提前退休条件；同时，告知李某贵依法享有申请复议和提起诉讼的权利。李某贵不服，提起行政诉讼，请求人民法院依法撤销资阳市社会保险事业管理局作出的《关于李某贵同志拟办理特殊工种提前退休复审的通知》。

四川省资阳市雁江区人民法院于2022年4月14日作出（2022）川2002行初2号行政判决：一、撤销资阳市社会保险事业管理局于2021年8月31

日作出的《关于李某贵同志拟办理特殊工种提前退休复审的通知》；二、责令资阳市社会保险事业管理局在本判决生效之日起六十日内对李某贵的特殊工种提前退休重新作出复审意见。宣判后，资阳市社会保险事业管理局提起上诉。四川省资阳市中级人民法院于2022年6月20日作出（2022）川20行终59号行政判决：驳回上诉，维持原判。

裁判理由

法院生效裁判认为：《国务院关于工人退休、退职的暂行办法》（国发〔1978〕104号）第一条第二项规定："全民所有制企业、事业单位和党政机关、群众团体的工人，符合下列条件之一的，应该退休：……（二）从事井下、高空、高温、特别繁重体力劳动或者其他有害身体健康的工作，男年满五十五周岁、女年满四十五周岁，连续工龄满十年的……"《劳动人事部关于轻工业提前退休工种给轻工业部的复函》（劳人护〔1983〕3号）载明："……同意你部《轻工业提前退休工种范围表》中所列的六十七个工种，作为提前退休工种试行。这类工种的工人在退休时，可以按照《国务院关于工人退休、退职的暂行办法》第一条（二）项的规定办理……"上述规定及复函是国家对从事特殊工种的职工退休的人性化规定。李某贵所从事的工作为制革准备工，其工种性质系特别繁重体力劳动，是《轻工业提前退休工种范围表》内所列工种。李某贵原始档案资料《招工登记表》《资阳市皮革厂发放安置费花名单》已证明李某贵在皮革厂工作的时间为1982年7月至1994年12月。2008年7月1日，原资阳市雁江区劳动和社会保障局对李某贵职工档案进行详细审查后，对李某贵从事的特殊工种及从事特殊工种工作的年限均认定为符合提前退休条件，并进行公示。同时公示的其他人员在达到规定的提前退休年龄后，均已办理提前退休。庭审中，李某贵申请原车间三名同事为其特殊工种工作年限出庭作证，所作证人证言与《招工登记表》、《资阳市皮革厂发放安置费花名单》、原资阳市雁江区劳动和社会保障局审查公示等证据间形成了完整的证据链，足以证明李某贵自参加工作至皮革厂破产期间一直从事准备工工作，其在特殊工种岗位上工作的年限已符合提前退休的条件。《四川省人力资源和社会保障厅关于规范特殊工种提前退休审批工作的通知》(川人社函〔2014〕878号)第一条关于“各单位要切实加强企业职工档案管理工作，对涉及职工特殊工种工作经历的相关材料要及时归档，妥善保存，确保档案资料真实性和完整性；在特殊工种提前退休审批过程中原则上以档案原始资料记载作为特殊工种认定的依据”的规定，旨在加强企业职工档案管理工作，特别是对涉及职工特殊工种工作经历的相关材料要及时归档、妥善保存，确保档案资料的真实性和完整性，以保护职工的合法权益。但是，在特殊工种提前退休审批过程中原则上以原始档案资料记载作为特殊工种认定的依据，并非全盘否定证人证言等作为证据的法定性。社保行政部门作出是否准予提前退休的行政决定时，既应当对原始档案资料严格把关，认真审查核实，还应当对证人证言及其他证据真实性、合法性、关联性及证明力的大小进行认定，确保作出的行政决定事实清楚、证据充分、合法有效。李某贵已在其能力范围内充分进行举证，资阳市社会保险事业管理局应当严格审查李某贵提交的材料，综合认定其工作年限，而不应仅以原始档案记载从事“准备工”的工种和年限资料不充分而径直认定不符合提前退休条件。故而，法院依法撤销案涉《关于李某贵同志拟办理特殊工种提前退休复审的通知》。

裁判要旨

社保行政部门对特殊工种提前退休进行审批，应当结合职工原始档案记载等书证、证人证言及其他证据，综合认定工龄、工种等是否符合提前退休情形。仅以职工档案资料记载不清晰、不完善为由不予批准的，人民法院依法不予支持。

关联索引

《国务院关于工人退休、退职的暂行办法》(国发〔1978〕104号)第1条第2项

一审：四川省资阳市雁江区人民法院(2022)川2002行初2号行政判决(2022年4月14日)

二审：四川省资阳市中级人民法院(2022)川20行终59号行政判决(2022年6月20日)

2024-12-3-018-003

8. 濮阳某燃气有限公司诉河南省濮阳市城市管理局、河南省濮阳市人民政府等确认行政协议无效案

——行政协议是否无效的审查认定

关键词：行政　行政协议　无效行政行为　重大且明显违法

基本案情

濮阳某燃气有限公司向河南省鹤壁市中级人民法院起诉称，2012 年 8 月 21 日，河南省濮阳市人民政府（以下简称濮阳市政府）委托河南省濮阳市城市管理局（以下简称濮阳市城管局）与其签订《管道燃气特许经营协议》。2013 年 12 月 10 日，濮阳市政府委托濮阳市城管局与华龙区某天然气公司签订《管道燃气特许经营协议》（以下简称被诉协议）。前述两份协议约定的经营区域部分重合，被诉协议将已由濮阳某燃气有限公司特许经营的区域又交给华龙区某天然气公司经营，严重侵犯濮阳某燃气有限公司的权益，请求确认被诉协议无效。法院经审理查明，濮阳市城管局于 2012 年 8 月与濮阳某燃气有限公司签订《管道燃气特许经营协议》，约定了特许经营权行使范围。2013 年 12 月，濮阳市城管局与华龙区某天然气公司签订被诉协议，约定了华龙区某天然气公司的特许经营权范围。2015 年 8 月，濮阳市城管局与濮阳某燃气有限公司签订《管道燃气特许经营补充协议》，进一步确定了濮阳某燃气有限公司的特许经营范围。

河南省鹤壁市中级人民法院于 2017 年 6 月 6 日作出（2014）鹤行初字第 38 号行政判决：一、确认濮阳市城管局与华龙区某天然气公司于 2013 年 12 月 10 日签订的被诉协议中第 3.4 条款违法；二、责令濮阳市城管局采取补救措施；三、驳回濮阳某燃气有限公司的其他诉讼请求。一审判决作出

后，濮阳某燃气有限公司、华龙区某天然气公司、濮阳市城管局均提出上诉。河南省高级人民法院于2019年6月18日作出（2018）豫行终111号行政判决：一、撤销一审判决；二、确认2013年12月10日濮阳市城管局与华龙区某天然气公司签订的被诉协议无效。华龙区某天然气公司不服二审判决，向最高人民法院申请再审。最高人民法院于2020年11月24日作出（2019）最高法行申13741号行政裁定，对本案提起再审，并于2021年10月18日作出（2020）最高法行再509号行政判决：一、撤销河南省高级人民法院（2018）豫行终111号行政判决；二、撤销河南省鹤壁市中级人民法院（2014）鹤行初字第38号行政判决；三、驳回濮阳某燃气有限公司的诉讼请求。

裁判理由

政府特许经营协议具有行政法上的权利义务内容，属于行政协议。本案争议焦点为被诉协议是否存在无效情形，以及濮阳某燃气有限公司关于被诉协议侵害其权益的主张是否成立。行政协议作为一种特殊的行政行为，兼具"行政性"和"合同性"。《最高人民法院关于审理行政协议案件若干问题的规定》第十二条第一、二款规定："行政协议存在行政诉讼法第七十五条规定的重大且明显违法情形的，人民法院应当确认行政协议无效。人民法院可以适用民事法律规范确认行政协议无效。"据此，人民法院在审理行政协议效力认定的案件时，首先要根据《中华人民共和国行政诉讼法》规定的无效情形进行审查，此外，还要遵从相关民事法律规范对于合同效力认定的规定。

一、本案被诉协议是否存在行政诉讼法规定的无效情形

行政诉讼法第七十五条规定："行政行为有实施主体不具有行政主体资格或者没有依据等重大且明显违法情形，原告申请确认行政行为无效的，人民法院判决确认无效。"据此可知，无效行政行为是指该行为存在"重大且明显"的违法情形。"重大"一般是指行政行为的实施将给公民、法人或者其他组织的合法权益带来重大影响；而"明显"一般是指行政行为的违法性已经明显到任何有理智的人都能够作出判断的程度。行政行为只有同时存在"重大且明显"违法的情形，才能被认定为无效。在《最高人民法院关于适

用〈中华人民共和国行政诉讼法〉的解释》(以下简称《行政诉讼法解释》)中，对行政行为无效情形亦作了例举式规定。《行政诉讼法解释》第九十九条规定："有下列情形之一的，属于行政诉讼法第七十五条规定的'重大且明显违法'：(一)行政行为实施主体不具有行政主体资格；(二)减损权利或者增加义务的行政行为没有法律规范依据；(三)行政行为的内容客观上不可能实施；(四)其他重大且明显违法的情形。"

本案被诉协议约定了华龙区某天然气公司在濮阳市特许经营管道燃气的区域、年限等内容。该协议不存在"签订主体没有行政主体资格或者超越法定权限"的情形。此外，该协议中也不存在《行政诉讼法解释》第九十九条规定的"减损权利或者增加义务的行政行为没有法律规范依据""行政行为的内容客观上不可能实施"或者其他重大且明显违法的情形。因此，被诉协议不存在行政诉讼法第七十五条规定的无效情形。

二、被诉协议是否存在民事法律规范规定的无效情形

本案被诉协议签订时有效的《中华人民共和国合同法》第五十二条规定："有下列情形之一的，合同无效：(一)一方以欺诈、胁迫的手段订立合同，损害国家利益；(二)恶意串通，损害国家、集体或者第三人利益；(三)以合法形式掩盖非法目的；(四)损害社会公共利益；(五)违反法律、行政法规的强制性规定。"本案中，濮阳某燃气有限公司未提出被诉协议违反前述法律规定的主张，且被诉协议作为在濮阳市城管局和华龙区某天然气公司之间签订的政府特许经营协议，亦不存在合同法第五十二条规定的无效情形。

三、濮阳某燃气有限公司关于被诉协议侵害其权益的主张是否成立

第一，根据本案再审查明的事实，华龙区某天然气公司与华龙区政府于2010年8月18日已签订《濮阳市濮东产业集聚区燃气项目投资建设合同》，该合同约定华龙区政府授权华龙区某天然气公司在濮东产业集聚区独家投资建设城市燃气管网。尽管该合同中关于特许经营权年限、区域等约定在2015年12月经人民法院生效判决撤销，但华龙区某天然气公司基于该合同已于2010年开始在濮阳市投资建设燃气管网，相应的项目用地、建设项目、工程规划经过濮阳市、华龙区政府相关职能部门审批，其经营的天然气管网

低压输气管线建设项目经过备案，河南省住房和城乡建设厅亦向华龙区某天然气公司颁发了燃气经营许可证。上述事实可以证明，华龙区某天然气公司早在本案被诉协议签订前，已实际在濮阳市濮东产业集聚区投资修建管道并经营管道燃气。

第二，根据本案再审查明的事实，在濮阳某燃气有限公司与濮阳市城管局签订《管道燃气特许经营协议》之前，濮阳市法制办就该协议作出濮政法审〔2012〕81号《法制审核意见书》，指出华龙区某天然气公司、濮阳县某天然气有限公司、濮阳市某燃气有限公司均对该协议所涉特许经营区域提出异议，建议濮阳市城管局进一步协调，对各方特许经营区域予以明确，达成一致意见。该事实可以证明，对于濮阳某燃气有限公司管道燃气的特许经营范围是存有争议的。根据《河南省城镇燃气管理办法》第十二条规定，"特许经营协议应当明确特许经营内容、区域、范围、有效期限及服务标准等"。《河南省住房和城乡建设厅关于进一步规范全省城镇管道燃气特许经营管理的通知》中亦有"签订特许经营协议时要充分考虑到城市发展的动态变化，对特许经营的区域要明确界定，标明四至并附《特许经营区域范围图示》"的规定。根据原中华人民共和国建设部建城〔2004〕162号《关于印发城市供水、管道燃气、城市生活垃圾处理特许经营协议示范文本的通知》中《管道燃气特许经营协议示范文本》（GF-2004-2502）的指引，管道燃气特许经营协议中"特许经营权经营范围"应当标明地理四至。因此，签订管道燃气特许经营协议时，应将特许经营的范围标明地理四至，即东西南北各至何路、何界，该特许经营的范围应当是相对固定的。濮阳某燃气有限公司于2012年8月21日与濮阳市城管局签订《管道燃气特许经营协议》，将特许经营范围约定为"濮阳市规划区"，该约定并没有明确的地理四至，且"濮阳市规划区"亦非一级行政区划。据此，濮阳某燃气有限公司虽与濮阳市城管局签订特许经营协议的时间早于本案被诉协议签订时间，但因《管道燃气特许经营协议》约定的特许经营区域四至不明，故不能证明被诉协议与其经营区域部分重叠，亦不能证明濮阳某燃气有限公司的合法权益受到侵害，故法院认为濮阳某燃气有限公司关于被诉协议侵害其权益的主张不能成立。

此外，对行政协议效力的审查，一方面，要严格按照法律及司法解释的相关规定；另一方面，基于行政协议的订立是为了进行行政管理和提供公共服务，从维护国家利益和社会公共利益的角度出发，对行政协议无效的认定要采取谨慎的态度，如果可以通过瑕疵补正的，应当尽可能减少无效行政协议的认定，以推动协议各方主体继续履行义务。本案中，濮阳市城管局通过与濮阳某燃气有限公司签订补充协议明确四至，以及华龙区某天然气公司、濮阳某燃气有限公司各自按照实际经营区域办理燃气特许经营许可证，均可说明市场秩序已经稳定。濮阳市城管局与华龙区某天然气公司于 2013 年 12 月 10 日签订的被诉协议不属于法律规定的无效情形。濮阳某燃气有限公司提起本案诉讼，请求确认上述协议无效，不应支持。二审判决确认被诉协议无效，适用法律错误，应予以纠正。故法院依法作出如上裁判。

裁判要旨

行政行为只有同时存在“重大且明显”违法的情形，该行为才能被认定为无效。对行政协议效力的审查，一方面，要严格按照法律及司法解释的相关规定；另一方面，基于行政协议的订立是为了进行行政管理和提供公共服务，从维护国家利益和社会公共利益的角度出发，对行政协议无效的认定应当采取谨慎态度。如果可以通过瑕疵补正的，应当尽可能减少无效行政协议的认定，以推动协议各方主体继续履行义务。

关联索引

《中华人民共和国民法典》第 146 条（本案适用的是 1999 年 10 月 1 日施行的《中华人民共和国合同法》第 52 条）

《中华人民共和国行政诉讼法》第 75 条

《最高人民法院关于适用〈中华人民共和国行政诉讼法〉的解释》（法释〔2018〕1 号）第 20 条第 1 款、第 99 条

《最高人民法院关于审理行政协议案件若干问题的规定》（法释〔2019〕17 号）第 12 条

一审：河南省鹤壁市中级人民法院（2014）鹤行初字第 38 号行政判决（2017 年 6 月 6 日）

二审：河南省高级人民法院（2018）豫行终111号行政判决（2019年6月18日）

再审：最高人民法院（2020）最高法行再509号行政判决（2021年10月18日）

2024-13-3-024-011

9. 北京精某科技有限公司诉国家知识产权局、北京紫某科技有限公司发明专利权无效行政纠纷案

——互联网网页图片、视频公开时间的审查

关键词：行政　发明专利权无效　现有技术　互联网网站　电子证据　公开时间

基本案情

北京紫某科技有限公司（以下简称紫某公司）系专利号为20131035××××.8、名称为“一种多功能手持式高清X射线检测仪”的发明专利的专利权人。2020年3月24日，北京精某科技有限公司（以下简称精某公司）针对该专利权提出无效宣告请求，并以经公证的YouTube和Facebook网站上的视频和图片作为证据。国家知识产权局认为精某公司的证据不能确定其在该专利申请日之前是否始终处于普通公众想得知即可得知的状态，进而不能确定上述证据是否可以作为评价该专利新颖性和创造性的现有技术。2020年8月6日，国家知识产权局作出被诉决定，维持该专利权有效。精某公司不服，向北京知识产权法院提起诉讼，请求撤销被诉决定，判令国家知识产权局重新作出决定。

北京知识产权法院于2022年3月21日作出（2020）京73行初14875

号行政判决：一、撤销国家知识产权局作出的第 45743 号无效宣告请求审查决定；二、国家知识产权局就精某公司所提无效宣告请求重新作出决定。紫某公司提出上诉，最高人民法院于 2023 年 12 月 13 日作出（2022）最高法知行终 469 号行政判决：撤销北京知识产权法院（2020）京 73 行初 14875 号行政判决，驳回精某公司的诉讼请求。

裁判理由

对互联网网站网页上的图片和视频发布时间的审查判断，应当以高度盖然性为证明标准，在综合考虑该网站的资质信用、运营管理模式、技术手段等相关因素的基础上，重点审查其网页图片和视频的编辑、发布机制，结合在案其他证据作出准确认定。如果互联网网站社交和交互属性较强，有证据显示其网页图片和视频可被用户自行编辑修改发布时间，或发布内容、公开状态等变化后发布时间不变，则其网页图片和视频显示的发布时间真伪不明。在当事人未能进一步举证的情况下，不能以该发布时间作为认定事实的根据。本案中，紫某公司二审提供的对 Facebook 网站网页进行修改操作的摄屏视频证据显示，当注册用户将图片上传到 Facebook 网站后，可以由用户编辑发布时间，甚至将发布时间编辑为图片上传时间之前的任意日期。此外，用户在用新图片替换原有图片时，对外显示的发布时间不因替换图片的操作而发生改变。紫某公司二审提供的对 Youtube 网站网页进行修改操作的摄屏视频证据显示，当注册用户将视频上传到 Youtube 网站后，用户将视频状态由“私享”编辑变更为“公开”或由“公开”编辑变更为“私享”，均不改变视频对外显示的发布时间。精某公司提交的证据 1–1、1–2 系来自 Youtube 网站的网页视频，从视频内容看无法确定其用于广告宣传，即无法合理推定其公开状态未发生过变化；证据 1–3 至 1–7 系来自 Facebook 网站的网页图片。如前述紫某公司二审提供的摄屏视频证据所示，Facebook 和 Youtube 网站的社交和交互属性较强，用户自由编辑内容和状态的权限较大，因此，证据 1–1 至 1–7 无法证明相关视频、图片在 Youtube 网站和 Facebook 网站显示的发布时间即为公开时间，上述视频或图片在该发布时间即处于公开状态的事实并不具有高度盖然性。此时，应由精某公司就相关视频和图片的公开时间承担进一步的举证责任。在精某公司没有提供其他证据对证据1–1至1–7的证明力进行补强的情况下，上述证据无法证明其公开时间在该专利申请日之前。因此，上述证据无法作为评价该专利新颖性和创造性的现有技术。一审法院认定证据1–1至1–7可分别作为评价该专利新颖性和创造性的现有技术有误，应予纠正。

裁判要旨

专利授权确权程序中，对互联网网页上的图片、视频公开时间的审查判断，应当综合考虑网站的资质信用、运营管理模式、技术手段等因素，重点审查网页图片、视频的编辑、发布机制。用户可以自行编辑修改发布时间，或者发布内容、公开状态等发生变化后发布时间仍然不变的，如无其他证据佐证，通常不能以该发布时间作为相关信息的公开时间。

关联索引

《最高人民法院关于行政诉讼证据若干问题的规定》（法释〔2002〕21号）第54条、第64条

一审：北京知识产权法院（2020）京73行初14875号行政判决（2022年3月21日）

二审：最高人民法院（2022）最高法知行终469号行政判决（2023年12月13日）

2024-13-3-024-029

10. 刘某彬诉国家知识产权局、苟某利实用新型专利权无效行政纠纷案

——对违反社会公德、妨害公共利益的祭品房类发明创造不应授予专利权

关键词：行政　专利相关行政案件　无效宣告程序　专利保护客体　违反社会公德　妨害公共利益　祭祀用品

基本案情

苟某利系专利号为20162132××××.3、名称为“组合式民俗祭祀用祭品房”的实用新型专利（以下简称本专利）的专利权人。刘某彬于2021年1月8日针对本专利权提出无效宣告请求，国家知识产权局于2021年7月20日作出第51214号无效宣告请求审查决定（以下简称被诉决定），认为本专利说明书的文字及附图仅涉及对该用品结构的描述和改进，未对封建迷信进行宣传，不属于《专利审查指南》规定的“宣传封建迷信”的行为，且本专利权利要求1—8具备创造性，故维持本专利权有效。刘某彬不服，向北京知识产权法院提起诉讼，请求撤销被诉决定，判令国家知识产权局重新作出决定。

北京知识产权法院于2022年7月28日作出（2021）京73行初13874号行政判决：驳回刘某彬的诉讼请求。刘某彬提起上诉后，最高人民法院经审判委员会讨论决定，于2024年3月26日作出（2023）最高法知行终2号行政判决：撤销一审判决及被诉决定，判令国家知识产权局就刘某彬针对本专利权提出的无效宣告请求重新作出审查决定。

裁判理由

法院生效裁判认为：对包括《中华人民共和国专利法》第五条第一款在内的专利法具体规定的理解与适用，均应当以专利法第一条规定的立法目的为基础。专利制度旨在保护能够促进科学技术进步和经济社会发展的发明创造。专利法的立法本意乃是鼓励有益的发明创造。对科学技术进步和经济社会发展并无实质益处的所谓发明创造，不应获得专利保护。

本专利涉及祭祀用品，与祭祀文化存在密切关系。在我国，祭祀文化作为民风民俗，是中华传统文化的重要组成部分，对于缅怀先辈、弘扬孝道，强化认同、安定人心，赓续民族血脉、激发奋进力量，增强中华民族的凝聚力和向心力，具有不可替代的功能和价值。祭祀用品作为表达和承载这些情感的一种载体，能够延续至今，有其存在的合理性，故一般情况下祭祀用品并不当然构成封建迷信的丧葬用品。

然而，即使某种祭祀用品不属于封建迷信的丧葬用品，其仍可能因属于专利法第五条第一款规定的违反社会公德或者妨害公共利益的情形而不应授予专利权。专利法第五条第一款规定的社会公德，是指公众普遍认为是正当的，并被普遍接受的伦理道德观念和行为准则。社会公德具有一定的时代性和地域性，其内涵随着时间的推移和社会的进步而发展、变化。中国特色社会主义进入新时代，应当以社会主义核心价值观为引领，认定、倡导和弘扬符合时代要求和人民群众公认的社会公德。专利法第五条第一款规定的公共利益，是指社会公众的共同利益，包括公共安全、环境保护、公共秩序等。

根据《殡葬管理条例》第一条和第二条的规定，开展祭祀活动要依法依规，以社会主义核心价值观为引领，顺应时代发展变化，遵循“绿色、低碳、环保、文明”的原则，弘扬绿色文明新风尚，培育维护社会公序良俗。随着我国物质文明和精神文明的发展，人民生活得到极大改善，祭祀孝亲文化呈现积极多元化发展。越来越多的民众树时代新风，移风易俗，以敬献鲜花、系丝带、撰写怀念性文章、网络简朴祭祀等更为文明和节俭的方式开展祭祀活动，厚养薄葬的新观念新风尚正在悄然形成、蔚然成风。也有民众仍沿袭旧俗以诚敬朴素的方式进行祭祀活动，应予尊重。但对于不求祭祀之诚，花样翻新、专治仪文，高价消费、大操大办，焚烧仿真房屋别墅甚至宫殿以及精致纸车纸牛纸马纸人等行为，不仅脱离了祭祀活动慎终追远之本，还容易滋长铺张浪费、盲目攀比等不良之风，既有悖善良风俗，更容易造成资源浪费、环境污染，甚至形成火灾隐患、酿成火灾事故，不应予以支持、鼓励。

本专利名称为“组合式民俗祭祀用祭品房”，系用于祭祀活动，其要求保护的是一种具有多层骨架结构的仿真房屋，且根据本专利说明书的记载，本专利产品为一次性使用，使用后焚烧处理。实践中，此类产品往往价格较高且易在民众中引发攀比，也浪费资源、污染环境，违背厚养薄葬、移风易俗的现代殡葬新理念、新风尚。对本专利所涉祭品房这种凸显祭祀活动奢靡铺张的发明创造予以专利保护，与和谐、文明的社会主义核心价值观不一致，与绿色、低碳的新发展理念不一致，不利于弘扬时代新风、培育文明风尚；同时，亦与促进科学技术进步和经济社会发展的专利法立法宗旨不一致。此类发明创造属于专利法第五条第一款规定的违反社会公德、妨害公共利益的发明创造，不应授予专利权。

裁判要旨

1. 专利制度旨在保护能够促进科学技术进步和经济社会发展的发明创造。对科学技术进步和经济社会发展并无实质益处的所谓“发明创造”，不应获得专利保护。对包括专利法第五条第一款在内的具体条款的理解与适用，均应当以专利法第一条规定的立法目的为基础。

2. 司法实践中，应当以社会主义核心价值观为引领，倡导和弘扬符合时代要求和人民群众公认的社会公德。即使某种祭祀用品不属于封建迷信的丧葬用品，其仍可能因属于专利法第五条第一款规定的违反社会公德或者妨害公共利益的情形而不应授予专利权。

3. 对祭品房等奢靡铺张、容易引发攀比的祭祀用品予以专利保护，与和谐、文明的社会主义核心价值观不一致，与绿色、低碳的新发展理念不一致，不利于弘扬时代新风、培育文明风尚；同时，亦与促进科学技术进步和经济社会发展的专利法立法宗旨不一致。此类发明创造属于专利法第五条第一款规定的违反社会公德、妨害公共利益的发明创造，不应授予专利权。

关联索引

《中华人民共和国专利法》第 1 条、第 5 条第 1 款（本案适用的是 2009 年 10 月 1 日施行的《中华人民共和国专利法》第 1 条、第 5 条第 1 款）

一审：北京知识产权法院（2021）京 73 行初 13874 号行政判决（2022 年 7 月 28 日）

二审：最高人民法院（2023）最高法知行终 2 号行政判决（2024 年 3 月 26 日）

2024-09-3-028-001

11. 苏州某文化传播有限公司诉苏州市吴江区市场监督管理局不正当竞争相关行政案件

——经营者通过微信举办免费抽奖活动行为的定性

关键词：行政　不正当竞争　有奖销售　微信免费抽奖

基本案情

苏州某文化传播有限公司（以下简称苏州某文化公司）成立于 2015 年 4 月 24 日，经营范围包括游泳培训、健身培训、文化艺术培训等。2020 年 10 月 12 日，苏州市吴江区市场监督管理局综合执法大队接到消费者王某迪举报称，苏州某文化公司在举办“春风十里、女神接礼”抽奖活动中，兑奖的奖品实物与宣传内容不符。2020 年 10 月 16 日，苏州市吴江区市场监督管理局（以下简称吴江区监管局）立案调查。

2020 年 10 月 22 日，吴江区监管局依法对苏州某文化公司进行现场检查并对法定代表人庄某慧进行询问。苏州某文化公司提供了其微信公众号

“某游亲子游泳俱乐部”发布的“春风十里，女神接礼!”的微信文章。该文章显示，苏州某文化公司将举办抽奖活动，活动奖品分6期，共38份礼品。活动时间为2020年3月8日至3月14日，参与对象为吴江0~8岁宝宝家庭，参与方法为:（1）填写信息报名成功;（2）获得1个抽奖码;（3）邀请好友，每多一位好友报名可额外获得一个抽奖码;（4）等待开奖。文章展示了6重奖品的图片及介绍，其中06“无敌幸运星”的奖品为趣游大礼包一份，包括扫地机器人、趣游心享卡、行李箱。三项奖品各配有一张产品图片，并在下方标注“终极大奖3.14号20:00送给最幸运的你”文字。庄某慧陈述：苏州某文化公司于2020年3月8日通过公司微信公众号“某游亲子游泳俱乐部”发布了一个“春风十里，女神接礼”的活动，活动没有特定对象，是通过公司员工发布朋友圈，只要填写信息报名成功就可以获得1个抽奖码。活动设置了6重礼品，其中06“无敌幸运星”的奖品配有相关的产品图片，但并未就奖品的品牌及价格作出任何承诺，奖品产品图片及文字均未涉及品牌、价格。兑付的扫地机器人是通过淘宝购买的，价格99元/个，实际付款89元/个。行李箱是一个180元左右的产品，某游卡包含自然色儿童摄影1份、蒙特梭利4节课、玛尼瑜伽服务、镜面皮肤管理服务。

2020年11月3日，吴江区监管局依法对王某迪进行询问。王某迪陈述：苏州某文化公司在3月份开展了一个微信抽奖活动，其妻子中了第6期的“无敌幸运星”奖，上面显示有扫地机器人、行李箱和心享卡。到了9月24日，苏州某文化公司才把扫地机器人兑现，拿到扫地机器人后，其觉得苏州某文化公司给的礼品不是宣传中的那样。整个活动中，苏州某文化公司所有礼品的相关价格情况都没有标注，只是告诉其有大奖。9月6日，苏州某文化公司回复说扫地机器人断货了，其依据苏州某文化公司发布的奖品图片在网上找，才发现外观相同的机器人在京东上标价2000多元。其领到的扫地机器人，外观就比预想中低档，只能用干电池，跟玩具差不多。

2020年12月11日，因案情复杂，经负责人同意，吴江区监管局延长办案期限30日。2021年1月8日，吴江区监管局召开行政处罚案件集体讨论，同意延长办案期限至2021年4月30日。2021年2月2日，吴江区监管局召开行政处罚案件集体讨论，一致同意办案机构意见，对苏州某文化公司处罚如下：（1）责令停止违法行为；（2）处罚款5万元，上缴国库。2021年2月18日，吴江区监管局向苏州某文化公司发出《行政处罚听证告知书》。苏州某文化公司收到上述告知书后，于2021年2月20日申请听证。2021年2月22日，吴江区监管局向苏州某文化公司邮寄送达《行政处罚听证通知书》，并于2021年3月10日就该案组织听证，苏州某文化公司法定代表人庄某慧、委托代理人俞某颖参加听证。听证中，苏州某文化公司委托代理人陈述：当事人不需要购买商品或者服务，只要填写报名信息就可以抽奖。报名信息包括宝宝姓名、出生日期、手机号码、是否会员。2021年4月7日，吴江区监管局召开行政处罚案件集体讨论，结论为维持原处罚决定。2021年4月22日，吴江区监管局作出涉案处罚决定，并于2021年4月27日邮寄送达苏州某文化公司。苏州某文化公司已缴纳5万元罚款。

苏州某文化公司以其举办的微信抽奖活动不属于有奖销售行为，吴江区监管局作出的《行政处罚决定书》依据的事实认定有误，适用法律法规错误为由，向法院提起诉讼，请求法院判令：（1）撤销被告吴江区监管局作出的《行政处罚决定书》；（2）判令被告吴江区监管局退还原告苏州某文化公司已缴纳的5万元罚款；（3）本案的诉讼费用由被告吴江区监管局承担。

江苏省苏州市吴江区人民法院于2021年11月24日作出（2021）苏0509行初44号行政判决：驳回苏州某文化公司的诉讼请求。宣判后，双方当事人均未提起上诉，判决已发生法律效力。

裁判理由

本案争议焦点为苏州某文化公司举办的微信抽奖活动是否属于有奖销售。

首先，《中华人民共和国反不正当竞争法》第二条第二款规定："本法所称的不正当竞争行为，是指经营者在生产经营活动中，违反本法规定，扰乱市场竞争秩序，损害其他经营者或者消费者的合法权益的行为。"反不正当竞争法规制有奖销售的目的在于防止有奖销售活动对公平竞争秩序的影响，进而损害其他经营者或消费者的利益。苏州某文化公司作为经营者，在经营活动中，应遵守诚信原则，遵守公认的商业道德，不应采取任何不正当竞争手段，损害其他经营者或者消费者的利益。

本案中，苏州某文化公司主张其举办的微信抽奖不属于有奖销售的理由主要是参与者不需要购买商品或服务即可参与抽奖。但是，苏州某文化公司举办微信抽奖活动并非从事有益于公众或社会的公益活动。根据苏州某文化公司设置的抽奖规则，凡是参加微信抽奖活动的参与者首先需要填写报名信息，包括婴幼儿的姓名、出生年月、联系方式、是否会员等，转发朋友圈邀请他人报名还可额外获得抽奖机会。也就是说，要参与抽奖，必须将参与者的身份信息提供给苏州某文化公司，额外获得抽奖机会也是基于邀请他人提供了身份信息。从表面上看，参与抽奖无需支付费用，但实际上，参与者是以其个人信息换取抽奖的机会。公民的个人信息在数字化时代的当下已然被视为一种无形资产，参与者用自身的无形资产换取获得奖品的机会，参与者与苏州某文化公司之间虽不同于传统意义上以货币换取商品或服务的消费者与销售者的关系，但本质上仍然形成了一种等价交换关系。苏州某文化公司举办的微信抽奖活动虽不以消费为前提，但其抽奖活动面向全部消费者，目的在于扩大公司的知名度，宣传自己的商品或服务，特别是利用参与者的报名信息，发掘潜在的客户，从而获取更大的经营利润。即便消费者未支付货币对价，也以其他行为替代，如填写身份信息、转发朋友圈获取流量等。因此，涉案微信抽奖活动，实质上是一种有奖销售的经营活动，极有可能对竞争秩序、消费者利益造成不当影响，从反不正当竞争法的目的看，上述行为应当受到反不正当竞争法的规制。

其次，根据《关于禁止有奖销售活动中不正当竞争行为的若干规定》（国家工商行政管理局令〔第 19 号〕）第二条的规定，有奖销售是指经营者销售商品或者提供服务，附带性地向购买者提供物品、金钱或者其他经济上的利益的行为。《国家工商行政管理局关于有线电视台在提供电视节目服务中进行有奖竞猜是否构成不正当竞争行为的答复》（工商公字〔1998〕第 55 号）规定："《反不正当竞争法》第十三条（现为第十条，下同）所称的有奖销售，是指经营者以附带性地提供金钱、物品或者其他利益（统称奖品）的引诱方式，促销其商品（包括服务）的行为。不论向商品的购买者提供奖品，还是向其他有关当事人提供奖品，只要经营者以促销商品为目的，均可构成有奖销售，受反不正当竞争法第十三条调整。”《国家工商行政管理总局关于网站在提供网上购物服务中从事有奖销售活动是否构成不正当竞争行为问题的答复》（工商公字〔2004〕46号）规定，网站经营者在提供网络服务、网上购物等经营活动中，为招揽广告客户、提高网站知名度及提高登录者的点击率，附带性地提供物品、金钱或者其他经济上的利益行为，构成有奖销售，应依照反不正当竞争法第十三条予以规范。

根据上述两项答复，有奖销售不以实际达成交易为前提，奖励对象也不局限于已实际购买商品或服务的购买者。上述两项答复在法律性质上属于其他规范性文件，《中华人民共和国立法法》没有直接涉及规章以下的其他规范性文件的效力等级，按法理其效力等级应低于法律、行政法规、规章等。当答复与上位法相抵触时，自然不能适用。但是，若答复与上位法不相抵触，合法、合理、适当的，答复的意见可以予以适用。本案所涉两项答复是对有奖销售所作的进一步解释，与上位法的规定并不相抵触，符合反不正当竞争法对有奖销售行为进行规制的立法目的。被告吴江区监管局依据上述两项答复的精神，认定苏州某文化公司举办的微信抽奖活动属于有奖销售，并无不当。苏州某文化公司认为其行为不属于有奖销售，理由不能成立。故法院依法作出如上裁判。

裁判要旨

经营者通过微信举办免费抽奖活动，虽不以参与者购买商品或者服务为前提，但其目的在于扩大知名度，宣传商品或服务，特别是收集参与者的报名信息，发掘潜在的客户以获取更大的经营利润，属于反不正当竞争法规定的有奖销售行为，应当受到反不正当竞争法的规制。

关联索引

《中华人民共和国反不正当竞争法》第2条、第10条、第22条

一审：江苏省苏州市吴江区人民法院（2021）苏0509行初44号行政判决（2021年11月24日）

国家赔偿案例

2024-18-4-116-001

1. 指导性案例 244 号：胡某波申请福建省莆田市中级人民法院再审无罪、人身自由损害刑事赔偿案

关键词：国家赔偿　人身自由损害刑事赔偿　数罪并罚
部分犯罪事实不成立再审改判轻刑　超期监禁

裁判要点

原判认定的主要犯罪事实经再审判决认定不能成立，导致赔偿请求人实际服刑期限超出再审判决确定刑期的，可以参照适用《最高人民法院、最高人民检察院关于办理刑事赔偿案件适用法律若干问题的解释》第六条“数罪并罚的案件经再审改判部分罪名不成立，监禁期限超出再审判决确定的刑期，公民对超期监禁申请国家赔偿的，应当决定予以赔偿”的规定，对超期监禁予以赔偿。

基本案情

胡某波因涉嫌诈骗罪、抢劫罪于 2012 年 10 月 5 日被刑事拘留。2013 年 7 月 16 日，福建省莆田市秀屿区人民法院作出（2013）秀刑初字第 160 号刑事判决，认定胡某波犯诈骗罪，判处有期徒刑一年九个月，并处罚金人民币 2000 元（币种下同）；犯抢劫罪，判处有期徒刑十一年六个月，并处罚金 10000 元，数罪并罚决定执行有期徒刑十二年六个月，并处罚金 12000 元。宣判后，胡某波不服，提出上诉。福建省莆田市中级人民法院于同年 11 月 16 日作出（2013）莆刑终字第 407 号刑事裁定：驳回上诉，维持原判。

裁判生效后，胡某波提出申诉。福建省莆田市中级人民法院驳回胡某波

的申诉。胡某波又向福建省高级人民法院提出申诉。福建省高级人民法院于2017年3月8日作出（2016）闽刑申121号再审决定，指令福建省莆田市中级人民法院另行组成合议庭进行再审。

福建省莆田市中级人民法院经再审审理认为：被告人胡某波以非法占有为目的，伙同他人采取虚构事实的办法，骗取被害人林某某7500元，数额较大，其行为已构成诈骗罪。原一、二审认定胡某波构成诈骗罪正确，但认定胡某波参与诈骗朱某某23000元，以及参与抢劫陈某93000元的相关事实，缺乏事实依据。故于2018年10月15日作出（2017）闽03刑再1号刑事判决：一、撤销福建省莆田市中级人民法院（2013）莆刑终字第407号刑事裁定和福建省莆田市秀屿区人民法院（2013）秀刑初字第160号刑事判决；二、胡某波犯诈骗罪，判处有期徒刑六个月（自2012年10月5日起至2013年4月4日止），并处罚金1000元。

2018年10月15日，胡某波被释放。随后，胡某波向福建省莆田市中级人民法院申请国家赔偿。

裁判结果

福建省莆田市中级人民法院于2019年6月4日作出（2019）闽03法赔1号国家赔偿决定：一、支付胡某波人身自由赔偿金494130.16元；二、支付胡某波精神损害抚慰金50000元；三、驳回胡某波的其他赔偿请求。胡某波对赔偿数额不服，向福建省高级人民法院赔偿委员会申请作出赔偿决定。

福建省高级人民法院赔偿委员会查明，胡某波基于原判实际被监禁的期限为2202天，其因部分罪名不成立以及被错误认定犯罪事实而致监禁期限超出再审刑事判决确定的六个月刑期的时间为2020天，并于2020年10月26日作出（2020）闽委赔4号国家赔偿决定：一、撤销福建省莆田市中级人民法院（2019）闽03法赔1号国家赔偿决定的第一项；二、维持福建省莆田市中级人民法院（2019）闽03法赔1号国家赔偿决定的第二项、第三项；三、福建省莆田市中级人民法院应支付胡某波人身自由赔偿金700435元，精神损害抚慰金50000元，两项共计750435元。

裁判理由

根据《中华人民共和国国家赔偿法》第十七条第三项的规定，依照审判监督程序再审改判无罪，原判刑罚已经执行的，受害人有取得国家赔偿的权利。

《最高人民法院、最高人民检察院关于办理刑事赔偿案件适用法律若干问题的解释》(法释〔2015〕24号，以下简称《刑事赔偿解释》)第六条规定："数罪并罚的案件经再审改判部分罪名不成立，监禁期限超出再审判决确定的刑期，公民对超期监禁申请国家赔偿的，应当决定予以赔偿。"

本案中，原判认定胡某波犯诈骗罪、抢劫罪，予以数罪并罚；福建省莆田市中级人民法院经再审改判胡某波仅犯诈骗罪。对于原判抢劫罪被撤销所涉赔偿问题，福建省莆田市中级人民法院适用《刑事赔偿解释》第六条的规定予以处理。同时，胡某波虽经再审改判仍构成诈骗罪并被判处有期徒刑六个月，但再审刑事判决已确认原判认定胡某波参与诈骗朱某某23000元相关事实不能成立，依法予以撤销；而认定有罪的诈骗部分仅涉及金额7500元。此时，因原判认定的大部分诈骗事实被撤销，导致诈骗罪量刑亦发生变化。因此，在计算超期监禁时间时，可以参照《刑事赔偿解释》第六条的规定，计算因诈骗罪部分事实被撤销从而导致胡某波被超期监禁的时间。故福建省莆田市中级人民法院仅以胡某波抢劫罪不成立，认定胡某波被超期监禁时间为1564天，存在错误，依法予以纠正。综上，胡某波因被错误定罪及错误认定犯罪事实导致监禁期限超出再审刑事判决确定刑期的时间应当为2020天。

《刑事赔偿解释》第二十一条第一款规定："国家赔偿法第三十三条、第三十四条规定的上年度，是指赔偿义务机关作出赔偿决定时的上一年度；复议机关或者人民法院赔偿委员会改变原赔偿决定，按照新作出决定时的上一年度国家职工平均工资标准计算人身自由赔偿金。"2019年6月4日，福建省莆田市中级人民法院作出（2019）闽03法赔1号国家赔偿决定时，最高人民法院公布的侵犯公民人身自由赔偿金标准为每日315.94元。2020年10月26日，福建省高级人民法院赔偿委员会作出（2020）闽委赔4号国家赔偿决定时，该赔偿金标准已调整为每日 346.75 元。根据前述司法解释规定，因原赔偿决定认定监禁期限有误，人民法院赔偿委员会改变原赔偿决定，应当适用新作出决定时的赔偿金标准。据此，福建省莆田市中级人民法院应当支付胡某波人身自由赔偿金 700435 元。

相关法条

《中华人民共和国国家赔偿法》第 17 条、第 21 条、第 33 条、第 35 条

《最高人民法院、最高人民检察院关于办理刑事赔偿案件适用法律若干问题的解释》(法释〔2015〕24 号）第 6 条

执行案例

2024-17-5-101-002

1. 某银行股份有限公司成都分行与成都某置业有限公司执行实施案

——坚持善意文明执行理念，依法采取“活封”措施

关键词：执行　执行实施　善意文明执行　活封　民营房企　保交楼

基本案情

2022 年 8 月 5 日，某银行股份有限公司成都分行（以下简称某银行成都分行）向四川省成都市中级人民法院（以下简称成都中院）申请诉前保全，请求以人民币 13 亿元（币种下同）为限查封、冻结成都某置业有限公司（以下简称成都某公司）名下财产。同日，成都中院作出保全裁定，冻结了成都某公司在某银行成都分行开设的系列商品房预售监管账户，查封了成都某公司名下位于成都市锦江区的土地使用权及在建工程。8 月 29 日，某银行成都分行就其与成都某公司签订的《借款展期协议》《抵押合同》《质押合同》向四川省成都市高新公证处申请赋予强制执行力，并于 8 月 31 日向成都中院申请强制执行。成都中院依据成都市高新公证处作出的具有强制执行力的（2022）川成高证经字第 10240 号公证书，立案执行某银行成都分行与成都某公司公证债权文书一案。执行标的为：（1）借款本金人民币 6.7 亿元。（2）利息人民币 4857500 元。（3）违约金人民币 6.7 亿元。（4）罚息、复利（自 2022 年 8 月 27 日起，以借款本金余额为基数，按年利率 9% 上浮 50%，即 13.5% 计收罚息；以逾期利息余额为基数，按年利率 9% 上浮 50%，即 13.5% 计收复利）。（5）实现债权的所有费用。执行过程中，承办法官第一时间通知双方当事人到院沟通，详细了解案涉在建楼盘的具体情

况，摸清双方当事人对后续执行方式的基础意愿，促使双方当事人达成在实现被执行人资产价值最大化的基础上推进后续执行工作的共识。同步依法引导申请执行人与被执行人对现有监管账户中监管额度以外资金的用途、使用方式达成一致意见，最大程度避免被执行人因资金链中断而引发供应商集体讨债、农民工集体讨薪等一系列涉稳隐患，为实现被执行人资产价值最大化奠定了坚实的基础。主动对接住建部门，了解案涉房产在法院查封状态下办理商品房预售许可证的相关程序，决定向住建部门送达在不解除查封的状态下办理商品房预售的《协助执行通知书》，以破解僵局，促成被执行人取得商品房预售许可。最终，共销售房屋 139 套，销售回款 10 亿余元，去化率达 94.50%。同时，为保障申请执行人的合法权益，及时冻结案涉房屋的商品房预售资金监管账户，监督被执行人在一定期限内按照合理价格自行销售房屋，并将销售房款用于偿付债务。最终，被执行人成都某公司以销售回款向申请执行人偿付了 7.1 亿余元，向成都中院缴纳执行费 77 万余元。

2023 年 9 月 11 日，成都中院作出（2022）川 01 执 4769 号结案通知书，本案执行完毕。

执行理由

本案系借款合同纠纷，申请执行人为金融机构，被执行人系房地产开发企业。申请执行人的诉求是兑现债权，被执行人可供执行的财产为已被保全查封但尚未取得商品房预售许可证的待售房产。执行法院认为，按照常规的执行流程，法院可以通过拍卖推进查封资产的司法处置。但通过拍卖方式处置资产，存在被执行人资产价值缩水的风险，还会引发系列纠纷，加重被执行人的债务诉讼负担，最终可能导致企业资不抵债，还可能影响该项目已售房产的正常交付。《最高人民法院关于在执行工作中进一步强化善意文明执行理念的意见》第五条第三项规定："灵活采取查封措施。……（3）查封在建商品房或现房后，在确保能够控制相应价款的前提下，可以监督被执行人在一定期限内按照合理价格自行销售房屋。人民法院在确定期限时，应当明确具体的时间节点，避免期限过长影响执行效率、损害执行债权人合法权益。"同时，按照"保交楼"的工作要求，应当充分兼顾双方当事人及购房者、施工单位、材料供应商等其他主体的利益诉求。在此基础上，人民法院着眼全局考量纠纷的妥善、高效化解，积极引导双方当事人联合申请以监管账户监管限额外的资金保障案涉工程建设；主动对接住建部门，了解相关办证程序，在不解除查封的情况下助力房企成功办理商品房预售许可；为保障申请执行人的合法权益，及时冻结案涉房屋的商品房预售资金监管账户，监督被执行人在一定期限内按照合理价格自行销售房屋，并将销售房款用于偿付债务。

执行要旨

强化善意文明执行理念，在依法保障胜诉当事人合法权益的同时，最大限度地减少对被执行人权益的影响。在具体个案中，对于资金周转困难、暂时无力偿还债务的房地产开发企业，灵活采取查封措施，对能“活封”的财产，尽量不进行“死封”，使查封财产能够物尽其用，避免社会资源浪费。查封在建商品房或现房后，在确保能够控制相应价款的前提下，可以监督被执行人在一定期限内按照合理价格自行销售房屋。人民法院在确定期限时，应当明确具体的时间节点，避免期限过长影响执行效率、损害执行债权人合法权益。

关联索引

《最高人民法院关于在执行工作中进一步强化善意文明执行理念的意见》（法发〔2019〕35号）第5条

执行：四川省成都市中级人民法院（2022）川01执4769号结案通知书（2023年9月11日）

2024-17-5-101-009

2. 上海某置业集团有限公司系列执行实施案

——涉停工楼盘执行案件中交叉执行的适用

关键词：执行　执行实施　交叉执行　停工楼盘　集中处置　重组

基本案情

上海某置业集团有限公司（以下简称某置业集团）系以房地产开发为主业的民营企业，另有舜某大酒店、舜某房产、某物业公司、某游艇俱乐部等10余家关联企业。自2007年起，某置业集团开发的舜某大酒店房地产项目开始停工。此外，某置业集团及其关联企业牵涉大量银行、企业、个人债务，数额巨大，还存在拖欠职工工资和社保金等问题。涉诉标的合计12.24亿元，非诉债务6061万元，合计总债务12.84亿元。

涉某置业集团的案件时间跨度较长、关联企业众多、债务关系繁杂，且该系列案件涉讼法院遍布上海市各辖区，涉案人数众多，导致后续强制执行难度极大。执行中，经查，某置业集团及其关联企业对涉案停工楼盘及相应地块即青浦区公园路某地块60亩土地享有土地使用权。某置业集团的债权人普遍强烈要求拍卖涉案停工楼盘及相应地块，进行变现处置。某置业集团法定代表人也曾提出资产重组清偿债务的要求。但因涉案地块被上海市第二中级人民法院及全市其他法院查封，要处置该地块用于解决上述债务，涉及统一执行、地块确权、在建工程转让、土地规划调整、抵押权涤除、社会债务清偿、政策门槛较多等大量现实问题，故一直处于研判阶段，不具备强制变现的条件。此外，经估算，若停工楼盘直接进行拍卖处置，因涉及税种问题致土地增值税等税费过高，亦不利于债权清偿。

为尽快解决停工楼盘地块的问题，在数次现场勘查及多方反复研讨后，决定将所有关联案件集中到上海市青浦区人民法院执行，并在依法处置框架下，通过有条件的承债式重组的方式，引入有经济实力并符合资质的第三方承接涉案地块，力争债务基本得到清偿，债权人基本息诉罢访，并使涉案土地及时得到开发。

2021 年 1 月，浙江志某房地产有限公司从众多竞争对手中脱颖而出，与某置业集团成功签约涉案地块在建工程转让协议。上海市青浦区人民法院于 2021 年 4 月 25 日收到受让方受让资金 8 亿元。8 月 4 日，所涉地块原舜某大酒店已被正式爆破拆除，该执行案件得到实质性推进解决。

执行理由

本案涉某置业集团的案件数量较大、主体庞杂且案件分布在全市各辖区，且继续拖延下去各方损失必定会进一步扩大，必须转变执行思路，采取创新性执行措施，努力实现双赢多赢共赢。

一是积极探索市域内交叉执行，启动集中处置解决纠纷。该类案件债务清偿属于群体性纠纷，一般涉讼法院遍布多辖区，故宜统筹兼顾后予以统一处置变现发放。本案中，考虑到某置业集团及其关联企业所涉执行案件绝大多数由青浦区人民法院受理，需要处置的主要财产在青浦辖区内，为了有利于推进各环节衔接，在高院、中院监督指导及全市法院全力配合下，激活交叉执行效能，将全市法院涉某置业集团及其关联企业的案件处置权移转给青浦区人民法院，统一执行。特别是对处理财产的变现和分配问题进行通盘考虑，防止矛盾激化，并及时总结好的经验和做法，防止执行工作出现被动局面。

二是加强研判分析，创新制定烂尾楼处置方案。该类案件多为系列案件，案情复杂，牵涉利益主体众多，如简单处置资产，众多债权人的利益不一定得到有效保护，各种矛盾纠纷不能有效化解。如简单司法拍卖某置业集团名下烂尾项目楼盘，因涉及税种问题致土地增值税等税费过高，其拍卖价值将大打折扣，不利于债权清偿。现通过有条件承债式重组的方案，即坚持依法拍卖为前提，以重组为切入点，消除司法拍卖障碍。为全面解决某置业集团及其关联企业的债务问题，给予某置业集团一定期限的资产重组时间，并由政府监管，明确现状收购。同时要明确资产重组期限，由某置业集团出面进行资产重组，如在规定的期限内资产重组失败，则由法院依法拍卖。

三是强化府院联动，为涉案地块重整复营开辟绿色通道。依托府院联动，加强与区维稳办、信访办、规土局、房地局、税务局、市场监管局之间的沟通协调和工作对接，做好已到案资金划拨、土地性质确定、容积率变更、税费测算、股权转让等工作，准确评估资产情况，推进本案化解。各部门上下合力，内外联动，确保执行工作积极稳妥进行。

执行要旨

针对涉停工楼盘案件牵扯面广、地方利益牵连复杂、资产众多等特点，执行中应该积极开展省市域内交叉集中执行，将众多法院系列案件集中到一个法院执行。要充分发挥府院联动机制优势，积极引入第三方重组，盘活停工楼盘，实现资产价值最大化。要形成工作专班，集中债务处置，进行债务锁定，制定合理分配方案，稳妥开展善后。

关联索引

《最高人民法院关于在执行工作中进一步强化善意文明执行理念的意见》（法发〔2019〕35号）第13条

执行：上海市青浦区人民法院（2021）沪0118执6809号、7712号、9965号等系列案件

2024-17-5-101-013

3. 徐某苗与吴某贵、曹某花执行实施案

——生鲜产品强制执行的处置规则

关键词：执行　执行实施　生鲜产品　产品价格贬损　延缓期限　善意文明执行

基本案情

吴某贵、曹某花因经营需要于2011年开始向徐某苗借款，后受疫情影响严重亏损未能按约定进行还款。徐某苗起诉至安徽省黄山市黄山区人民法院。该院审理后于2020年6月2日作出（2020）皖1003民初574号民事判决，判令吴某贵、曹某花于该判决生效后30日内一次性归还徐某苗借款本金人民币164000元（币种下同）并支付利息。判决生效后，吴某贵、曹某花逾期未履行生效判决确定的义务，徐某苗向黄山区人民法院申请强制执行。该院立案执行后，经查，被执行人名下无可供执行的财产，遂于2020年11月30日作出（2020）皖1003执685号执行裁定，裁定终结本次执行程序。

后因相同原因，吴某贵产生多个执行案件。2022年12月，在申请执行人徐某苗提供线索后，执行法院发现被执行人吴某贵正在经营鱼塘和承包竹林。为保护申请执行人的合法权益，黄山区人民法院依法进行了查封。考虑到鲜鱼苗与笋均属于鲜活农产品，若径自拍卖变卖等于“涸泽而渔”，经济效益低，既不能保障申请执行人的胜诉权益，亦会对被执行人造成不利影响。执行法院召集多位申请执行人与被执行人进行释法明理，引导申请执行人给予一定时间，放水养鱼、年年有鱼，等竹出笋、年年产笋，让被执行人能够通过经营逐步还债，相关建议得到了全体申请执行人同意。

2024 年春节前夕，安徽省黄山地区突临大幅度降温，导致冬笋长势不佳。同时，因销售渠道尚未打开，本应在春节前畅销的鲜鱼销量惨淡，被执行人主动联系执行法院寻求帮助。因经营鱼塘及竹林为被执行人唯一收入来源，且春节前鲜鱼市场价值较大，若错过时间节点将导致被执行人收入显著减少，无法按约还款。

2024 年 2 月 4 日，黄山区人民法院执行干警赶至被执行人吴某贵家中，在现场查看了具体情况后，执行干警通过拍摄视频发朋友圈推广、电话牵线园区食品企业等方式于当天将被执行人的八百斤鱼全部卖出，共计收入约一万元。被执行人将该款项全数打入执行专户并由法院发放给申请执行人。被执行人虽未能完全按约履行，但申请执行人见证到被执行人努力还款的现实表现，均同意继续延期，等待春笋加工获利后再继续履行还款计划。

执行理由

在本案的执行中，法院着重考量以下因素：

首先，因经营不善导致欠款的执行案件，应当审慎采取执行措施。本案中，被执行人吴某贵因生产经营需要向多方借款筹措资金，但因市场行情变化等原因导致亏损，产生多起民间借贷纠纷案件，并非故意有财产拒不执行。若在执行过程中不考虑被执行人现状，强制执行其仅有的生存、生产所需的财产，不利于生产资料发挥价值。在此类案件中应当审慎采取执行措施，引导双方当事人从实际出发达成和解协议，给予被执行人一定的时间，以促成双赢局面。

其次，对鲜活可增值的农产品应当采取“活封”措施，避免财产贬值。本案中，被执行人名下有鲜活鱼苗及竹林，若简单查封拍卖，由于鱼苗与青竹本身价值极低，既不能完全执行到位，亦让被执行人失去生产经营的积极性。故有必要采取“活封”措施，依法查封但允许被执行人经营养殖鱼苗与竹笋，相关经营款项由法院确定数额后及时向申请执行人分配，让涉案财产不断产出新的价值，以最大限度保障申请执行人可执行到位的金额，亦为被执行人提供必要的生活生产需要。

最后，对被执行人的实际困难，要积极依法予以帮助。本案中，被执行人因故向人民法院寻求帮助，执行法官利用微信、电话等多种方式为被执行人提供经营渠道，不仅是对被执行人的合理诉求的积极回应，更是保护申请执行人合法权益的必要举措。

执行要旨

对被执行人的鲜鱼苗、笋等季节性可增值农产品，要坚持善意文明执行，以“活封”的形式依法及时进行查封，并积极引导申请执行人从实际出发，给予被执行人一定时间，在鱼苗养殖成成品鱼、竹笋加工获利后部分还款，以年为单位逐步主动履行应尽法律义务，实现双方利益的共赢。

关联索引

《最高人民法院关于执行和解若干问题的规定》(法释〔2018〕3号，2020年修正)第1条

《最高人民法院关于在执行工作中进一步强化善意文明执行理念的意见》(法发〔2019〕35号)第5条

执行：安徽省黄山市黄山区人民法院(2020)皖1003执685号执行裁定(2020年11月30日)

2024-17-5-101-018

4. 四川某化工股份有限公司与山东某化工股份有限公司执行实施案

——知识产权侵权领域行为类执行案件的处理规则

关键词：执行　执行实施类案件　知识产权　行为类执行
执行和解　提级协同执行

基本案情

关于四川某化工股份有限公司（以下简称四川某化工公司）与山东某化工股份有限公司（以下简称山东某化工公司）侵害技术秘密纠纷一案，最高人民法院于2022年12月26日作出（2022）最高法知民终541号民事判决：山东某化工公司立即停止销售使用四川某化工公司的案涉技术秘密生产的三聚氰胺产品、销毁项目中案涉设备和持有的案涉技术秘密资料，并赔偿四川某化工公司经济损失及合理开支人民币9800万元（币种下同）。因山东某化工公司逾期未履行生效判决确定的义务，四川某化工公司向四川省成都市天府新区人民法院申请强制执行。

执行过程中，经过网络查控、划拨，金钱给付义务强制执行完毕，但判决确定的停止销售侵权产品、销毁侵权设备及技术资料的行为义务，被执行人一直未主动履行。同时，申请执行人与被执行人在广东省广州市中级人民法院、四川省高级人民法院还存在3起关联案件，均系由本案所涉侵权行为引发的纠纷。广州市中级人民法院判决的行为义务与本案相同，被执行人亦未履行；四川省高级人民法院两起案件的诉讼标的高达6亿元。

2023年，最高人民法院决定对本案予以督促执行，对本案采取的强制执行措施、执行进度节点，进行统一指挥、调度、管理；牵头组织召开专题会议，研究提级执行、协同执行方案，力争促使当事人达成和解，明确一揽子解决当事人在四川、广东共计 4 起关联案件的执行工作思路。之后，四川省成都市中级人民法院依法对本案提级执行，四川省高级人民法院、成都市中级人民法院与广东省高级人民法院、广州市中级人民法院、山东省高级人民法院及被执行人所在地中院及山东省相关部门多次召开座谈会，促使当事人最终达成被执行人支付专利许可费、继续生产经营的执行和解。

2024 年 1 月 28 日，四川某化工公司与山东某化工公司达成和解并签订协议，“一揽子”解决本案、广州市中级人民法院专利侵权案的执行、四川省高级人民法院正在诉讼中的两起损害赔偿诉讼纠纷。2024 年 8 月，山东某化工公司将和解协议约定的 4.4 亿元全部汇入申请执行人指定账户。四川省成都市中级人民法院于 2024 年 8 月 28 日作出（2023）川 01 执 4918 号通知书，本案执行完毕。

执行理由

本案为知识产权行为类执行疑难复杂案件，采取何种交叉执行方式，以及采取何种策略促成执行和解，是推动本案依法妥善处理的关键。具体而言：

其一，关于执行方式。《中华人民共和国民事诉讼法》第二百三十七条规定：“人民法院自收到申请执行书之日起超过六个月未执行的，申请执行人可以向上一级人民法院申请执行。上一级人民法院经审查，可以责令原人民法院在一定期限内执行，也可以决定由本院执行或者指令其他人民法院执行。”据此，对于执行法院因各种原因执行有困难的案件，可以通过上级法院提级执行或者指令其他法院执行的方式，使案件尽快予以执行。本案中，被执行人对生效判决确定的行为义务拒不执行，且存在多起跨省域重大关联案件，依靠原执行法院的有限力量，难以确保执行效果。根据本案具体情况，开展提级执行、协同执行等交叉执行方式，以推动案件办理。主要考虑：（1）从被执行人的行为看，被执行人系当地重点国有企业、纳税大户、上市公司，有能力履行却拒不履行，且持续使用侵权设备生产，存在明显的抗拒执行行为。（2）从行为履行标的所在地看，本案执行法院为四川法院，而被执行人与侵权设备均在异地。(3)从关联案件看，除本案外，还涉及广州市中级人民法院案件的执行以及四川省高级人民法院正在诉讼中的2起损害赔偿纠纷。(4)从统筹解决矛盾纠纷的角度看，申请执行人在本案中亦表达了一体化解前述所有纠纷的意愿。(5)从执行法院自身力量看，本案跨地域、涉及多部门协调，无论是原执行法院，还是提级执行后的成都中院，力量均有限，仅凭原执行法院的力量，难以协调、协同，难以妥善应对如此复杂的知识产权行为类执行案件。

其二，关于执行措施。本案采取强制执行措施，可能产生不利影响。一方面，从经济效益看，强制执行需要披露企业相关信息，会对当地资本市场金融稳定带来较大负面影响，不利于保障企业的持续发展和职工的就业稳定；如果强制拆除设备会影响整个产业链，对企业经营和当地经济发展均会造成不利影响。另一方面，从社会效果看，本案责令被执行人限期拆除大型侵权生产线，但拆除设备具有极强的专业性，易燃易爆且涉化工污染。同时，案涉生产线具有可持续生产的条件，不属于需要淘汰的落后产能，具有继续使用的经济价值。因此，人民法院依法秉持善意文明执行理念，加强协调，通过多方联动、多案协同等方式，找准利益平衡点，促使双方达成和解，通过协商确定专利许可费等，让已有设备持续创造经济利益，为知识产权权利人提供“积极价值”，代替拆除设备的“消极价值”，促成侵权生产线的合法利用和可持续发展。

执行要旨

1. 行为类执行案件中，存在被执行人继续实施所涉侵权行为、涉及多起跨省域重大关联案件、需要上级人民法院协调及其他人民法院协同等情形，自立案之日起超六个月未执行完毕的，上级法院可以采取提级执行、督促执行、协同执行等方式，推动案件执行。

2. 拆除大型侵权生产设备等行为类执行案件，存在拆除易燃易爆设备、对被执行企业持续发展及员工就业产生重大影响等情节的，人民法院应当秉持善意文明执行理念，采取强制措施托底，多方联动、多案协同等方式，促使双方达成和解，促成实现已投入生产线的合法利用和可持续发展。

关联索引

《中华人民共和国民事诉讼法》（2023年修正）第237条

执行：四川省成都市中级人民法院（2023）川01执协5号之三执行裁定（2023年12月9日）

2024-17-5-101-020

5. 合肥大某置业有限公司等关联企业执行实施案

——被执行人资不抵债且涉案主体众多的，应当坚持执破融合，充分发挥破产制度优势

关键词：执行　执行实施类案件　资不抵债　执破融合　执行联动

基本案情

合肥大某置业有限公司（以下简称大某置业公司）因开发的项目违反规划建设等一系列问题，资金链断裂，矛盾爆发。其间，4000多户业主、商铺返租等各类债权人纷纷起诉并申请强制执行。但由于大某置业公司和安徽某旺投资集团有限公司（以下简称某旺投资公司）停业后，各类矛盾不断叠加，执行程序难以有效推进，当事人信访反映强烈。申请执行人芜湖安某投资管理合伙企业（有限合伙）于2021年11月5日书面向安徽省合肥市蜀山区人民法院提出执行转破产申请。合肥市蜀山区人民法院组成合议庭，根据申请人书面申请材料、被执行人相关案件材料与执行情况（包括经营状态、案件清单统计、涉案标的、名下资产及限制情况）等，对破产申请进行多方论证，分析研判，最终决定通过执行转破产的方式，依法解决公司债务危机

问题，保障民生，维护稳定。安徽省合肥市中级人民法院经审查后于2021年12月18日裁定受理某旺投资公司破产清算案，之后又分别受理了大某置业公司、安徽华某大唐商业管理有限公司（以下简称大某商管公司）的破产清算申请。

2022年6月15日，安徽省合肥市中级人民法院裁定对某旺投资公司、大某置业公司、大某商管公司进行实质合并破产清算。在最高人民法院督办下，合肥法院加强与地方政府的联动协作，破产清算工作取得实质进展。2024年11月16日，某旺投资公司、大某置业公司、大某商管公司实质合并破产清算案第一次债权人会议顺利召开，会议表决通过了《债务人财产变价方案》《关于推选债权人委员会的提案》等议案。

2024年11月25日，安徽省合肥市中级人民法院裁定宣告某旺投资公司、大某置业公司、大某商管公司破产。据此，执行法院终结了三公司相关联的5000余件执行案件，合肥市蜀山区人民法院执行案件终本清仓率达到近50%。

执行理由

执行法院认为，启动“执转破”程序为本案最优程序选择。某旺投资公司、大某置业公司、大某商管公司严重资不抵债且存在诸多历史遗留问题，导致执行程序难以有效推进，不仅无法有效保障当事人的合法权益，也严重影响了社会稳定。经系统查询，仅安徽省内涉及三公司的执行案件就有5628件（不含执保、执异），执行总标的达30亿元。在此情形下，合肥法院“以破促执”，经过充分释法说理，指导申请执行人提出执行转破产申请，通过发挥破产制度优势，不仅推动某旺投资公司、大某置业公司、大某商管公司的债权债务得到公平公正清理，实质化解5000余件执行案件，而且通过对公司名下资产的变价处置，有助于有效盘活资产、优化资源配置、推动经济社会高质量发展。

采取实质合并清算，有助于统一清理债权债务。根据管理人调查以及审计机构的审计情况，某旺投资公司、大某置业公司、大某商管公司存在长期的资金调拨、占用和交叉担保，从而形成了大额的非经营性关联往来，上述关联往来又因相关凭证资料不全和财务管理不规范等原因导致难以逐一核对、清偿，即三公司在资产与负债方面存在高度混同情形，已构成法人人格混同。采用实质合并破产使得三家公司之间的债权债务关系消灭，财产合并处置，强调对债权人利益的整体维护。诚然，在实质合并破产清算时，不排除部分关联企业债权人的清偿率可能降低的情况，但这种差异的根源正在于三家公司之间滥用关联关系，而实质合并破产清算正是对这种滥用关联关系的纠正，有助于实现公平清理债权债务的破产法律精神。

执行要旨

对于多个被执行人关联企业，不能清偿到期债务，明显缺乏清偿能力，且涉及大量债权人的，经申请执行人申请，人民法院可以依法适用执行转破产程序，实施执破融合，将多个被执行人关联企业案件全部移交由有管辖权的人民法院立案受理。人民法院受理并裁定宣告企业破产的，依法终结系列执行案件，让系列执行案件彻底退出执行程序，实现资源的优化配置。

关联索引

《中华人民共和国企业破产法》第 2 条、第 107 条

《最高人民法院关于人民法院执行工作若干问题的规定（试行）》（法释〔1998〕15 号，2020 年修正）第 61 条

执行：安徽省合肥市蜀山区人民法院（2018）皖 0104 执 3294 号执行转破产移送决定（2021 年 11 月 12 日）

破产：安徽省合肥市中级人民法院（2021）皖 01 破 31 号民事裁定（2024 年 11 月 25 日）

2024-17-5-202-078

6. 范某麟与辜某芳执行复议案

——采用违背公序良俗方式履行义务的，属于履行方式不当

关键词：执行　执行复议　履行方式　违背公序良俗　侮辱性方式　拒绝履行

基本案情

关于范某麟与辜某芳买卖合同纠纷一案，山东省安丘市人民法院于2022年5月27日作出（2022）鲁0784民初2090号民事调解书，确认双方当事人自愿达成如下协议：一、范某麟欠辜某芳货款人民币9294.38元（币种下同），辜某芳自愿放弃其中1294.38元，范某麟于2022年9月1日前支付辜某芳8000元；二、若范某麟不能按期支付上述8000元欠款，则需另行支付违约金2000元，届时辜某芳可按10000元向法院申请强制执行。

调解书生效后，范某麟在约定期限届满前向辜某芳发送16个金额均为250元的微信转账。辜某芳看到转账后感觉受到了侮辱，未接收转账，报警并在微信上将对方“拉黑”。最终，辜某芳未能如期收到欠款，遂向法院申请强制执行。在执前调解期间，范某麟提出执行异议，认为其已经履行了部分还款义务，而辜某芳拒绝接收致其无法履行义务，应由辜某芳承担不利后果，故请求法院驳回辜某芳的执行申请。

山东省安丘市人民法院于2022年10月25日作出（2022）鲁0784执异158号执行裁定：驳回范某麟的异议申请。范某麟申请复议，山东省潍坊市中级人民法院于2023年2月23日作出（2023）鲁07执复27号执行裁定：驳回范某麟的复议申请，维持原裁定。

裁判理由

本案的争议焦点为：范某麟的履行方式是否属于正当履行，以及辜某芳是否因拒收还款而承担不利后果。

第一，关于范某麟的履行方式。《中华人民共和国民法典》第八条规定："民事主体从事民事活动，不得违反法律，不得违背公序良俗。"第十条规定："处理民事纠纷，应当依照法律；法律没有规定的，可以适用习惯，但是不得违背公序良俗。"本案中，依照生效调解书，范某麟应当向辜某芳支付8000元货款，但范某麟在能够一次性支付欠款的情况下，故意以250元为单位对欠款进行拆分转账。根据社会公众的一般观念，"二百五"明显带有侮辱性，违背公序良俗，故范某麟以每笔250元进行微信转账的履行方式，应当被认定为履行方式不当。

第二，关于辜某芳拒收还款的评价。范某麟的还款方式致使辜某芳受到侮辱而拒绝接收，原因在于范某麟履行方式不当。并且，双方达成的调解书未约定支付欠款的方式，微信转账并非支付欠款的唯一选项，在微信被拉黑后，范某麟未采取其他履行方式进行补救，导致还款义务没有履行完毕。

综上，范某麟仍应当继续履行生效调解书所确定的义务。履行期限届满后，辜某芳向法院申请执行，符合法律规定。

裁判要旨

采用侮辱性等有违公序良俗的方式履行生效法律文书确定的义务的，属于履行方式不当，债权人有权拒绝。债权人申请执行后，债务人以其已经履行为由提出异议的，人民法院不予支持。

关联索引

《中华人民共和国民法典》第8条、第10条

《中华人民共和国民事诉讼法》第247条

执行异议：山东省安丘市人民法院（2022）鲁0784执异158号执行裁定（2022年10月25日）

执行复议：山东省潍坊市中级人民法院（2023）鲁07执复27号执行裁定（2023年2月23日）

2024-17-5-203-054

7. 王某某与喀什某集团公司等执行监督案

——建设工程的地基质量问题关乎社会公共利益，不属于司法拍卖、变卖的瑕疵担保免责范围

关键词：执行　执行监督　司法拍卖、变卖　地基　瑕疵担保

基本案情

新疆维吾尔自治区喀什地区中级人民法院在执行王某某与喀什某投资公司等民间借贷纠纷一案过程中，依法查封了喀什某投资公司名下土地使用权及地上建筑物（以下简称涉案财产）。涉案财产经喀什地区中级人民法院两次拍卖、一次变卖，均流拍。后经自行变卖，喀什某集团公司竞得涉案财产并交清变卖款。喀什地区中级人民法院于2019年7月31日作出（2018）新31执36号之二执行裁定，将喀什某投资公司名下涉案财产过户到喀什某集团公司名下，该房屋所有权、使用权及相应其他权利自裁定送达喀什某集团公司时起转移。

喀什某集团公司复工建设时，发现涉案建筑物地基质量存在问题，于2021年7月21日向喀什地区中级人民法院提出书面异议，请求撤销变卖，终止对喀什地区中级人民法院（2018）新31执36号之二执行裁定的执行；将该公司交纳的变卖款返还。

喀什地区中级人民法院查明：2019年1月18日、4月8日，喀什地区中级人民法院在阿里巴巴司法拍卖网络平台发布关于涉案财产的第一、二次

拍卖公告及竞买须知。其中，特别提醒及明确拍卖标的物以实物现状为准，喀什地区中级人民法院不承担标的物瑕疵保证，竞买人可以申请实地看样，竞买人决定参与竞买的，视为对拍卖财产完全了解，并接受拍卖财产一切已知和未知瑕疵。

2019年4月25日、7月15日，喀什地区中级人民法院在司法拍卖网络平台发布关于涉案财产的变卖公告及变卖须知，对标的物情况再次特别提醒及明确，变卖标的物以现状进行变卖，其外观、结构、固定装修及内在质量以移交时的现状为准。该院对房屋外观、质量问题、结构调整、固定装修损坏、房地产面积差异等不作担保，由买受人自行承担相关责任，由此产生的问题也不影响变卖成交结果及成交价格。

再查明：喀什某集团公司向喀什地区中级人民法院提供两份检测报告（其中一份系喀什某投资公司委托新疆某检测中心于2013年8月15日出具），均明确涉案财产的地基不能满足原设计要求。

喀什地区中级人民法院认为，该院不存在故意隐瞒涉案财产瑕疵的情形，喀什某集团公司应当对该竞得标的物可能存在的风险承担相应民事责任。即使涉案在建工程地基存在安全隐患，亦应当由喀什某集团公司在继续施工时自行设法解决处理。2022年1月20日，喀什地区中级人民法院作出（2022）新31执异15号执行裁定，驳回喀什某集团公司的异议请求。喀什某集团公司不服，向新疆维吾尔自治区高级人民法院申请复议。新疆维吾尔自治区高级人民法院认为，人民法院应当优先保护社会公共利益。地基问题属于重大质量问题，适用严格责任。地基质量问题不属于竞买人应当自行承担的商业风险，司法拍卖相关规定中有关瑕疵担保免除责任的条款，在本案中不适用。2022年5月16日，新疆维吾尔自治区高级人民法院作出（2022）新执复48号执行裁定：撤销喀什地区中级人民法院（2022）新31执异15号执行裁定和（2018）新31执36号之二执行裁定，喀什地区中级人民法院返还喀什某集团公司交纳的变卖款。王某某向最高人民法院申请监督。最高人民法院经审查于2023年9月28日作出（2023）最高法执监193号执行裁定：驳回王某某的申诉请求。

裁判理由

法院生效裁判认为：根据《最高人民法院关于人民法院网络司法拍卖若干问题的规定》（以下简称《网拍规定》）第十四条，人民法院在网拍公告中应对已知瑕疵等进行特别提示，并提示竞买人，如决定参与竞买的，视为接受拍卖财产一切已知和未知瑕疵。从本案拍卖、变卖过程看，喀什地区中级人民法院在处置涉案财产过程中，依据相关法律、司法解释，对拍卖标的物实施了公告、说明、提示等相应行为。因地基属于前期工程，地基不合格不能进行下一步建设，故对于建设工程而言，一般情况下可以推定地基质量是合格的。而本案是在建设工程进行了后续建设的情况下，又被检测出地基承载力不符合设计要求。人民法院及竞买人均不能从拍卖、变卖标的物现状对该问题提前作出判断，不属于瑕疵注意范围。地基问题属于重大工程质量问题，关乎社会公共利益，新疆维吾尔自治区高级人民法院认为本案不适用瑕疵担保免责条款，并无不当。

由于地基质量不合格，即便喀什某集团公司通过加固地基、变更设计方案等方式可以避免危害公共利益的风险产生，但对于喀什某集团公司而言，其竞买涉案财产的目的已无法实现，新疆维吾尔自治区高级人民法院依照《网拍规定》第三十一条第一项规定，认为竞买人竞买目的无法实现，并出于保护建设工程质量安全和社会公共利益的考虑，撤销涉案变卖，并无不当。王某某关于地基质量包含于未知瑕疵范围、危害公共利益情形尚未发生、喀什某集团公司请求撤销变卖是为了转嫁风险的主张，理据不足，不予支持。故法院依法作出如上裁判。

裁判要旨

地基问题属于重大工程质量问题，关乎社会公共利益。在建工程的地基不能满足原设计要求，人民法院在司法拍卖变卖中未事先披露的，不属于有关瑕疵担保免除责任的范围。买受人以因此导致其竞买目的无法实现为由主张撤销的，人民法院予以支持。

关联索引

《最高人民法院关于人民法院网络司法拍卖若干问题的规定》(法释〔2016〕18号)第14条、第31条

执行异议:新疆维吾尔自治区喀什地区中级人民法院(2022)新31执异15号执行裁定(2022年1月20日)

执行复议:新疆维吾尔自治区高级人民法院(2022)新执复48号执行裁定(2022年5月16日)

执行监督:最高人民法院(2023)最高法执监193号执行裁定(2023年9月28日)

未成年人权益保护案事例库事例

为进一步加强对未成年人的综合保护，强化对未成年人违法犯罪源头预防和综合治理，汇聚各方力量推动“六大保护”融合发力、落到实处，最高人民法院依托人民法院案例库与多家单位共建未成年人权益保护案事例库，于2024年“六一”国际儿童节当日上线并向社会开放。未成年人权益保护案事例库收录最高人民检察院、教育部、公安部、民政部、司法部、国务院妇女儿童工作委员会办公室、共青团中央、全国妇联等8家中央有关单位推荐的涉未成年人权益保护和犯罪预防的典型案例、事例，以及人民法院案例库中涉未成年人的参考案例。未成年人权益保护案事例库有利于传递未成年人权益保护理念方法、统一未成年人案件裁判规则和尺度、规范和推广未成年人权益保护工作经验做法、凝聚未成年人保护工作合力，重在推动解决家庭、学校、社会、网络、政府、司法保护的难点、堵点、痛点问题，携手共筑未成年人权益保护和犯罪预防的重要防线。

（教育部事例）

1. 对学生设置言行自由约束应依法合理

【案件回顾】

王某系某小学四年级学生，课间在教室走廊奔跑嬉闹时不慎摔倒，导致牙齿掉落，产生治疗费用若干。为避免出现课间活动引发的类似安全事件，该学校明确要求学生在校学习期间，除如厕、接水外，课间禁止到教室外活动。部分家长认为学校的这一要求违反国家有关规定，并向当地教育行政部门投诉。当地教育行政部门经查实后，认为学校这一做法违反了《未成年人学校保护规定》第八条中关于“不得对学生在课间及其他非教学时间的正当交流、游戏、出教室活动等言行自由设置不必要的约束”的相关规定，责令该学校取消对学生课间活动的相关限制。

实践中，有的中小学校出于安全和便于管理的需要，取消学生正常的课外活动，甚至禁止学生课间出教室活动。虽然这类限制措施的出发点是保护学生安全、避免伤害事故以及由此引发的纠纷，但这种简单化、“一刀切”的做法，不符合孩子活泼好动的天性，不利于孩子的身心健康和全面发展，违背了教育的规律，而且涉嫌侵犯学生的合法权益。

2021年6月，教育部发布《未成年人学校保护规定》（教育部令第50号），明确要求学校不得设置侵犯学生人身自由的管理措施，不得对学生在课间及其他非教学时间的正当交流、游戏、出教室活动等言行自由设置不必要的约束。该规定在《中华人民共和国民法典》《中华人民共和国义务教育法》《中华人民共和国未成年人保护法》等相关法律的基础上，首次在部门规章中对不合理限制学生非教学时间言行自由的管理措施作出禁止性规定。对此规定，可以从三个方面进行理解。

第一，学校对学生采取管理措施应具有合法性。未成年学生在校学习、生活期间，学校可以采取多种管理措施对学生进行教育和管理，还可以依法进行教育惩戒。但是，学校采取各类管理措施，应当以合法为前提。若采用毁坏财物、罚款、关禁闭等方式对学生进行教育管理，将会侵犯学生的人身自由、财产权、健康权、休息权等基本权利，也超出了合法管理的范畴，需要严格禁止。

第二，学校对学生采取管理措施应具有合理性。学校应当根据未成年人身心健康发展的规律和特点，对学生采取合理的、必要的管理措施。至于何为"合理的管理措施"，可以结合未成年人的年龄和身心发展需求、学校教学管理需要、学校安全状况以及其他具体实际情况予以确定。例如，出于保护学生安全的需要，在恶劣天气条件下要求学生不得出教室活动，就属于必要的约束。本案中，学校一律禁止学生课间到教室外活动就是明显超出合理范围的举措。

第三，学校对学生采取管理措施应具有教育性。学校是育人的场所，在校的每个环节都具有教育意义。学生不仅在课堂上接受教育，同时也在非教学时间与其他同学的交流活动中逐渐成长。学校管理措施本身也是潜移默化的教育过程。例如，学校可以组织学生就管理措施设置的必要性、可行性等进行讨论，既能让孩子们理解管理措施的设置初衷，也能让孩子们提升安全意识。学校在出台管理措施前，适当征求学生的意见，可以提升学生参与学校民主管理的意识和能力。

保障学生在非教学时间内的言行自由和活动自由，是推进依法治校的需要，更是统筹未成年学生身体素质、学习效果、运动能力等平衡协调发展的需要。学校在对学生设定言行限制相关的管理措施时，应当重点关注以下几个方面。

一是尊重和保护学生的人格尊严。《中华人民共和国教育法》规定，学校应当履行维护受教育者合法权益的义务。义务教育法规定，教师应当尊重学生的人格，不得歧视学生，不得侵犯学生合法权益。学校制定校纪校规，对学生言行进行约束，首先要做到尊重和保护学生的人格尊严与合法权益。实践中，可以邀请法治副校长、法律顾问对学生人身自由管理措施的合法性进行审核，还可以征求学生及家长的意见。同时，要切实提升教育服务理念，一切从有利于学生全面发展和维护其合法权益的角度出发，制定合理的管理措施，妥善处理好学生人格尊严、合法权益保护与学校安全责任之间的平衡。

二是遵循学生身心发展规律和特点。未成年学生仍然处于身体、心理、认知的快速发展阶段，调皮、活泼、好动是学生的天性，适当的休息、娱乐、运动有利于学生的健康成长。学校在合理安排未成年学生的学习和休息时间的同时，也要充分保障其课间娱乐、运动和交流的机会。考虑到不同年龄阶段的未成年学生在安全意识、运动能力、认知能力和安全防范能力等方面存在差异，学校可以结合实际，对不同阶段的学生群体适用与其年龄段相适应的管理措施，兼顾学生身心发展特点与安全防范需求。

三是注重风险防控和安全教育。学校要通过完善安全风险防控体系、健全安全风险制度、提高设施设备安全性等消除校园安全风险因素，预防校园安全事故。例如，加强对校园内体育设施器材的安全隐患排查和安全管理，及时检修或更换腐蚀、生锈、损坏的体育设施设备，通过防撞设计、软包等降低学生课间活动的安全风险隐患。要积极借助政府部门、社会力量、专业组织，构建学校安全风险管理体系，探索学校安全综合险等校园风险分担机制。要加强学生安全教育，通过组织法治副校长、法官、检察官等专业人员进校园开展案例教学等“请进来”的方式，或者到法治实践部门、法治教育实践基地开展实践教育等“走出去”的方式，提高教育的实践性、实效性，不断提升学生安全意识和安全风险防范能力。

少年儿童是祖国的未来、民族的希望。运动和阳光是孩子们茁壮成长的养分。学校要持续深化依法治校工作，依法、合理设置对学生人身自由和非教学时间言行自由相关的管理措施，推动将制度优势转换为治理效能，保障学生在安全的校园中自由、快乐地成长。

（公安部事例）

2. 公安机关督促指导宾馆经营者认真落实旅馆“五必须”规定，及时阻止侵害未成年人案件发生

一、事件基本情况

2023年10月3日，一名男子（26岁）和一名未成年女孩（14岁）到江苏省宿迁市宿城区某宾馆办理入住。宾馆工作人员发现办理入住女孩是未成年人、同住人员身份关系可疑等情况，立即按照公安部旅馆接待未成年人入住“五必须”规定中的可疑情况报告要求，向辖区公安派出所报告可疑情况。经民警现场核查，该未成年女孩在监护人不知情的情况下，与玩网络游戏时认识的男性网友相约到宾馆开房，公安民警立即联系女孩监护人将其接回，对男子进行批评教育、法制宣传。事后，属地公安机关召开辖区旅馆治安责任人会议，对该宾馆认真落实旅馆“五必须”规定的做法通报表扬，引导树立良好导向。

二、典型意义

针对旅馆易被利用实施性侵未成年人违法犯罪的问题，2021年5月，公安部根据《中华人民共和国未成年人保护法》《旅馆业治安管理办法》等法律法规规定，制定发布旅馆接待未成年人入住“五必须”规定：旅馆等住宿经营者接待未成年人入住，必须查验入住未成年人身份，并如实登记报送相关信息；必须询问未成年人父母或者其他监护人的联系方式，并记录备查；必须询问同住人员身份关系等情况，并记录备查；必须加强安全巡查和访客管理，预防针对未成年人的不法侵害；必须立即向公安机关报告可疑情况，并及时联系未成年人的父母或其他监护人，同时采取相应安全保护措施。

公安机关践行“主动警务、预防警务”，建立健全“常态宣传、强制报备、暗访检查、研判核查、一案双查、督办约谈”六项工作机制，加大日常

检查、依法查处工作力度，狠抓“五必须”规定落实落地，督促旅馆经营者严格履行未成年人保护法律责任，努力防范在旅馆发生侵害未成年人案事件。2021 年 5 月以来，公安机关组织开展培训 19.7 万场次，专项检查旅馆 1249 万家次，依法查处旅馆 15.3 万家次，核查可疑情况 91.2 万余次，帮助找回离家出走等未成年人 1.89 万余人次。2023 年，全国旅馆登记入住未成年人同比上升 123%，发生在旅馆的性侵未成年人案件同比下降 30.9%。

（民政部事例）

3. 法情相融　刚柔并济　点亮被弃女童回家之路

——福建省龙岩市永定区被遗弃儿童救助保护案例

一、基本情况

2021 年 4 月，4 岁女孩思思（化名）被其父亲遗弃，被公安机关送往福建省龙岩市永定区未成年人救助保护中心进行临时照料。

永定区民政局了解到，思思，2017 年出生，系龙岩市上杭县男子邱某与永定区女子沈某的非婚生女儿。从 2019 年年底开始，思思父母之间爆发矛盾并逐步升级，最终双方分手并拒绝见面，思思跟随父亲生活，但父母之间的矛盾让思思父亲脾气暴躁，多次将思思遗弃在母亲娘家或外公打工的工地。

通过与思思进一步相处，并与思思父母取得联系后，永定区民政局进一步了解到思思面临的实际困难，主要包括：年幼，需要大人照料日常生活；因父母经常争吵，缺少家庭关爱，多次被遗弃，严重缺乏安全感；未登记户口、未缴纳医保、未接种新冠疫苗；思思母亲已赴外省，已怀孕并且准备与他人结婚，拒绝抚养思思；思思父亲亦拒绝继续抚养，并扬言报复思思母亲。

二、解决方案及所做工作

针对思思的实际情况，永定区民政局认真分析研判，积极应对，有效发挥该区困境儿童保障工作机制作用，明确了“妥善做好临时安置照料，引导思思父母履行抚养义务，推进思思回归家庭”的整体目标和具体解决方案，多措并举推动问题解决。

（一）发挥困境儿童保障工作机制作用。永定区民政局及时将思思的情况向永定区委、区政府报告，区政府分管领导多次看望关心思思，指示区民政局等有关部门要依法依规妥善处置，切实保障思思合法权益。永定区民政局积极与区政法、法院、检察院、教育、司法、卫生健康、妇联等有关部门和单位对接，协同推进相关工作。区卫健局指导医疗机构为思思体检、接种新冠疫苗，确保思思身体健康；区司法局安排2名律师给予法律援助，提供法律支撑；区公安分局帮助思思协调落实户籍；当地社区干部主动走访了解情况，提供了大量有用信息。

（二）开展临时安置照料服务。思思在该区未成年人救助保护中心期间，永定区民政局第一时间安排社会工作机构介入，开展个案辅导，加强陪伴关爱，抚慰思思情绪，提升思思安全感；另一方面，评估合适的临时照料家庭和幼儿园，让思思“回家”“入园”，充分感受到家庭、老师和同伴的关心和温暖。一段时间后，思思的情绪逐渐稳定，笑容逐渐增多，与区民政局、社会工作机构工作人员及临时照料家庭都建立了深厚的感情。

（三）努力纠正思思父母认知上的偏差。永定区民政局通过分析研判，认为引导思思父亲继续履行抚养义务，思思母亲承担抚养费是较为可行的解决办法。确定方向后，永定区民政局会同相关部门多次与思思父母沟通。针对思思父亲扬言报复的问题，工作人员运用社会工作和心理学方面专业知识，引导其释放和缓解情绪，让思思父亲冷静下来，理性面对，避免走极端。针对思思父亲不愿意抚养孩子的问题，工作人员从法律政策、社会道德、家庭责任等角度晓之以理、动之以情，反复开导，以心换心，促使思思父亲慢慢打开心结。社工机构利用思思过生日、过节日等各种契机让父女进行视频聊天，平时经常通过微信发送照片、视频，逐步唤回思思父亲对女儿的爱，最终使思思父亲主动提供了孩子的出生证明，顺利进行户口登记，并愿意抚养孩子。针对思思母亲的问题，工作人员积极与其沟通，对她不抚养孩子的行为进行教育，使她充分认识到自己的错误，并同意支付抚养费。

经永定区民政局等有关部门和社工一年多来不懈的说服、调解，并综合评估思思父亲的监护能力后，确定思思由父亲履行监护职责，母亲负责每月支付抚养费。2022年6月，思思父亲在上杭县委政法委、县民政局工作人员带领下，到永定区未成年人救助保护中心接回了思思，思思顺利回归家庭。据了解，目前思思已经7岁，在上杭县一所幼儿园上学，思思父亲能够较好履行监护职责，没有再发生遗弃情况。

三、典型意义

由于未婚先育后没有组合成家庭、因债务“假离婚”、对婚姻家庭的责任感不强等问题，未成年人作为“弱势群体”无力自保，甚至还会被当成双方谈判的“筹码”，这给困境儿童权益保护工作带来了新的挑战。本案例在践行儿童利益最大化、保护被遗弃儿童权益方面具有典型意义：

（一）困境儿童的权益保护工作需要用心用情用力。在本案办理的1年多时间里，民政工作人员和社工心怀爱心和善心，用工作坚守的“持久力”去做好工作，才将事情圆满解决。因此，困境儿童的权益保护工作需要用工作人员的初心坚守，用“爱的温度”去感染儿童及其父母、家庭，才能最大限度地保护好儿童，让困境儿童尽早走出困境。

（二）困境儿童的权益保护工作需要专业社工的介入。在本案例中，民政部门在第一时间派出专业社工进行介入，社工作为“倾听者”“沟通者”“协调者”“陪伴者”，起到了很好的“润滑剂”作用，因此，专业社工的介入在困境儿童权益保护工作中具有独特的优势。

（三）新时期的困境儿童权益保护工作需要探索新思路。本案如果法院强制宣判，因未解开儿童父母心结，遗弃行为或儿童监护缺失问题很大程度上还会继续发生，甚至引发危害社会的极端事件，对于被弃女童权益的长久维护非常不利。当地民政部门坚持从“一切为了孩子”的角度，最终经多部门参与、法情相融、刚柔并济的方法，使案件得到圆满解决。因此，新时期由于婚姻家庭等问题带来的困境儿童权益保护问题，需要探索新思路，完善新机制，寻求法、理、情的统一，更好保护儿童合法权益。

（司法部事例）

4. 珠海市斗门区法律援助处对未成年人小赵撤销监护权纠纷提供法律援助案

一、基本情况

2017年6月，赵某（小赵父亲）与刘某（小赵母亲）在珠海市非婚生育了小赵。小赵出生后不久，母亲刘某即离家出走，杳无音讯，常年将小赵放在其祖父母家中不闻不问，怠于履行对小赵的监护职责。2019年10月，父亲赵某因犯罪在监狱服刑，客观上无法对小赵履行抚养义务和监护责任。随着小赵逐渐长大，办理落户、入学和申请社会救助等一系列问题迫在眉睫，因上述事项均需法定监护人即小赵的父母办理，为此爷爷曾多番寻找小赵母亲的下落，均未果。

无奈之下，小赵爷爷向广东省珠海市斗门区法律援助处申请法律援助。斗门区法律援助处依法决定给予法律援助，并指派广东优而仕律师事务所罗某婷律师承办。

承办律师接受指派后，多次前往小赵居住的某村家里，听取其爷爷介绍小赵成长经过、父母情况及诉讼请求，为其分析案件事实并提供法律意见。经过多次研判，承办律师认为在小赵母亲刘某失联后，其怠于履行监护责任，在小赵父亲因服刑无法对小赵履行抚养、监护责任期间，应撤销刘某的监护人资格，由一直抚养照顾小赵的爷爷担任监护人最有利于小赵的成长。

随后承办律师开展了大量取证工作：一是搜集小赵自出生后一直跟随爷爷奶奶生活在某村的客观证据；二是搜集刘某作为小赵母亲自生下小赵后随即失联多年，一直未回来探视小赵长达57个月的证据；三是向刘某户籍所在地的村民委员会发出《协助调查函》，排除潜在的其他监护人的监护争议；四是说服小赵的大伯、姑姑出具《协助监护承诺书》，承诺无条件协助小赵爷爷履行监护职责。同时告知小赵爷爷提供退休金银行流水，证明其具备抚养小赵的经济能力。

完成取证后，为进一步确保诉讼目的得以实现，经斗门区法律援助处指导，承办律师尝试探索创新思路，向珠海市斗门区检察院提出申请，请求检察院支持在本案未成年人权益保障上的公益诉讼。后斗门区检察院多次向承办律师了解案件情况，经审查后同意支持起诉，并于2022年3月26日委托珠海市彩虹青少年综合服务中心对事实进行调查并作出《关于未成年人小赵的社会调查报告》。证明刘某自生育小赵后一直失联，从未承担监护和抚养照顾义务，母亲的缺位不但对小赵身心健康造成了较大的影响，现实中对小赵后续接受教育、办理社保卡等造成许多困难和阻碍。

2022年4月，承办律师作为代理人，向珠海市斗门区人民法院提起撤销监护权纠纷诉讼。庭审过程中，承办律师围绕本案焦点进行了法律论证并出示完整的证据链，充分证明撤销刘某监护权和指定小赵的爷爷为监护人的必要性和合法性。

珠海市斗门区人民法院采纳了承办律师的代理意见，最终判决撤销被申请人刘某对小赵的监护权，并指定小赵的爷爷为小赵的监护人。一审判决生效后，承办律师通过回访了解到，小赵爷爷被指定为监护人后，小赵已成功随其父亲的户口落户并入读公办幼儿园，还领取了民政部门发放的困境儿童救助补贴，在其父亲服刑期间，未成年人小赵的生活有了充分保障和依靠。

二、典型意义

本案是一宗未成年人保护的典型案例，具有较好的法律效果和社会效果。本案中，刘某对未成年人小赵生而不养，导致小赵的成长陷入困境，人民法院依法撤销小赵母亲的监护权并指定小赵爷爷为小赵的监护人，遵循了最有利于被监护人的原则。从社会效果而言，未成年子女的健康成长既是家长、学校及政府的责任，更是全社会面临的共同课题。法律援助作为“一根针”，织起了一张家庭、学校、政府、社会“四位一体”的未成年人“保护网”。体现在本案中，法律援助机构与相关部门合作，最终帮助小赵爷爷依法获得了对未成年人的监护权，同时也帮助未成年人小赵获得了充分的社会保障和救助。

在法律援助工作中，发挥检察机关公益诉讼职能作用，请求其支持起诉，采取委托第三方社会组织调查的方式，对未成年人的生活状况和合法权益受到影响的实际情况形成客观全面的调查报告，为司法裁判提供扎实有效的依据，具有一定的借鉴意义。

（全国妇联事例）

5. 生而不养法不容　撤销资格尽义务

——江苏撤销监护人资格后支付抚养费案

一、基本案情

武某某（化名），男，2004 年 11 月出生。2006 年 5 月法院判决武某某父母离婚，武某某由其父抚养，母亲宋某每月支付抚养费 140 元至武某某年满 18 周岁止。2007 年 7 月武某某父亲与赵某再婚，武某某随之一起生活。2014 年武某某父亲因病去世。武某某继母赵某以其在精力和经济上无力抚养为由诉至法院，要求变更武某某的监护权，由其生母宋某抚养。法院于 2016 年 6 月 6 日判决，武某某于判决生效之日起由宋某抚养。

但宋某自判决生效之日起，未履行抚养义务且未支付武某某的生活教育医疗等费用。民政局委托律师向法院申请撤销宋某的监护资格。宋某监护资格被撤销后，民政局考虑到未成年人成长的需要和生母应尽的养育义务，再次以武某某名义，委托律师向法院提起诉讼，要求其母宋某支付未成年子女武某某的抚养费。

2017 年 12 月 7 日，法院下发民事判决，判决宋某在判决生效起十日内给付原告拖欠的抚养费 2100 元；支付原告自 2017 年 10 月起每月 400 元生活费，直至原告满 18 岁时止。

二、典型意义

本案系全国首例撤销监护人资格后支付抚养费案，为处理监护人不履行义务，恶意放弃监护权案件提供了范例。

近年来，夫妻离婚争夺子女抚养权的案件及虐待、遗弃未成年人的案件时有发生，两种极端行为都对未成年人成长造成了伤害。须知并非只有虐待、遗弃未成年子女才会受到法律制裁，监护人拒不履行监护抚养义务，也会被剥夺监护权，由国家部门或者他人代为行使监护权。同时，义务人不履行监护责任，也仍然要履行支付抚养费的义务。《中华人民共和国民法总则》第三十七条规定："依法负担被监护人抚养费、赡养费、扶养费的父母、子女、配偶等，被人民法院撤销监护人资格后，应当继续履行负担的义务。"父母对子女的抚养，自子女出生时自然开始，是社会所赋予并由国家法律规定的义务，它既是一项社会义务，也是一项法律义务，并非由个人意愿决定。此案的做法起到了很好的示范作用。

多元解纷案例库案例

习近平总书记强调，“法治建设既要抓末端、治已病，更要抓前端、治未病”，“要坚持把非诉讼纠纷解决机制挺在前面”。为深入学习贯彻习近平总书记重要指示精神，最高人民法院会同相关部门建设涵盖调解、仲裁、行政复议等非诉讼纠纷解决方式的多元解纷案例库，充分发挥典型案例在指导、促进矛盾纠纷多元化解方面的重要作用，为社会各类主体开展纠纷化解提供参考，为群众选择调解等“柔性”方式解决纠纷提供指引，协力做深做实新时代“枫桥经验”。多元解纷案例库建设运行工作由最高人民法院牵头，16家“总对总”多元化纠纷解决机制合作单位及其他中央有关单位共同参与，针对群众生产生活中常见的矛盾纠纷，运用通俗易懂的语言阐释非诉讼方式解决纠纷的可行方案和有效路径，旨在打造具有各种解纷方式、覆盖各种纠纷类型、满足各类主体需求的国家级案例库。多元解纷案例库已收录婚姻家庭、道路交通、物业、劳动争议、土地、医疗、房屋买卖、金融借款等常见纠纷调解、仲裁等典型案例，于2025年1月向社会开放，供国家机关、社会团体、调解组织和社会公众查询、使用、学习、研究。

D2024-161-1-111-050

1. 某村委会 90 户村民与杨某土地租赁合同纠纷调解案

——综治中心牵头多元化解土地纠纷

关键词：民事　租赁合同纠纷　综治中心　人民调解　联动化解

基本案情

杨某于 2015 年开始向某乡镇某村委会 90 户村民租赁土地，并分别与 90 户村民签订了土地租赁合同，双方对租金、租赁期限、违约责任等作了明确约定。随后杨某在租赁的土地上种植了果木，投入 1000 多万元。2019 年以前，杨某均按约向村民支付租金。自 2020 年以来，杨某未支付租金，村民不愿再将土地租赁给杨某，由此产生纠纷，90 户村民打算向法院提起诉讼。

处理方式方法

法院对纠纷进行初步研判后，认为如果以诉讼方式解决，不仅不利于矛盾纠纷的化解，还会影响当地产业发展。故在向当事人释明后，引导在综治中心进行化解。综治中心登记后，先对案情进行摸排了解。通过前期沟通，得知杨某向 90 户村民共租赁土地 190 余亩，租赁期限为 30 年，自 2015 年 3 月 30 日至 2045 年 3 月 30 日，租金为 1400 元 / 亩，每年支付一次。杨某租赁土地后主要用于种植砂糖橘等经济果木。2019 年之前，杨某均按约支付租金，近年来因连续两年遭受冰雹灾害，亏损严重，杨某家中又遭遇变故，导致长期拖欠村民土地租金。针对以上情况，综治中心协调当地村委会开展联动化解工作，法院发挥指导调解职能。

调解员经研判，认为该纠纷具有以下特点：一是难以一次性履行。杨某连续两年遭遇自然灾害，亏损严重，现已欠付村民租金共计 100 余万元，一次性履行支付基本不可能。二是租赁合同有瑕疵。法律规定土地租赁期限不得超过 20 年，超过 20 年的，超过部分无效。双方签订的合同约定租赁期限为 30 年，现村民以签订合同超过土地租赁期限为由要求与杨某立即解除租赁合同，归还土地。三是解除合同显失公平。若归还土地，杨某在土地上投入的 1000 多万元成本难以收回。四是矛盾纠纷容易激化。村民声称如果杨某不及时支付租金，将直接铲除杨某种植的果木。

针对上述情况，调解员及时安抚村民情绪，进行释法说理，并引导选派村民代表参加调解，依法依规解决问题，避免矛盾激化。之后，调解员与杨某进一步沟通，了解杨某的履行能力，并对原协议能否继续履行进行分析。在法院指导下，综治中心协同司法所、人民调解委员会、村委会开展前期准备工作，对 90 户村民的姓名、租赁土地的面积、欠付的租金数额进行确定，召开村民大会选定参加调解的村民代表并开展办理委托手续等工作。之后，各部门抓住调解时机，共同发力。综治中心通知村民代表、村小组长、村委会书记、杨某等人参加调解，法院派出调解经验丰富的法官、法官助理、书记员到综治中心，面对面指导调解工作，引导当事人互谅互让，并对双方提出的调解方案把关。在综治中心牵头，法院等各部门协同参与下，村民考虑到杨某的经济投入及面临的实际困难，愿意继续将土地租赁给杨某，并宽限其给付期限，同意分期付款；杨某也对长期欠付村民租金的行为表示了歉意，并承诺在砂糖橘成熟售卖后，一定积极履行给付义务。

处理结果

90 户村民和杨某达成调解协议，双方土地租赁纠纷得到妥善化解。

解纷依据

《中华人民共和国民法典》第 339 条、第 703 条、第 705 条、第 722 条

《最高人民法院关于深化人民法院一站式多元解纷机制建设推动矛盾纠纷源头化解的实施意见》（法发〔2011〕25 号）

解纷要旨

本案系涉群体土地租赁纠纷，涉案人数多、涉及金额大、矛盾纠纷进一步激化的风险较高。人民法院积极参与综治中心实体化运行，发挥党委牵头统筹调解资源优势，依托“基层治理单位 + 调解员 + 法官”多元化解机制，切实将矛盾纠纷化解在基层，化解在萌芽。在调解过程中，法院发挥指导职能，充分利用村委会人熟地熟情况熟的优点，邀请村委会书记、村小组长参与调解，最大程度化解双方对立情绪，做通村民思想工作。同时双管齐下，对承租方进行释法说理，引导其从履约责任方面反思自身问题，最终促成双方达成和解，实现案结事了。

推荐部门：

永胜县人民法院

化解单位（调解组织）：

程海镇综治中心

程海镇人民调解委员会

永胜县人民法院

D2025-161-1-121-022

2. 某物业公司与 100 多户居民物业服务合同纠纷调解案

——多方联动化解批量物业纠纷

关键词：民事纠纷　物业服务合同纠纷　拖欠物业费　不支付物业费正当情形　人大代表参与调解

基本案情

2022 年 8 月，某物业公司将某国营老厂职工宿舍的 100 多户居民诉至法院，要求该小区居民支付拖欠 3 年的物业费。

处理方式方法

法院收到起诉材料后，经仔细分析研判，认为本案涉及业主多、持续时间长、双方矛盾深，如不能从源头化解，后期还会引发其他衍生纠纷和大量执行案件。为妥善化解纠纷，经双方当事人同意，法院将案件委派给区人大代表兼任特邀调解员开展调解工作。经调解员确认，双方争议焦点是案涉物业公司服务水平问题是否属于不支付物业费的正当情形。为弄清纠纷产生根源，调解员深入涉案小区，通过实地走访了解到，“物业服务水平低、业主有偿服务意识弱”是这起纠纷的主要症结。随后，法院、人大代表调解员多方联络，组织业主代表和物业公司负责人在人大代表、法院、住建局、街道办共同见证下，“坐下来”“面对面”召开首次纠纷协调会。“被困电梯没人管，坐个电梯提心吊胆，这种情况我们凭什么交物业费！”“三年了，近一半的住户没交费，我们拿什么管？”调解员在听取住户和物业公司意见后，耐心引导双方当事人充分表达诉求、互相交换意见；住建部门从提升物业服务质量的角度对物业公司进行指导；街道办从业委会带头缴纳物业费、发动党员干部缴纳物业费的角度对业委会提出要求；法院从案件处理的法律成本和后果方面进行剖析。经过各部门共同发力，联动调解，双方当事人逐渐平和，调解员顺势提出建议，由物业公司根据业主诉求列出整改清单，业主承诺，按整改完成进度补缴相应物业费用。经过人大代表调解员与物业公司反复沟通，公司针对业主反映的问题制定整改方案，在法院组织召开的第二次协调会中，业委会与物业公司负责人共同签署备忘录，对整改事项、业主缴费等情形逐一列明。物业公司进行整改后，人大代表调解员又建议法院第三次召开协调会，进一步听取业主对物业公司整改情况的反馈意见，畅通业主与物业公司沟通渠道。

处理结果

物业公司完成项目整改，业主陆续补缴物业费，积年矛盾从源头得到根本解决。

解纷依据

《中华人民共和国民法典》第944条

解纷要旨

本案系物业服务合同纠纷。因涉案人数众多，法院和住建部门邀请人大代表参与纠纷调解，充分发挥人大代表熟悉当地情况、善做群众工作的优势。在调解过程中，法院积极跟进开展法律释明，住建部门、街道办发挥各自作用，形成解纷合力。本案调解不仅注重解决物业公司关于缴纳物业费的诉求，还健全畅通业主和物业公司的交流机制，将多年矛盾通过调解方式予以化解；同时，促推物业公司进一步提升服务质量，形成物业公司与业主良性互动关系，共同营造安居乐业的和谐社会环境。

推荐部门：

山东省高级人民法院

化解单位（调解组织）：

山东省济南市槐荫区人民法院特邀调解组织

D2025-356-1-186-001

3. 900 余名劳动者与某交通投资集团有限公司劳动合同纠纷调解案

——劳动人事争议调解中心联动化解近千人集体劳动纠纷

关键词：民事纠纷　劳动合同纠纷　追索劳动报酬
法定假日加班工资计算　劳动人事争议联动调解

基本案情

2023 年 3 月至 8 月，某市劳动人事争议调解中心分多批受理了涉及 900 余名劳动者与某省交通投资集团有限公司下属运营分公司法定假日加班工资争议案。劳动者称，公司多年来一直拖欠职工法定假日加班工资，要求公司支付拖欠的加班费。

处理方式方法

经双方当事人同意，劳动人事争议调解中心在多部门支持下联动开展纠纷调处工作。本案争议焦点为法定假日加班工资的支付问题。经向公司询问，调解员了解到涉案职工系该公司在该市辖区及下属市县多个收费站工作。公司因机构改革等原因，各岗位间职工流动性较大，未及时发放职工法定假日加班工资。公司表示有调解意愿，但因对相关政策及程序不了解，涉及的职工人数众多，职工存在在职、离职、退休等多种情况，职工工作地点分散等多种原因，有许多实际困难需要解决。

针对上述情况，调解员向劳资双方就法定假日加班工资的相关法律规定进行释明，对劳动者本人不能到场调解如何委托代理人、需要哪些手续进行了说明。公司工会在调解中发挥积极作用，协助公司财务、劳资部门核算每名职工的加班工资数额，协助调解员向劳动者解释政策法规。在调解过程中，联络当地政府、人社部门等相关单位参与调解，并主动上门到职工工作的地点进行调解，保证了职工所在各高速收费站的正常运行。通过多部门联合协作，成功化解本次争议。

处理结果

经调解，双方达成一致协议，公司足额支付拖欠职工法定假日加班工资。

解纷依据

《中华人民共和国劳动法》（2018 年修正）第 51 条

《中华人民共和国劳动合同法》（2012 年修正）第 31 条

《关于进一步加强劳动人事争议调解仲裁完善多元处理机制的意见》（人社部发〔2017〕26 号）

《关于建立劳动人事争议“总对总”在线诉调对接机制的通知》（法办〔2022〕3 号）

《关于进一步加强劳动人事争议协商调解工作的意见》（人社部发〔2022〕71 号）

解纷要旨

本案系涉及劳动者人数众多的集体劳动争议案件，涉案人数多，处理不好易引发群体性事件。当前，我国正处于经济社会转型时期，劳动关系矛盾处于凸显期和多发期，劳动人事争议案件逐年增多。通过协商、调解、仲裁等非诉讼方式依法有效处理劳动人事争议，对于促进社会公平正义、维护劳动人事关系和谐与社会稳定具有重要意义。近年来，人社部门与人民法院等单位加强合作，打造“人社牵头、部门协同、行业参与、司法保障”工作格局，不断完善劳动争议多元化解机制，有效发挥调解的多部门协作优势，高效便捷化解纠纷。本案为人社部门自行受理并成功化解的典型案例，有利于促推诉调对接的“调”向前延伸，进一步做深做实劳动人事争议源头治理工作。

推荐部门：

中华人民共和国人力资源和社会保障部

化解单位（调解组织）：

佳木斯市劳动人事争议调解中心

D2025-714-1-158-001

4. 某传媒公司与某科技公司著作权侵权纠纷调解案

——通过调解解决侵害作品信息网络传播权侵权赔偿金额争议

关键词：民事纠纷　著作权权属、侵权纠纷　侵害作品信息网络传播权纠纷　摄影作品　公众号刊载文章并附图使用行为　侵权赔偿金额认定　律师调解　“总对总”诉调对接机制

基本案情

某传媒公司是专注于体育视觉服务提供的文化传媒公司，主张对涉案摄影作品享有完全的著作权。某科技公司未经传媒公司许可，在其微信公众号上擅自使用传媒公司上述摄影作品进行宣传、推广等商业活动。传媒公司向公证机构申请证据保全，并向法院提起诉讼。

处理方式方法

经双方当事人同意，法院将案件委派至知识产权专业调解组织调解。调解组织受理后，考虑到案件涉及著作权权属、侵权认定等专业问题，指派律师调解员进行调解。调解员仔细阅读、研究案卷材料，梳理本案的争议点包

括三个方面：（1）传媒公司是否对涉案作品享有著作权；（2）科技公司的使用行为是否构成侵权；（3）如侵权事实成立，赔偿金额如何计算。围绕上述争议焦点，调解员与双方当事人取得联系，充分了解双方调解意向，并针对性开展调解工作。科技公司主要提出两点意见：一是涉案作品可以通过其他网站图库下载，且未标注版权水印，故否认传媒公司对该作品享有著作权；二是其运营的公众号并未从事营利性活动，在公众号刊载文章并附图的使用行为不构成商业性使用，故侵权行为不成立。对此，调解员结合《中华人民共和国著作权法》、《中华人民共和国著作权法实施条例》和《最高人民法院关于审理著作权民事纠纷案件适用法律若干问题的解释》等，就科技公司提出的观点进行认真分析和详细释明，认为依据现有证据可以认定传媒公司是涉案作品的著作权人，科技公司的行为难以认定为合理使用和法定许可，科技公司侵犯了传媒公司的著作权。调解员基于专业知识作出的判断，使科技公司不再否认侵权事实，但对赔偿金额不予认可。传媒公司要求对其他64幅图片的侵权行为一并调解，但科技公司拟支付的赔偿金额与传媒公司的预期差距很大。为了促成纠纷实质性化解，调解员向科技公司反复说明调解阶段和解与案件进入正式审理程序的成本差异，科技公司在权衡利弊之后，与传媒公司就赔偿金额达成一致。

处理结果

传媒公司与科技公司达成和解，科技公司为侵犯传媒公司著作权承担责任，双方就赔偿金额达成一致，并在调解员组织下签订调解协议。后科技公司及时履行协议约定的赔偿义务，传媒公司自愿向法院撤回起诉。

解纷依据

《中华人民共和国著作权法》（2020年修正）第53条、第54条

解纷要旨

本案系微信公众号文章未经许可使用他人摄影作品引发的著作权侵权纠纷。在自媒体快速发展的当下，此类纠纷多发频发。本案的典型意义在于，针

对目前多发频发的侵犯作品信息网络传播权纠纷，律师作为调解员开展调解工作，能够充分发挥其专业优势，准确判断著作权权属和侵权事实，对于促成当事人之间达成调解协议具有积极意义。另外，侵犯著作权赔偿数额问题是该类纠纷调解的难点问题，双方往往无法达成一致意见。调解员通过为双方当事人制定详尽的调解方案，向双方当事人释明案件进入正式审理程序所要付出的时间成本、人力成本、金钱成本，有助于当事人衡量诉讼成本与接受调解方案之间利弊，迅速作出和解决定，最终促成双方当事人达成调解协议。

推荐部门：

中华全国工商业联合会

化解单位（调解组织）：

北京市海淀区工商联知识产权纠纷人民调解委员会

D2025-771-1-014-001

5. 冯某与黄某离婚纠纷调解案

——在线成功调解跨境涉侨纠纷

关键词：民事纠纷　离婚纠纷　涉侨离婚纠纷　远程视频调解　侨联调解员　“总对总”诉调对接机制

基本案情

冯某是旅居委内瑞拉的侨胞，黄某是旅居美国的侨胞，冯某与黄某系夫妻关系，冯某起诉黄某请求离婚。冯某称其与黄某登记结婚后生育一儿一女，黄某带着女儿在美国长期生活，而冯某则身处委内瑞拉，两人长期分居，夫妻感情彻底破裂。黄某已电话同意离婚，但由于客观原因无法回国办理手续。

处理方式方法

由于案件涉及华侨权益保障，案件双方当事人均身处海外，受疫情影响，未能回国参与诉讼。法院收到起诉材料后，经双方当事人同意，交由涉侨纠纷诉调对接工作室调解。涉侨纠纷诉调对接工作室联合侨联法律顾问委员会对案件进行研判认为，对于离婚案件，应当根据冯某和黄某两人婚姻基础、婚后感情、夫妻生活现状及起诉离婚的原因等具体情况进行综合分析。经与身在美国的黄某沟通，她表示因个人原因无法取得当地的公证认证，导致其无法返回中国办理离婚手续。经冯某、黄某双方同意，涉侨纠纷诉调对接工作室邀请了涉侨多元化解特邀调解员，通过人民法院调解平台对该案件进行在线调解，同时发挥侨联调解员纽带优势，促成双方达成一致意见。

处理结果

双方均同意离婚且对子女的抚养达成一致意见，案件调解成功。

解纷依据

《中华人民共和国民法典》第 1076 条

《最高人民法院办公厅、中国侨联办公厅关于加快推进涉侨纠纷在线诉调对接工作的通知》（法办〔2020〕448 号）

解纷要旨

本案系涉侨婚姻家庭纠纷。使用传统方式调解，法官与当事人需要共坐一堂、面对面交流，但对涉侨纠纷，部分当事人居住在国外，亲身到法院解决纠纷需要花费大量时间和金钱，解纷成本较高。本案中，涉侨纠纷诉调对接工作室借助人民法院调解平台对纠纷开展视频调解，当事人通过人民法院调解平台移动终端进行线上交流，远在异国他乡也能及时表达意见，不受时空限制，便捷解决纠纷，既节省了双方当事人时间成本、经济成本，又缩短了调解周期；同时，侨联调解员作为侨胞“娘家人”，在调解过程中能够发挥纽带优势，赢得当事人信任，快速促进问题实质化解。

推荐部门：

中华全国归国华侨联合会

化解单位（调解组织）：

广东省江门市新会区涉侨纠纷诉调对接工作室